ライブラリ スタンダード心理学

10

[スタンダード
臨床心理学]

杉江　征・青木佐奈枝 編
Masashi Sugie　Sanae Aoki

サイエンス社

「ライブラリ スタンダード心理学」刊行にあたって

　科学的な心理学は，ドイツの心理学者ヴィルヘルム・ヴントが心理学実験室を開設した1879年に始まると言われる。130余年の時を経て，心理学は多様に発展してきた。数多の理論が提唱され，神経科学をはじめとする他の学問領域とのクロスオーバーが進み，社会問題の解決にも徐々に寄与するようになってきた。しかし，多様化するに従って，研究領域は細分化され，心理学という学問の全体像をつかむことが難しくなりつつある。心理学の近年の啓発書は，個々の研究のおもしろい調査結果や意外な実験結果の紹介に紙数を割くことが多く，初学者にとっては全体像をつかむことがよりいっそう難しくなっている。いわば魚影の美しさに目をとられ，大海原を俯瞰することができなくなった迷子船のように。

　本ライブラリは，初学者が心理学の基本的な枠組みを理解し，最新の知見を学ぶために編まれた。今後10年以上にわたり心理学研究の標準となりうる知見を体系立てて紹介する。また，初学者でも，独習が可能なようにわかりやすい文章で記述している。たとえば，心理の専門職を目指して偏りなく学ぼうとする方や，福祉職，教育職や臨床職を目指して通信教育で学ぶ方にとっては，本ライブラリはよい教材になるであろう。

　なお，本ライブラリの執筆者には，筑波大学心理学域（元心理学系）の教員および卒業生・修了生を多く迎えている。同大学は，丁寧で細やかな教育で高い評価を受けることがある。本ライブラリにも，執筆者のそうした教育姿勢が反映されているであろう。

　本ライブラリ執筆者による細やかな水先案内で，読者の方々が心理学という美しい大海原を迷わずに航海されることを。

2012年10月

監修者　松井　豊

はじめに

　「こころのケア」や「臨床心理士」という言葉を，テレビやインターネット，日常会話の中で耳にすることの多い時代になってきました。2015年4月現在で臨床心理士の数は約3万人だそうです。多くの臨床心理士がさまざまな現場で活躍する時代になったのだなと改めて思います。「こころのケア」が盛んな時代というのは，何らかの悩みや困難，病を抱えた方の多い時代とも言えるかもしれませんので，諸手を挙げて喜ぶというわけにはいかないのかもしれませんが，しかし，今まで「ケア」の手の回らなかったところに「ケア」が行き届くようになったのだとしたら，それは少し幸福なことのように思います。

　この本を手に取って下さった方の中には，臨床心理学を今まさに勉強している学生さんもいらっしゃるかもしれません。あるいは，現場で働いている臨床心理士さんも，臨床心理学を教えている先生もいらっしゃるかもしれません。そして，特に臨床心理を仕事としているわけではないけれど「臨床心理学に何だか興味があるなあ」という方もいらっしゃるかもしれません。この本を手に取って下さって嬉しいです。

　歴史を見ていくと，臨床心理学の中にも流行のようなものはあって，行動療法がはやる時代もあれば精神分析がはやる時代もあります。パーソナリティ障害が注目される時代もあれば，発達障害が関心の的である時代もあります。しかしながら，注目をされている時代もそうでない時代もそこには必ず，その領域の「臨床心理学」をより良いものにしようと地道に努力してきた人々がいます。「臨床心理学」と一括りにはされていますが，そこにはさまざまな理論があり，さまざまな手法があります。そして，支援の領域や対象もさまざまです。他の学問もそうかもしれませんが，臨床心理学はさまざまな領域に働く多くの人々の地道な努力の結晶のような学問，そして支援方法なのです。

臨床心理学は人間を支援するための学問あるいは方法ですので，絶対的な基準はなく，フォーマットはあっても，結局のところケースに合わせて工夫したり，さまざまなものを組み合わせながら，支援に使用することになります。臨床心理学は「魔法の杖」ではないので，支援においても一筋縄ではいかないのが現実です。本当に，あの手，この手ですし，日々是勉強です。そこが大変でも難しくもありながら面白いところなのだと思います。臨床心理学を志す個人の中でも，理論や療法の好みや得意・不得意はあるかもしれません。しかしながら，どの「臨床心理学」もみなそれぞれに個性があり役割を持ったものなのです。そして，ある「臨床心理学」が別の新しい「臨床心理学」を生み出すこともあります。

　この本を作るというお話をいただいたときに，編者間で「みんな違ってみんな良い！」の精神で本を作ろうという内容の話をしました。「まあ，いろいろな臨床心理学の領域はあるけれど，さまざまなものを包括した本ができるといいね」「生きた臨床心理学が少しでも読んでいる方に伝わるといいですね」という会話が私たちの間でなされました。そして，この思いに共感して下さる先生方，さまざまな現場でさまざまな立場で臨床心理学にかかわっているホットな方々に原稿を依頼しました。

　「さまざまな（そしてホットな）臨床心理学」に触れていただき，今ある「臨床心理学」が皆さまの力で，さらに発展していき，さらに深められていくのなら，今はまだ手の届いていない領域にもいずれ「ケア」が届けられるようになるのではないかと考えています。少しでも，そのように状況が動いていくことを私たちは願っております。

　本書の構成は，第1章では臨床心理学の成り立ちや研究方法などを概観しています。この章は現在の臨床心理学を理解していく上での基本的な視座としての位置づけです。第2章と第3章は，心理アセスメントに関する章で，支援を必要としている方々を適切に理解する視点と方法が紹介されています。続く第4章から第8章は，心理支援の具体的なかかわり方について，いくつかの代表的な学派を中心に解説しています。それぞれの理論や技法に

は，生まれた歴史的な経緯や領域における得意・不得意などの特徴があります。各章では，その最新の知見なども含まれています。各理論が人や症状をどのように理解し，具体的にどのようにかかわっていくかについて理解を深めていっていただければと思っております。第9章から第11章は，おもな領域での心理支援の実際についてまとめています。各理論からのアプローチと同時に実際の支援場面に即した支援方法を開発していくことも求められています。これらの章は，私たちの活躍する実際の場面として，また心理臨床の知が集積され，創生される実際の場面として理解していただければと思います。第12章は，近年注目されている神経心理学と職業倫理についてまとめられています。そして最後に，これから臨床心理学を学ぼうとする方へのメッセージがコラムとして記されています。

　このように本書は，かつて大学で臨床心理学を学び，現在は教鞭をとりながらも心理臨床の実践の場に身を置く私たちの思いや願いが詰まった本でもあります。本書が，これから臨床心理学の広大で奥深い世界を歩んでいこうとされている方々のガイドとしてお役に立てればと願っております。

　　2015年6月

　　　　　　　　　　　　　　　　　　編者　杉江　征・青木佐奈枝

目　次

はじめに …………………………………………………………………… i

第1章　臨床心理学とは　　1
- **1.1** 臨床心理学とは何か ………………………………………… 1
- **1.2** 臨床心理学の歴史 …………………………………………… 3
- **1.3** 臨床心理学の研究法・方法論 ……………………………… 11
- **1.4** さまざまな臨床心理学 ……………………………………… 23
- **1.5** お わ り に …………………………………………………… 29

第2章　臨床心理アセスメント 1　　35
- **2.1** 臨床心理アセスメントとは？ ……………………………… 35
- **2.2** アセスメント技法の種類と分類 …………………………… 38
- **2.3** アセスメントの効用を増やすために ……………………… 44
- **2.4** 発達段階を踏まえたアセスメント ………………………… 47
- **2.5** アセスメントの倫理と留意点 ……………………………… 54

第3章　臨床心理アセスメント 2──心理検査法　　57
- **3.1** アセスメントとしての心理検査法 ………………………… 57
- **3.2** 心理検査の種類 ……………………………………………… 59
- **3.3** 知能・発達検査 ……………………………………………… 60
- **3.4** パーソナリティ検査 ………………………………………… 64
- **3.5** 神経心理学的検査 …………………………………………… 73
- **3.6** その他の心理検査 …………………………………………… 79
- **3.7** 心理検査の利用にあたって ………………………………… 80

第4章　精神分析・力動論　　83
- **4.1** 無 意 識 ……………………………………………………… 83
- **4.2** 自　　我 ……………………………………………………… 88

	4.3	コンプレックス ……………………………………… 93
	4.4	対象関係（object relation）……………………………… 100

第5章　行動論・認知論　　　　　　　　　　　　　　　　　109

	5.1	行動科学の応用としての心理療法 ——その誕生と発展 ……………………………… 109
	5.2	望ましくない行動を機能分析する ………………… 112
	5.3	強化と弱化，消去による行動変容・行動形成 …… 114
	5.4	恐怖と嫌悪，回避の衝動と行動で問題を理解する … 117
	5.5	エクスポージャーによる介入 ……………………… 119
	5.6	観察学習（モデリング）による介入 ……………… 122
	5.7	認知（自動思考や思い込み）の修正による介入 … 124
	5.8	行動活性化による「生活」からの支援 …………… 127
	5.9	アクセプタンスとコミットメントを高める ……… 130

第6章　人間性心理療法・来談者中心療法　　　　　　　　　135

	6.1	人間性心理療法と来談者中心療法 ………………… 135
	6.2	来談者中心療法の理論 ……………………………… 137
	6.3	来談者中心療法の方法 ……………………………… 142
	6.4	ロジャーズ以後の発展 ……………………………… 146

第7章　催眠とそこから生まれた療法　　　　　　　　　　　151

	7.1	催　　　眠 …………………………………………… 151
	7.2	催眠から生まれた療法 ……………………………… 163

第8章　多様な心理療法——対人関係をキーワードとして　171

	8.1	家 族 療 法 …………………………………………… 171
	8.2	ナラティブ・セラピー ……………………………… 176
	8.3	交 流 分 析 …………………………………………… 177
	8.4	対人関係療法 ………………………………………… 183

第9章　教育・子育て領域における心理支援　　189

- 9.1　学校教育における心理支援 …………………… 189
- 9.2　学生相談——高等教育における学生支援 ……… 202
- 9.3　子育てへの心理支援 …………………………… 206

第10章　医療領域における心理支援　　213

- 10.1　医療現場における臨床心理士の活動
——精神科領域を中心に ………………………… 213
- 10.2　コンサルテーション・リエゾンにおける
臨床心理士の活動 ………………………………… 225

第11章　産業・司法領域における心理支援　　243

- 11.1　産業領域における心理支援 …………………… 243
- 11.2　司法領域における心理支援 …………………… 255

第12章　臨床心理領域の知識と活用　　277

- 12.1　神経心理学 ……………………………………… 277
- 12.2　法と倫理 ………………………………………… 287

コラム　臨床心理学を学ぶ人たちへのメッセージ　　298

- 引用文献 ……………………………………………………… 301
- 人名索引 ……………………………………………………… 317
- 事項索引 ……………………………………………………… 321
- 執筆者紹介 …………………………………………………… 326

臨床心理学とは

　流行語とまでなった「リスカ」といった言葉に代表される若者の空虚感や3万人を超す自死問題，あるいは自然や人為を問わず災害の心理的ストレスなど，今日の社会状況に果たす臨床心理学の役割は大きい。その意味では，確かに臨床心理学は心理学の中でも特に社会や生活に密接に関係した分野であると言えよう。そのために，時に臨床心理学は応用心理学の一つであると見なされがちである。しかしながら，臨床心理学はその特質上，一般心理学とは異なる研究方法をもち，人間理解のための理論をも提案してきている。本章では，臨床心理学の特質を理解するために，「臨床」概念を検討し，臨床心理学の発展の歴史をたどり，そして臨床心理学の研究法について概説する。

1.1　臨床心理学とは何か

1.1.1　はじめに——さまざまな「臨床」

　昨今は，「臨床」の流行である。臨床心理学の興隆のみならず，臨床発達心理学とか，臨床社会心理学といった心理学の世界だけでなく，臨床教育学，臨床人間学，臨床社会学，はては臨床政治学といった名称までもマスコミで目にする。臨床社会学とか臨床政治学といった用語は，あまり耳にしない言葉である。新聞に臨床政治学と銘打つ政治学者の専門分野をみてみると，理論や歴史といった分野ではなく，投票行動や選挙結果の予測など，実際の生の政治を研究しているという意味で，「臨床」という言葉を用いているようである。そして，臨床政治学（clinical politics）を提唱している岡野加穂留らによれば，「臨床」という用語は実際に起こった現実の問題を分析・研究し，それらの問題を解決することであり，政治学は元来「臨床的」でなけれ

ばならないという。また，臨床社会学を専門としている研究者の研究テーマをみると，医療問題の社会学的考察とか障がい者の家族が直面している諸問題への社会学的解明といった内容が書かれている。

　心理学の場合，心理学の下位分野の表記には，研究対象を意味する言葉を冠することが多い。たとえば，子どもや青年を研究対象とする場合，児童心理学や青年心理学といい，包括的に発達心理学と当該の研究分野を呼んでいる。従来は精神機能別に，知覚心理学とか学習心理学といった呼称が多かったが，近年は研究対象をそのまま心理学の前に冠して，研究分野を表すことも多くなっている。たとえば，ジェンダー心理学とか，環境心理学といった心理学はジェンダーや環境をめぐる諸問題に心理学の分野からアプローチしていくものである。そのように従来からの表記でいえば，臨床心理学とは「臨床」に関する心理学ということになろう。

1.1.2 「臨床」という言葉をめぐって

　「臨床 (clinical)」という言葉は何を意味しているのであろうか。日本語では「床に臨む」ということであり，この床は病床を意味するので，病人や病気に向かい合ってという意味をもっている。英語の clinical という言葉の語源はギリシャ語の klinikos にあるとされており，klinikos はベッドを意味する kline が元ということなので英語もまた日本語と同様に，病床に由来する言葉であるといえよう。つまり臨床心理学とは，臨床社会学同様，疾病や病人に関係した諸問題を扱う心理学の一分野なのである。**臨床心理学** (clinical psychology) という用語は，1896年にペンシルバニア大学に**心理相談室** (psychological clinic) を開設したウィットマー (Witmer, L.) によって，1907年機関誌 *"The Psychological Clinic"* の創刊号で使われた。ウィットマーは，学習上の問題を抱えた生徒や学校への適応上の問題をもった生徒を対象に，医学的，心理学的かつ教育的指導を行うことを臨床心理学と考えていたという (Trull & Phares, 2001)。ここでの「臨床」の意味は疾患や病人に限定したものではなく，広く適応上での問題を取り扱ってはいるものの，心

理学の対象として定義しているという点では，同じである。

ところが，プレヴォスト（Prevost, C.-M., 1994）によれば，「臨床」という言葉にはまた別の意味があるという。「臨床」は確かに病人の診断治療を意味しているが，古く医師は病人の傍らに座し，自らの五感を手がかりに診察を行っていたという。この医師の自らの目や耳を手段としたことに本来の「臨床」の意味があると指摘している。それは自然な観察が本質であり，実験室のような人為的環境下での器機による観察とは異なるとしている。ここで強調されている「臨床」は，対象としてではなく，接近方法ないし研究方法としての「臨床」である。ピアジェ（Piaget, J.）が子どもの認知発達の研究に自分の娘たちの詳細な行動観察を行い，その接近方法を「臨床法」と呼んだのは，この意味での「臨床」である。したがって，「臨床」は「実験」の対極に位置するのである。前述した臨床社会心理学は，実験社会心理学と対峙するものであり，実験社会心理学による研究成果の現場への応用ではない。

研究方法としての「臨床」としてだけではなく，対象としての意味での「臨床」の場合も，具体的な研究方法として事例研究が重視される。それは，一事例をもとに普遍性を追究するものであり，頻度や多数の中に法則を求める姿勢とは大きく異なっている。この観点からすれば，臨床研究は，調査研究とも対極にあるということができよう。

1.2 臨床心理学の歴史

1.2.1 心理相談室の誕生

臨床心理学の誕生は，1896年のウィットマー（Witmer, L., 1867-1956）の活動に始まる。科学的な心理学は，1879年にヴント（Wundt, W., 1832-1920）がドイツのライプツィヒ大学に最初の心理学実験室を創設したことに始まるとされるが（伊藤，2008；斎藤，2011），臨床心理学もそれと同等の歴史の長さをもつといえる。当時の心理相談室では，学校における学習上の

困難を示す子どもとその母親が治療対象となっていた。治療の対象となったのは，失読症やコミュニケーション障害をはじめ，現在ではいわゆる発達障害として分類される子どもたちであった（大山，2006）。そうした子どもたちに対して，決まりきった処置を行うのではなく，個別的に子どもと接していく中で介入と支援が行われる工夫がすでになされていた（当時の構成メンバーは精神科医，心理学者，ソーシャルワーカーの三者であったとされる）。このことから，臨床心理学のスタートは病院ではなく学校において，発達や教育という文脈での子どもへの働きかけという実践を通して検証，探求されていったといえる。興味深いことに，当時は精神病の治療が心理学者の役割の一つであるといった考えは，いささかもなかったということである（大塚，2004）。

その後，ウィットマーは自身の心理相談室での実践で得られた知見をまとめ，1907年に"The Psychological Clinic"という雑誌を主催し，その中で臨床心理学という用語を用いた論文を投稿するなど（Witmer, 1907），臨床心理学という学問分野の誕生を確実なものにした。なお，アメリカ心理学会（American Psychological Association ; APA）の設立は1892年だが，APAに臨床心理学部門が設立されたのは1918年のことである。当時の臨床心理学のおもな対象は子どもであったが，その後成人も対象にするようになったのは，フロイト（Freud, S., 1856-1939）による精神分析（psychoanalysis）がアメリカにもち込まれた影響が大きい（図1.1参照）。

1.2.2 臨床心理学の発展に寄与した2つの流れ

臨床心理学の歴史を概観してみると，この学問領域の展開に大きく寄与した2つの大きな流れを見出すことができる。第1に精神測定法があげられ，19世紀後半から20世紀初頭にかけて個人差の問題をより人間的な意味で研究したゴールトン（Galton, F., 1822-1911）やメンタル・テストの作成を試みたキャッテル（Cattell, J.M., 1860-1944）などによる精神測定法の開発から始まる。ゴールトンは1884年に世界健康博覧会に人体測定室を開設し，

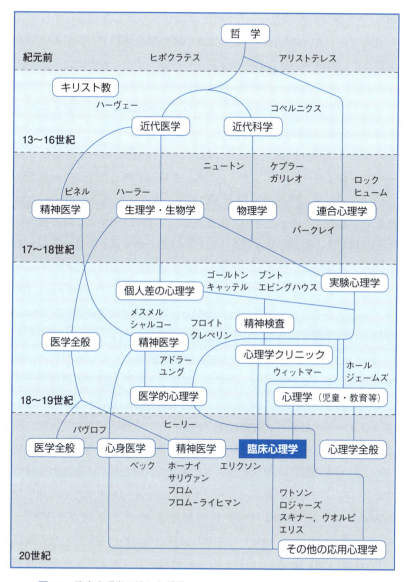

図 1.1 臨床心理学の流れと系譜（駒込，2002 を斎藤，2011 が一部改変）

後に南ケンジントン博物館に移設してから6年ほど測定を続けた（Reisman, 1976）。この測定の対象となったのが，当時は誰も関心を示さなかった個体差の測定であった。これは，現在の臨床心理学的な業務である個人の心的世界を扱うことのスタートであったと考えられる。また，彼の研究業績をみれば，質問法によるイメージ研究，遺伝研究のための統計手法の開発，目録法による個人情報記述の手法の採用など，現在の臨床心理学の萌芽をみることができる（佐藤，1996）。

その後の知能検査の誕生もまた，臨床心理学の歴史に深く関与している。キャッテルがイギリスのケンブリッジ大学で講師を務めた際にゴールトンに出会い，アメリカに帰国後，1890年に「メンタル・テストと測定」という論文を発表した。このテストの使用を通じて，キャッテルは心的過程の恒常性やその相互依存関係，異なった環境におけるその変異を発見できると考え，さらにある訓練に適した人間を選出したり，病気をみつけるためにテストを実際に適用することができるのではないかと予見していた（Reisman, 1976）。一方，フランスではフランス政府の委嘱を受けて学校教育の適否判定のための手段として，教育学者のビネー（Binet, A., 1857-1911）により，1905年に「異常者の知的水準診断の新しい方法」が知能検査として公表された。知能検査の開発によって個人の能力の測定，鑑別などの実践研究の領域が大きく進展し，その後アメリカでターマン（Terman, L.M., 1877-1956）らによる**スタンフォード・ビネー式知能検査**（1916）として標準化され，世界に広ることとなった。当時の時代背景には第一次世界大戦があり，これを契機として，この時代の臨床心理学者はおもに新兵の試験と兵員の選抜の領域で働いていた。アメリカ軍の要請により，大量の兵士を分類するための知能検査（陸軍アルファ式や陸軍ベータ式の知能検査），およびウッドワース（Woodworth, R.S., 1869-1962）による兵員採用のための神経症尺度の質問紙票（Personal Data Sheet）（1917）の考案や先述のスタンフォード・ビネーの知能検査などが開発され，臨床心理学者はパーソナリティ診断という新たな専門的技術を手にするようになった。標準的な臨床心理学の教科書の最初

のものとされる．ロッティ（Louttit, C.M.）による『臨床心理学（*Clinical psychology*）』（1936）において，知能検査と人格検査を用いる仕事が臨床心理学の活動であると記されており，当時の臨床心理学者の役割は著しく狭い業務に限定されていた。これには，当時の心理療法（psychotherapy）は医療行為とみなされ，心理療法が行えるのはまだ精神科医に限られていたこともその一因といえる。

　臨床心理学に寄与した第2の伝統は，精神病理学における力動的（dynamic）な動向である。精神測定法が本来的には実験室から生まれた手続きであるとすれば，この力動的な動向は臨床実践から直接生まれた領域である。力動的な動向の糸口はヨーロッパで開かれた。身体的症状が心理的原因によって生じることに注目したフランスのシャルコー（Charcot, J.M.）およびジャネ（Janet, P.）らは，催眠効果や解離現象を示すヒステリー研究から無意識の存在を検証しようとした。19世紀末，シャルコーに学んだ精神科医フロイトがその後のウィーンでの開業，実践を経てこれを発展させ，自身のヒステリーの治療経験やブロイアー（Breuer, J., 1841-1925）との共同研究に基づき，意識と無意識を包括する独自の新しい心理学の構想として，精神分析学の理論を構築した。この精神分析がアメリカで普及することになった契機は，1909年にクラーク大学学長のホール（Hall, S.G.）が大学創立20周年記念講演の20人の中にフロイト，ユング（Jung, C.G.），フィレンツィ（Ferenczi, S.）の3人を招いたことである。中でも，フロイトの行った5日間のクラーク講演は聴衆の事前期待も高く，連日大盛況であったといわれている。このフロイトの講演は当時もっとも権威ある心理学学会誌の一つであった"*American Journal of Psychology*"に30ページ以上にわたって掲載された。このように，フロイトの思想がアメリカにおいて大いに受け入れられた背景については，アメリカの心理学が教育や自己開発と結びつき，発達と個人差を求めるものであり，またフロイトを招いたホール自身がフロイトの小児性欲理論に発達理論としての可能性を感じていたからだという（大山，2006）。また，1930年代にはナチスによるユダヤ人への弾圧の影響を受け，

多くの精神分析学者や心理学者がアメリカに移住したこともこの背景要因としてあげられる。アメリカでの**ロールシャッハ・テスト**の発展に貢献したクロッパー（Klopfer, B., 1900-1971）もその一人である。アメリカで発展した精神分析は，臨床心理学分野に取り入れられたばかりでなく，**力動精神医学**というアメリカ独自の精神医学を発展させることにもなった。精神分析の観点により，従来は外的条件との関連で理解されていた人間の動機づけ，反応，適応，人格形成などに無意識の働きあるいは内的操作があることが理解され，臨床的な人間理解の幅が著しく拡大されるとともに，心理学者らの心理治療活動への参加を促すことになった。

1.2.3 アメリカにおけるその後の発展

第二次世界大戦前のアメリカでは，20 校の大学で心理クリニックが設立されたが，その活動内容は主として能力検査であり，知的発達遅滞者や身体的障害をもつ人が対象であった。1920 年代から 1930 年代にかけて，児童相談運動と呼ばれる動向が生じ，児童育成のための相談所が盛んに設立されるようになった。ここでは，精神科医がリーダーとなり，その下に心理学者やケースワーカーがそれぞれの役割を取るチームアプローチがとられ，両親の指導や環境の改善を含む働きかけを行う態勢がつくられた。心理学者は，心理検査による心理診断や面接指導を担当し，次第に現代の臨床心理学の内容に近い仕事をするようになる。

第二次世界大戦中から戦後にかけては，戦争によって精神的な障害を生じる多数の帰還兵の支援に資する社会的要請に応えるようになった。心理学者が軍の精神医学部門に要請され，精神科医やケースワーカーとともに働くことになったが，当時の心理学者は心理療法家としては未熟であった。そこで，戦後の 1945 年に復員軍人局と国立精神衛生研究所が提携し，さらにアメリカ心理学会が加わって，臨床心理学者を養成する大学院教育の計画が作成された。同じく 1945 年には，アメリカのコネティカット州において世界で最初の心理学者の博士号程度の資格と 1 年間の専門的臨床経験を必要とする高

度専門職業心理士（professional psychologist）の認可法が制定され，各州単位で臨床心理学者育成コースが開設されることになった。1949年には，アメリカのコロラド州ボルドーにおいて，臨床心理学の専門家を養成するための大学院での教育訓練プログラムである「科学者-実践家モデル（scientist-practitioner model）」が策定され，これは1960年代後半まで臨床心理学の専門教育の基本モデルとして重きをなした（大塚，2004）。これは，専門資格試験を受験する前提として，大学院博士課程において臨床心理学の実践技能の訓練（実践家としての実践性）を受けるとともに，科学性のある心理学研究として博士論文（科学者としての科学性）を執筆することを条件とするものであった。

こうした流れを経て，アメリカがまさに臨床心理学の中心となった。1950年代までの臨床心理学者は医療領域における心理診断が中心であったが，次第に心理測定のみでなく，面接や心理療法に活動主体を移していった。

1.2.4　日本における臨床心理学

日本における臨床心理学の発展は，アメリカの臨床心理学が心理測定の実践を出発点としたように，1908年に三宅鉱一（1876-1954）によりビネーの知能検査が紹介されたことから始まる。その後，1930年には日本版を最初に標準化した鈴木治太郎（はる）（1875-1966）による**鈴木ビネー検査**，1943年には田中寛一（かんいち）（1882-1962）による**田中ビネー検査**，そして1929年にはクレペリン（Kraepelin, E., 1856-1926）による作業曲線研究（1902）を基に，内田勇三郎（1894-1966）により開発された**内田クレペリン精神作業検査**などが発表された。このほか，ロールシャッハ・テストは1930年に内田勇三郎により『教育心理研究』の冊子に紹介され，また同年の『精神神経学雑誌』には精神科医の岡田強の詳細な紹介と自験例の発表がなされた。

戦後，日本ではアメリカの臨床心理学の移入が積極的に行われた。1945年から1950年にかけて，「少年法」や「少年院法」の施行（1949年）にみる少年鑑別所の鑑別技官や家庭裁判所の調査官の任用，「児童福祉法（1947

年）」や「身体障害者福祉法（1950年）」の施行により，全国に配置された児童相談所，身体障害者更生相談所の心理判定員の任用などがなされた。また，1951年には国立精神衛生研究所（現国立精神・神経センター精神保健研究部）に心理学部が設けられ，心理学部長に就任した井村恒郎（1906-1981）により，後の日本における臨床心理学の発展に契機を与える人材を生み出すことに影響を与えた。精神医学においても，戦前のドイツ精神医学からアメリカの精神医学，特に力動的な視点が導入されるようになり，医療領域への臨床心理学の参入に大きな影響を与えた。

具体的なところでは，日本におけるフロイトの思想や症例は，1912年に東京大学心理学科の大槻快尊（1880-1936）が主宰し創刊した雑誌『心理研究』によって広く知られはじめた。しかし，精神分析に関する正確な紹介は，1917年の久保良英（1883-1942）による『精神分析法』によってなされた。その後，精神分析が日本にしっかりと根づいたのは，古澤平作（1897-1968）が1932年にウィーンに留学し，フロイトの直接指導の下，ステルバ（Sterba, R.）に教育分析を受けてからのことである。帰国後の1934年，古澤精神分析学診療所を開業し，当時精神分析専門の唯一の開業医として活躍した。古澤の門下には，小此木啓吾（1930-2003）や西園昌久（1928-）などの後の精神分析や臨床心理学の発展を基礎づけた人々が多数いる。また，ロジャーズ（Rogers, C.R., 1902-1987）の来談者中心療法（1951）の導入は佐治守夫（1924-1996）らによって精力的に行われ，カウンセリングの理論と実践の発展に貢献した。河合隼雄（1928-2007）は日本人として初めてユング派分析家の資格を取得して1965年に帰国し，当時の日本の臨床心理学に多大な影響を与えることになった。

1964年には，最初の臨床心理学の学会が設立され，日本がアメリカ臨床心理学の紹介と吸収だけでなく，自ら臨床心理学を専門的に研究し，実践する科学としていこうとする自覚が表れた。しかし，その後の全国的な大学紛争の影響や臨床心理技術者としての資格問題などで紛糾し，日本の臨床心理学界は1960年代後半からしばらく混迷する。しかし，そのような状況下で

も実践の中で学び，実践の中で研究し，発展していくことを強調した「心理臨床学」として新たなアイデンティティが提唱され，1982年に日本心理臨床学会が発足する流れを経ている。この間に，研鑽を積んだ指導者が増し，1970年代後半から大学院での臨床心理学教育が次第に盛んになり，教育カリキュラムも次第に組織化され，いくつかの大学院には臨床心理相談室が併設され，大学院生が指導を受けながら実際の技法を学ぶ体制が整えられていった。1988年には財団法人日本臨床心理士資格認定協会が発足し，財団法人による「臨床心理士」資格認定が始まった。1989年には臨床心理士の職能集団として日本臨床心理士会が設立され，2001年には日本臨床心理士養成大学院協議会が発足し，教育体制の充実に向けた活動が進められてきている。そして2015年9月には「公認心理師法」が議員立法により成立し，2017年9月に施行される運びとなった。これにより，心理職における最初の国家資格の誕生となり，今後ますますの活躍が期待されている。

　このように，日本における臨床心理学はいまだに成長過程にある若い学問領域であるといえる。しかし，次第に増しつつある社会の要請に応えるべく研鑽し続ける領域でもあり，現在では広い研究領域と職域を備えるに至っている。日本の臨床心理学は，アメリカ臨床心理学を輸入する形で発展してきたが，決してアメリカのそれには還元できない日本の特徴があると考えられる。これは，臨床心理学そのものがその実践家や研究者のもつ人間観や世界観に深く根差したものであり，またそれが活かされる社会や文化と密に結びつくからであろう。

1.3　臨床心理学の研究法・方法論

　臨床心理学は他の心理学とは異なり，対象との関係性が非常に重視される心理的援助といった実践との関連で研究が行われ，また実践を通して新たな知見を得ていくことが特徴といえる。実践と研究の統合を目指すためには，他の伝統的な心理学研究法と同じように，実践からの理論構築や，理論，実

践の有効性の評価の検討を行うための臨床心理学研究法が必要になる。心理学研究法では，自然科学のパラダイムに準じて統制された状況下で対象を客観化し，生体の行動の法則を見出すことが目的となるが，臨床心理学研究では対象の個別性や対象との関係性が重視されるという点で，自然科学とは異なる独自の方法論をとると考えられる。

臨床心理学とその他の心理学のそれぞれの研究法を対立するものとはせずに，両者を統合する方法が下山（1997）によって提示されている（図 1.2）。ここでは，心理学研究法の中に「データ収集の場」を設定し，その中に含まれる従来の調査や実験に加えて現実への関与としての「実践」という場を同等に位置づけている。それに続くデータ収集，そしてデータ処理の段階をまとめ，臨床心理学の独自性を他の心理学と関連をもたせつつ明確にしている。本節では，臨床心理学研究を行う際に必要となる基本的な方法論について，データ収集の方法，データ処理の方法，そして代表的な研究法として事例研究をそれぞれ紹介する。

1.3.1 データをどのように集めるか？

1. 観察法

観察法は臨床心理学に限らず，他のさまざまな学問分野でも用いられている手法である。観察法とは，基本的には観察対象者の内的表現を要求せず，観察者が第三者的立場から客観的に対象者の行動を見て，それを記録する方法である。そこでは，行動記述，行動測定，行動評定，印象評定のいずれかが行われる（中澤ら，1997）。この場合，対象者の行動に何も統制を加えずに生活空間内での日常行動をそのまま観察することを**自然観察法**，一方で研究目的に沿って観察の対象となっている事態に対して何らかの条件統制を加えて観察する方法を**実験的観察法**という。前者において，観察者は第三者的に事実の客観的記述をするのが望ましいが，観察者自身もその状況の構成員の一人であるため，事態や状況への影響を完全には排除することはできない。そこで，観察者そのものをあえて条件に入れて観察する**参加観察（参与観**

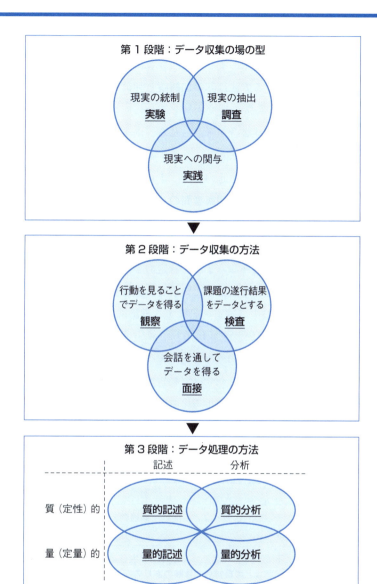

図 1.2 心理学研究法の段階的分類（下山, 1997）

察）が採用されることがある。心理臨床の場面では，クライエントへの治療的かかわりが前提となるため，参加観察を取ることが多くなる。なお，ワンウェイ・ミラーやビデオ利用のように被観察者に観察されていることを意識させないで行動を観察する方法は**非参加観察**と呼ばれる。臨床心理学的な観察研究は，**表 1.1** の①から③の観察素材を統合して行う事例研究と，それぞれの素材に焦点づけて行う場合が考えられる（山本，1974）。

代表的な観察データの収集法として，まずあげられる**時間見本法**は，一定時間ごとに目的とする行動の生起の有無，またその頻度を観察するものである。得られた記録の信頼性は，**観察者間の一致率**を算出することで正確な信頼性を求めることができる。一方，あらかじめ対象となる行動の生じやすい場面・条件を選択し，記録は観察する行動をカテゴリー化してチェックリストを作成する**場面見本法**もある。また，特定の事象や行動の原因，経過，その結果といった一連の過程を観察したい場合は**事象見本法**，ある特定の個人を日常的な行動の流れの中で観察・記録する**日誌法**がある。記録方法には，行動が「生起した／しない」を「1／0」で評定する **1/0 サンプリング法**，観察した行動の程度，強度，印象などを一定の基準に従って評価する**評定尺度法**，そして特定の状況で生じたすべての行動を時間的な流れで自由に記録する**行動描写法**などがある。このように，観察法であっても研究目的やデータ収集法に応じて質的・量的の両面で検討することができる。

表 1.1　観察の素材（山本，1974）

観察素材	例
①観察可能な行動	チック，どもりなどの症状，病棟内での患者の行動パターンなど
②内省を通して観察可能な事象	不安や，恐れなど，人の内面で生じる感情的な動き，妄想や幻聴などの精神病的体験のあり方など
③無意識の過程	言い間違い，遊戯療法過程における遊びの象徴的理解など

2. 面接法

　面接とは，一定の場所において，面接者と協力者（回答者）とが何らかの目的をもって直接顔を合わせ，主として会話を通してその目的を達成しようとするものである。心理学の技法としての面接は，一般に治療のためのものと資料収集のためのものに分けられる（保坂ら，2000）。面接では，被面接者との相互作用の中で回答に応じて，さまざまな働きかけを用いて面接を進める。

　また，面接法は構造化の程度により，3つに分類することができる。まず，構造化面接と呼ばれるものは，既定の手続きに従ってあらかじめ作成された質問票を用いて，同一の質問が提示される面接法である。面接者の主観の入る余地が少なく，いつ，誰が行っても，誰に対して行っても同じ結果が得られることを想定しているため，結果の信頼性は高いとされる。ただし，質問票以上の情報は得られないため，主に確認の機能を有する方法といえる。構造化面接の代表例としては，SCID（Structured Clinical Interview for DSM）などの診断面接基準があげられる。この診断面接基準の目的は精神症状の特定と診断の確定にあるため，それ以外の情報は得られない。

　構造化の程度が最も低い非構造化面接では，自由な面接がなされる。心理臨床の基本とされる方法でもある。ここではあらかじめ質問は決められておらず，被面接者の応答は制限しないことが多い。このため，面接者の主観や先入観による影響を統制することが難しく，構造化面接に比べて客観性は低い。構造化面接が有する確認の機能に対して，非構造化面接の特徴はおもに発見の機能であると考えられ，新たに仮説を生成するための予備調査，グランデッド・セオリー・アプローチによる研究，ライフヒストリー研究などの質的分析を行う研究の中でデータ収集に用いられることが多い。また，これらの中間に位置する半構造化面接では，質問項目をある程度用意しつつ，その場での回答に応じた比較的柔軟で自由な働きかけを用いる。この方法により，構造化面接の確認と非構造化面接の発見の両面の機能を活かすこともできる。典型的な半構造化面接の例としては，ロールシャッハ・テストや

TAT などの投映法があげられる。

3. 検 査 法

検査法とは，さまざまな検査を用いてデータを収集する方法の総称である。代表的な検査法としては，質問紙法と投映法の2つを挙げることができる。

質問紙法とは，調査対象者や被検者に自らの属性，心理状態，行動傾向などを回答させる方法のうち，特に質問紙を用いて回答を求める方法を指す。あらかじめ設定された選択肢に回答する形式と，回答欄に自由に文章を記入する形式（**自由回答法**）がある。アンケート形式で実施できるため，低コストかつ短時間で一度に多数の回答者を対象に標準化された質問を行える点に大きなメリットがあるが，回答者が置かれた状況を統制しにくいこと，回答が被検者の主観的報告であるため，個人の言語能力に大きく依存せざるを得ない点に問題がある。また，質問紙法においては質問の主文や選択肢のワーディング（言い回し）が非常に重要であり，不適切な用語法や偏向した文章があると誘導質問になってしまう。このため，事前に**予備テスト**を行い，内容を吟味することが必要である。この方法は，研究デザインの点から調査対象とする母集団から標本を抽出して1回だけデータを集める**横断調査**，同じ母集団の異なる標本に対して時間をおいて同じ方法で横断調査をする**反復横断調査**，同じ標本に対して時間をおいて同じ調査を2回以上行う**パネル調査**（**縦断調査**），実験的処置を組み合わせた調査研究である**混合デザイン**の4種類に分けることができる。

投映法（projective[1] method）は，比較的自由度が高く正誤や優劣の評価ができない課題によって被検者の反応を引き出し，その結果からパーソナリティを測定する方法である。リンゼイ（Lindzey, 1959）によれば，反応の性

---

[1] 「projective」は，これまで「投射」や「投影」と訳されていたが，最近では「投映」と訳されることが多い。これは，「投影」という言葉が精神分析の防衛機制の一つを指すため，この防衛機制と区別して，「個人の関心，欲求や欠乏感がそのまま，知覚や判断に反映される」（池田，1995）という広い意味で「投映」が用いられている（小川，2001）。また，日本臨床心理士資格認定協会においても「投映法」という表記を用いており，本書でもこれにならう。

質から投映法は連想法（ロールシャッハ・テスト，言語連想法），構成法（TAT），完成法（文章完成法，P-Fスタディ），選択法（ソンディ・テスト），表現法（描画法）に分類される。投映法は精神症状，認知の偏り，行動特徴，知的能力などパーソナリティのさまざまな側面をとらえることができる情報量の多さと，半構造化面接の一種と考えられることから発見的な機能がかなり高いといえる。一方，投映法に対する一般的な批判としては，検査者によって結果の判断が異なり，信頼性に乏しいこと，検査者間一致度が低いといった指摘があげられる（小川，2001）。

　こうした検査法では，用いられる検査が本当に有効な測定を果たしているのかを確認する必要がある。この有効性を確認するものが，**信頼性**と**妥当性**である。信頼性とは，テストや尺度の測定数値の安定性・一貫性・正確さを表す概念であり，妥当性とは尺度が測定しようとしているものを実際に測っているかどうかの程度を表す概念である（吉田，2001）。両者が十分に示されることにより，研究に使用するに耐えうる検査であることを示すことができる。

　最後に，臨床心理学研究において人間を対象にデータを収集する際，非常に重要なのは**テストバッテリー**という考え方である。測定したい対象のすべてを正確に測定できる完璧な検査法は存在しない。特に，物理的な実態をもたず，研究者が自らの学識や信念に基づいて想像する理論上の存在である**構成概念**を用いる心理学研究においては，自然科学パラダイムを援用しているとしても，人間の心理的側面に関する測定に関しては常に謙虚であるべきであろう。データ収集を行う際には，単一の手法を用いるのではなく，観察法や面接法，そして検査法といった異なる水準のデータの収集法を組み合わせることにより，対象とする人間を多面的かつ全体的に理解することにつながると考えられる。

1.3.2　データをどのように処理するか？

　観察法や面接法，検査法によって得られたデータをどのように処理するか

については，そのデータの特性に注目する必要がある。得られたデータが関係や状況を記述した**質的データ**なのか，何らかの特性や傾向の測定値のような数量化された**量的データ**なのかで，データから研究結果を導き出す方法は異なる。

1. 質 的 研 究

質的研究とは，おもに記述的なデータを用いて言語的・概念的な分析を行うことである。たとえば，観察法で得られる人間の行動そのものや，そこで描写される関係性やパターンであったり，面接法で得られる面接者と被面接者との言語的やりとりなどがあげられる。能智（2000）によれば，多くの質的研究の手法から 3 つの共通点を抽出することができる。

(1) 研究室内での実験ではなく，自然なコンテクストの中での観察や面接を重視する。
(2) 客観的な行動よりもむしろ，研究対象者の主観的な体験や行為に対する意味づけに焦点を当てる。
(3) 仮説を前もって立ててから該当するデータを集めるのではなく，雑多なデータから帰納的に仮説や理論を立ち上げる。

これらの特徴から，質的研究の最大のメリットは未明の現象を探索的に検討し，その中で仮説を生成するプロセスにあるといえる。質的研究についてさらに知りたい場合は，たとえば，西條（2008）や佐藤（2008）などを参照されたい。

2. 量 的 研 究

量的研究とは，得られた情報を数値化し，統計的手法を用いて分析することで事象間の関係性を明らかにしようとするものである。一般に，特性の個人差を何らかの方法で数値化することを**測定**といい，ある数値化の仕方で測定される数量を**変数**という。変数には，数値化の仕方によって数値のもつ情報が異なるため（**表 1.2**），各々に合った分析手法を選択する必要がある。

平井（2000）によれば，量的研究のメリットとしては以下の 3 点があげられる。

表1.2 4つの測定水準と変数の例 (平井, 2000)

数値化の仕方 (測定水準)	変数のもつ情報	変数の例
名義尺度	分類カテゴリー間の区別	男＝1，女＝2など 他に属性
順序尺度	特性や強弱や高低に応じた順序	いつも＝5，よく＝4，時々＝3，めったに＝2，全然＝1　など 他に順位，段階評定
間隔尺度	特性の強弱や高低の程度（ただし数値の0は移動可能）	心理検査の得点，偏差値
比尺度	特性の強弱や高低の程度（数値の0は特性が"ない"ことを意味する）	期間 他に長さ，明るさ，重さなどの物理量
その他	頻度	回数，人数

(1) 客観性と互換性

得られた情報を客観的な数量として処理するため，研究者の主観が入る余地が少ない。また，測定や分析の手続きはすでに確立されているため，研究者間でも研究のプロセスや分析手法，分析結果などについて評価し合えたり，ほかの研究者によって追試が行いやすくなるなど，得られた知見が共有されやすい。

(2) 一般的な傾向の検出

比較的多数の被検者を対象とするため，個人差や特殊事情に左右されない一般的で安定した傾向を知ることができる。

(3) 複雑な解析が可能

統計的に精緻な解析法を用いて，数値の表面的な視察ではわからないような各変数間の関係性を抽出することが可能になる。

なお，量的研究についてさらに知りたい場合は，たとえば，足立（2006）や豊田ら（1992）などを参照されたい。

研究で得られた結果を適切に処理，解釈し，研究結果としてまとめるためには，質的・量的研究それぞれの研究法を理解し，その限界を知ることが重要である。

1.3.3　臨床心理学の研究法
1. 事 例 研 究

事例研究（case study）とは，1事例もしくはごく少数の事例に対して，各事例の個別性を尊重し，綿密な調査，テスト，実験，面接，観察などの適用を通して個性記述や仮説発想などさまざまな目的の具現を図る研究法のことである。検討の対象となる内容は，おもに面接における会話の逐語録，心理面接のような継続面接の過程の記述，ある出来事などを体験した者の語りなどがあげられる。ここで得られる質的なデータをどのように分析，考察するかについては，現在ではさまざまな方法論が提案されてきており，詳細については西條（2007，2008）などを参照されたい。

通常，心理学では数量的・統計的分析を主眼に置き，多数の対象を用いて仮説検証を行い，客観的な普遍性を求める法則定立的方法（nomothetic method）が重んじられる傾向がある。このため，単なる1事例を扱うだけの事例研究は科学的ではないとされ，独立した研究法とは認められず事例研究は本格的研究の前段階に行う探索的研究としての位置づけとなってしまう（吉村，1989）。しかし，実際には人間はより複雑な環境下で生活する存在であり，法則定立により発見された法則も現実生活にうまく当てはまらないことも出てくる。また，対象やその生活を不自然に解体することなく，全体的状況との関連でとらえる，歴史（時系列）の中でとらえる，あるいは個人の複雑な行動間の連関構造を明らかにするなど実に有用で多くのことを可能にする手法である。臨床心理学の歴史を振り返ってみても，各学派の創始者であるフロイト（Freud, S.）やロジャーズ（Rogers, C.R.），パヴロフ（Pavlov, I.P.）やスキナー（Skinner, B.F.）においても，事例研究を用いて自らの理論モデルを提示してきた。したがって，心理学研究における事例研究は心理学

理論の形成のための主要な研究法であるといえる。

事例研究の一般的な批判として，1事例で生じた現象をどこまで普遍化してとらえてよいのかという問題，あるいは異なる事例同士の比較が単純に行えないことなどがあげられる。観察や面接を例にあげても，研究を実施する者がもつ偏見や予測，期待などが状況や行動の記述に歪んだ結果をもたらす危険性がある。しかし，こうした欠点も事例を多く集めて検討を行ったり，実験法を併用するなどでより厳密に検証していくことで補うことも可能である。この点において，「事例報告」と「事例研究」との相違を理解しておく必要がある。両者の相違は，それぞれを行う目的とその結果によって明らかとなる（図1.3）。

事例報告とは，事例の検討を通して心理臨床実践を行った発表者自身の事例理解を深める研修目的の要素が含まれる。一方，事例研究ではそれを発展させて何らかのモデルの構成や先行研究への反証，新しい事例の発見などが示される必要がある。また，ある程度の一般性をもつモデルや理論を構成し，その有効性を示すために複数の事例研究を組織的に組み合わせる統合的事例研究法（下山，1997）が提案されている（図1.4）。これは，単一事例から得られる実践仮説を複数の事例によって集めて類型仮説として抽出し，その

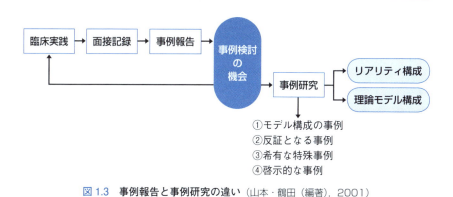

図1.3　**事例報告と事例研究の違い**（山本・鶴田（編著），2001）

仮説が実際の事例を理解する上で有効かどうかを基準として仮説の妥当性の検討を実際の事例内で行い，修正を繰り返す過程でモデルを生成するような，循環的に仮説生成と検証を行うものである。

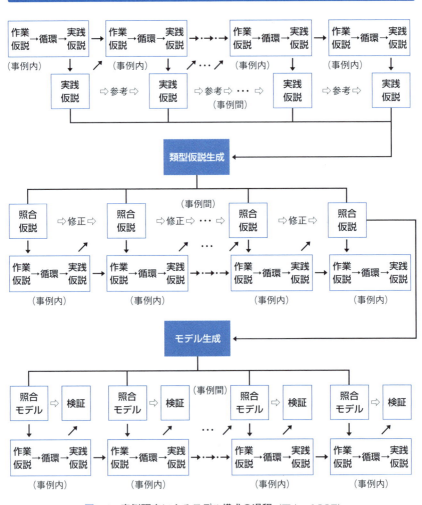

図1.4　事例研究によるモデル構成の過程（下山，1997）

1.4 さまざまな臨床心理学

1.1では臨床心理学の特質を「臨床」という言葉から考察したが，対象を病気や病人に限定することなく，不適応や心理的な問題に悩んでいる人をも含め，また一事例や特殊な事例から一般性を見出そうとする心理学であるとみなせば，広義の臨床心理学には，異常心理学，カウンセリング心理学，健康心理学，神経心理学，犯罪心理学などが含まれる。

1.4.1 異常心理学

異常心理学（abnormal psychology）とは，行動や人格（パーソナリティ）に認められる異常な現象を研究対象とする分野の総称である。具体的には，クライエントの心理的な問題や病理を記述し，それがなぜ生じたのかの原因やメカニズムを考えたり，その問題や病理が心理学的な援助によってどのように変化するか，そのメカニズムを検討する領域といえる（丹野，2002）。ここでの「異常」とは，病的障害としての異常と正常者における例外的状態としての異常（催眠状態，薬物における幻覚など）が含まれるが，特に前者の異常を対象とする場合，精神医学における異常行動の原因探求に関心を置く**精神病理学**（psychopathology）とほぼ同義である。「異常」と「正常」を分ける統一的基準はないが，①統計的基準（統計的な出現頻度の低さ），②社会的・理想的基準，③病理的基準，④能力障害（disability）の4つが考えられる。特に②のように，正常に対する異常は相対的なものであり，文化や時代によって変動するものであるが，おおよそ共通部分としては①社会規範からの逸脱，②本人の主観的苦痛，③心理的機能不全をあげることができる。異常心理・異常行動をどのように理解するかについては，主に，①生物学的立場（精神障害は異常な身体的過程によって引き起こされるという見解に基づく），②精神力動論的立場，③認知・行動論的立場，④現象学的立場，そして，⑤システム論的立場の5つのパラダイムが設定されている。なお，異常という言葉が好ましくないということから，精神病理学（psychopathology）

とか病態心理学（pathological psychology）という用語が採用されることもあるが，精神病理学はヨーロッパ圏では精神医学の一分野を意味しており，必ずしも心理学の専門分野ではない。

　異常心理学は，個人の心理的な問題の原因や変化のメカニズムを検討するという日常的で能動的な領域であり，長年蓄積された知見をまた新たな視点や体系から再考する作業も大きな任務である。臨床心理学では，個人の心理的問題の援助に取り組む際には，問題のリストアップや心理アセスメントなどを通して病理メカニズムの作業仮説を立てた上で，援助や治療のための具体的な方法を選択する。この際，問題を分析し，病理メカニズムを考えることがまさに臨床心理学が異常心理学を参照理論として採用しているということであり，両者は非常に密な関係にあるといえる。臨床心理士は，異常心理学や精神病理学などの知見を自身の臨床実践に取り入れることもできるし，実践の中での新たな発見を既存の知見に組み入れて発展させることも可能となる。異常心理学についてさらに知りたい場合は，たとえばデビソンとニール（Davison & Neale, 1994）などを参照されたい。また，異常な体験ではあるが，テレパシー（telepathy）や念力（psychokinesis ; PK），透視（clairvoyance）といった，現在の科学では証明できない超常現象を扱う分野は，超心理学（parapsychology）と呼ばれている。

1.4.2　カウンセリング心理学

　カウンセリング心理学とは，比較的健全なパーソナリティをもつクライエントを対象に，主として研究活動や心理アセスメント，介入を行う，心理学の一専門領域である（Gelso & Fretz, 2001）。この領域は，アメリカにおいて職業指導と学業指導という2つの柱をもちつつ，ガイダンスという枠組みの中で発展してきた。カウンセリングという名称が用いられたのは，1939年のウィリアムソン（Williamson, E. G.）の著作であるといわれる。やがて，カウンセリングが人格的適応の促進や，そのための援助に標的が絞られてきた。カウンセリング心理学の一つの学問体系，あるいは学問の領域として確

立されたのは APA にカウンセリング心理学部会が設立されたときであり，学問分野の名称を「カウンセリングとガイダンス」から「カウンセリング心理学」へと変更したのは 1952 年のことであった（Gelso & Fretz, 2001）。

カウンセリング心理学の 3 つの重要な役割として，個人またはグループに対して何らかの問題から立ち直るよう働きかける「治療」，将来起きるかもしれない問題を予測し，回避に努め，できるならば未然に防ごうとする「予防」，そしてさまざまな経験を通じて最大限に多くのことを望んだり，手に入れたり，引き出したりすることで人々が自分自身の潜在的な能力に気づき，それを伸ばそうとする「教育・発達」の 3 側面が挙げられる（Jordaan, Myers, Layton, & Morgan, 1968）。また，ジェルソーとフリッツ（Gelso & Fretz, 2001）によれば，カウンセリング心理学の統一的なテーマは，①伝統的に精神障害に焦点が当てられてきた臨床心理学とは対照的に，この領域では健全なパーソナリティに焦点が当てられること，②障害の程度に関係なく，人間の資質や強さ，精神面での健やかさに焦点が当てられること，③比較的短期間の介入が強調されること，④人と環境との相互作用に焦点を当てること，そして⑤個人の教育やキャリアの面での発達を重視すること，の 5 点が挙げられている。しかし，カウンセリング心理学と臨床心理学との対比については，現代のカウンセリング心理学が対象とする範囲が臨床心理学でこれまで対象としていたものと重複するように拡がりをみせていることや，そもそも対比されるカウンセリングと心理療法のそれぞれについては，本質的に同様のトレーニングや教育が行われていること，また職務内容や職場の面でも重なり合う部分が大きいこともあり，両者の明確な区別というのは難しい。なお，近年学校心理学（school psychology）が日本でも盛んとなってきたが，小・中・高校での学業や修学上での問題や特別支援を必要とする生徒への援助など，臨床心理学よりも教育心理学との関係が深いという（Trull & Phares, 2001）。カウンセリング心理学についてさらに知りたい場合は，たとえば，福島（2008）やジェルソーとフリッツ（Gelso & Fretz, 2001）などを参照されたい。

1.4.3 健康心理学

健康心理学（health psychology）とは，人間の健康をとりまく問題を総合的に取り扱う心理学ないし行動科学（behavioral science）である（島井，1997）。1978 年に APA の第 38 部会として健康心理学部会が認められた。初代会長であるマタラゾー（Matarazzo, J.D.）による定義によれば，健康心理学とは「健康の維持・増進，疾病の予防・治療，健康・疾病・機能不全に関する原因・診断の究明，およびヘルスケア・システム（健康管理組織）・健康政策策定の分析と改善などに対する心理学領域の特定の教育的・科学的・専門的貢献」であるとされる（日本健康心理学会，2002）。健康心理学の主要な興味の対象は，精神的健康（mental health）よりも身体的健康（physical health）である。これは，健康心理学が精神面を軽視するという意味でなく，むしろ精神と身体との結びつきを重視し，両面の健康がより根源的に結びついているととらえている。

健康心理学は，おもに精神的な障害や病的な症状を対象とした臨床心理学から生まれた。健康心理学の大きな特徴としては，以下の2つが挙げられる（島井，1997）。第1に，健康心理学が研究領域だけでなく実践領域でもあるということであり，臨床心理学との共通点であるといえる。そして第2に，健康心理学は現代社会の必要性に応えることを目指して発展してきたことである。病気が外的要因によってもたらされると考える時代は終わり，今日では多くの病気が個人の生活や行動と密接に結びつくと考えられている。たとえば，日本では感染症に代わり次第に上昇している悪性新生物や心疾患，脳血管疾患といった疾患の特徴から，感染症のように特定の外的要因を発見し，その働きを抑制する予防や治療対策では不十分である。むしろ，喫煙，塩分や脂肪の過剰摂取，運動不足のような長期にわたる生活習慣が，高血圧や高コレステロール血症といった準備状態につながり，これら疾患の発症に密接な関連をもつと考えられる。また，保健医療制度の観点から，生活習慣と密接な関連をもつ疾患の治療は長期に渡る多額の費用が必要になる。このため，個々人の生活習慣の改善を含む予防対策が必要となる。つまり，現在におい

ては病気に対して個人がどのように取り組むかがより重要な問題であると考えられるようになってきた。

　このように，健康心理学は身体に焦点を当てるという点でなく，障害や病的な状態を取り扱うのではなく健康をその中心的課題として取り扱おうとしているところに新しい観点がある。健康心理学は，医学をも含めた学際的研究分野として，行動医学（behavioral medicine）とも呼ばれることがある。この領域は，既存のさまざまな立場を用いた，健康に関するあらゆるテーマに関する多面的で複合的な応用領域であるといえる。健康心理学についてさらに知りたい場合は，たとえば，日本健康心理学会（2002）やギャッチェルら（Gatchel, Baum, & Krantz, 1989 本明・間宮監訳 1992），島井（1997）などを参照されたい。

1.4.4　神経心理学

　神経心理学（neuropsychology）とは，脳の働きと行動ないし心理（的）機能との関係を研究する専門分野である。CT や SPECT などによって脳の働きを画像でとらえることができるようになり，また神経科学の発展によって，大脳の局在的機能が解明されるとともに，記憶や思考などの心理的機能の責任部位が明らかとなってきた。そのため，各種の検査（神経心理学的検査）を実施して脳障害の診断に貢献したり，脳機能損傷からの回復への支援（リハビリテーション）を神経心理学者が行っている。近年の高齢化に伴う認知症の増加や事故などによる高次脳機能障害の問題は，神経心理学の急激な発展を促している。なお，神経心理学は精神医学分野で大脳病理学と呼ばれていた分野と重なっている。

1.4.5　犯罪心理学

　犯罪心理学（criminal psychology）とは，犯罪学（criminology）の一部であり，犯罪を心理学的に解明しようとするものである。現在の犯罪学は，学問分野として精神医学，社会学，人類学，心理学，法学が主である。このよ

うな広範な知識に支えられ，人の犯罪行動を個体的・集団的・社会文化的に，観察や実験を通して包括的に究明しようとするのが犯罪心理学である。犯罪の概念は，まず法律によって「構成要件に該当し，違法かつ有責の行為」とされるが，ここでの「構成要件」とは一定の法律（ここでの場合は刑罰法令）の効果を発生させるために必要とされる仮説条件であり，「違法行為」とは法秩序の命令・禁止に違反する法益の侵害または危険のことであり，そして「有責」とは責任能力のある者の故意または過失にもとづくことを意味している（山根，1974）。

　犯罪心理学の歴史において著名な人物としては，実証的犯罪研究の祖といわれるロンブローゾ（Lombroso, C.）とゴダード（Goddard, H. H.）があげられる。まず，19世紀後半にロンブローゾは犯罪者に特有の身体的特徴を見出そうとしたが，そうした身体的奇形には変質の徴表としての意味はなく，それらと精神的異常との関連性も否定され，彼の考え方は批判にさらされた。また，ゴダードは20世紀初頭に誕生したビネー（Binet, A.）の知能検査を用いて犯罪者を調べ，不法行為の主要な原因は知能の低さにあるとする精神薄弱説を唱えた。しかし，これもその後の調査によって低知能が犯罪の主原因という初期の見方は過去のものとなった。その後，古典的精神分析理論，情緒障害論，条件づけ理論，社会的学習理論などに基づくアプローチが盛んに行われてきた。

　犯罪心理学には大きく分けて，①犯罪者の心理を分析する犯罪者の心理学（犯罪者の人格構造，犯罪者の類型，犯罪者の人格形成，犯罪形成場面の心理などを取り扱う。プロファイリングなど犯罪捜査や犯罪被害者支援にかかわる分野として警察心理学（police psychology）といった専門分野も生まれている），②**法廷心理学**（目撃証言の信憑性，陪審員（裁判員）評決に及ぼす心理的影響など裁判や法制度への心理学的知見や理論の適用を扱う専門分野），そして臨床心理学と密接なかかわりをもつ③**矯正心理学**（犯罪者の心理診断，犯罪者の処遇・治療，再犯予防など）の3分野がある。犯罪心理学についてさらに知りたい場合は，たとえば，安香（2008）などを参照された

い。

1.5 おわりに

　今日，臨床心理学はさまざまな分野に広がりをみせている。対象としての「臨床」の発展といえよう。1.4 にあげた以外にも，がん患者への緩和ケアや小児科領域における小児臨床心理学（pediatric clinical psychology），自然災害や事件に伴う被害者支援などの問題にも，臨床心理学は一定の役割を求められてきている。また，不適応や心理的障害といった，いわば負の側面ではなく，それらからの回復や予防という観点からポジティヴ心理学（positive psychology）とか，生活の質（quality of life），レジリエンス（resilience）といった新しい考えも提唱されてきている。本書の中に，臨床心理学の幅広い活動とともに，新たな活動分野を見出すことができよう。

　一方，研究方法としての「臨床」は，手間暇のかかる研究法であり，経済効率に乏しく，エビデンスに乏しいといった批判もあって，今日ではあまり顧みられない風潮もある。最新機器を用いた，あるいは大規模な調査といった方法からすれば，きわめて地道なアプローチである。しかしながら，1.1 でも述べたように，研究法としての「臨床」は新たな発見へと導くものであり，何よりも事例研究という個に普遍性を見出そうという姿勢は，あくまでも個人に徹するという臨床の本質を表すものである。次章以降の各所に，研究法としての「臨床」の成果を見出すことができよう。

コラム 1.1　心理療法の拡散と収束——統合的アプローチへの注目

　臨床心理学は研究と実践の両面を重視する学問領域であり，特に実践面では「**心理療法**（psychotherapy）」として非常に多くの理論，技法が生み出されてきた（図 1.5）。この心理療法は 1900 年にフロイトによって開かれたといわれるように，医療や医学とは比較にならないほど歴史が短く，いまだ発展途上にある。

　臨床心理学には，起源を異にするさまざまな考え方と，それに基づく技法が含

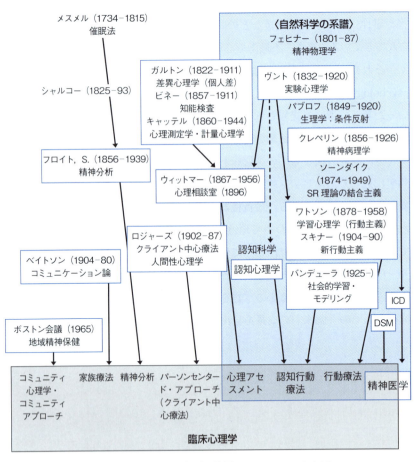

図 1.5　臨床心理学の学派の発展（下山，2001 を改変）

まれている。たとえば，精神分析とその流れをくむ精神力動的心理療法から，第二次世界大戦後にはロジャーズによる来談者中心療法という理論と方法が掲げられ，このほぼ同時期にはアイゼンクによって行動療法が開始された。この心理療法の三大流派がその後の心理療法の世界に影響を与え，多様な理論・技法の誕生を促す契機となる。1960年代半ばには60ほどであった心理療法のアプローチは，70年代に130となり，80年代には250，86年には400を超えたとされている（Garfield, 1995）。このような心理療法の理論・技法の激増は，単一学派による心理療法に対する不満の反映でもあると考えられるが，これが結果的には競争による各アプローチの洗練と進化，心理職の啓発を促したと思われる。しかし，これらは次第に相互の対立を生むようになり，この理論・技法の乱立は優れた実践の提供を希望する臨床心理学実践者だけでなく，よりよい心理療法を希望するクライエントにも混乱をもたらした。

この流れを受け，1980年代以降にはある流派に対する不満足から積極的統合の試み（Stricker & Cold, 1993）が始まり，とりわけ欧米の心理療法界で盛んとなった。統合を考える研究者や実践者によって，「心理療法の統合を探求する学会（SEPI ; Society for the Exploration of Psychotherapy Integration）」が1983年に設立され，1991年には*"Journal of Psychotherapy Integration"*という学会誌も刊行されており，今日まで心理療法の統合のための活動を積極的に行っている。日本でも，たとえば臨床心理の専門家の養成・訓練と個人やカップル（夫婦）・家族の心理的援助を行う「統合的心理療法研究所（Institute for Psychotherapy Integration）」，また「心理療法統合を考える会（SEPI-Japan）」という研究会も発足して統合に向けた活動が行われている。

また，この統合という動きの背景には，**証拠に基づく医学**（EBM ; Evidence Based Medicine）の影響がある。1980年代には科学的な実証性が重視されるようになり，条件の統制が可能な認知行動療法をはじめとした心理療法の効果性に関する実証的研究が盛んに行われるようになった。心理療法の効果に関する研究として著名なランバート（Lambert, 1992）によれば，心理療法の効果の40％はクライエントの自我の強さや環境などの心理療法以外の要素，30％は治療関係の要素，15％は心理療法の技法の要素，そして残りの15％はクライエントの期待の要素であることが示された。こうした心理療法の効果を検討した実証研究により，心理療法の各理論

の違いよりもむしろ，その共通性に光が当たるようになり，臨床心理学の統合を促すという影響を与えている（下山，2004）。

この統合という新しい動きのおもな目的は，理論・技法の整理，統合にある。統合的介入法とは，1つの心理的援助法の名称を指すものではなく，個々の学派の心理療法にこだわらず，複数の心理療法の理論・技法を組み合わせたり，ある心理療法の理論にほかの理論・技法を取り入れたり，あるいは代表的な心理療法の理論・技法に共通する要素を探ったりして，さまざまな問題や状況に柔軟に対応でき，かつ理論的にも技法的にもある程度整合性がある介入法を編み出すことである（平木，2010）。臨床心理学および心理療法の発展の中では，「**折衷的アプローチ（eclectic approach）**」と称される立場もかなり早い段階で存在していた。これは，理論的な整合性を追求するというよりもむしろ，症状や問題，クライエントの特徴に応じた最適な技法を選択する能力の向上を目指す方法である（**表1.3**）。

いくつかの理論や技法を学んだ臨床心理学の実践者により，選択的に技法が活用されており，日米問わずこの折衷的なアプローチを取る者は非常に多い。たとえば，2007年に行われた Psychotherapy Networker による調査では，アメリカでの実践者によって活用されるアプローチで最も多かったのが折衷的アプローチ（95.8％）であり，単一のアプローチを実践しているのは4.2％であったと報告されている。日本でも，臨床心理面接において用いられる中で最も多かったものが折衷的アプローチ（73.7％）であった（日本臨床心理士会，2006）。しかし，従来な

表1.3　**折衷と統合の違い**（Norcross & Newman，1992；平木，2010）

折　　衷	統　　合
技法的	理論的
相違点	共通点
多様性の中からの選択	多様性の統合
存在するものの適用	新たなものの創造
収　集	結　合
部分の適用	部分の統合
実験的・経験的だが非理論的	実験的経験的というよりは理論的
部分の総計	部分の総計以上
現実的	理想的

されてきた技法の折衷的適用は技法の中から臨床心理学の実践者による判断で役立つと思われるものを良い所取りする印象は否定できず，正確には統合の目的とは異なるものであった。今日では，折衷と統合の差異を明確にしながらも，それぞれが心理療法の統合に向かうための方法の下位要素ととらえられ，それぞれ技法的折衷（症状・問題といったクライエントの特徴に応じた最適な技法を選択すること），理論的統合（複数の理論を結合させ，概念的・理論的によりよい1つの理論を創造すること），共通因子（異なる心理療法の類似性を探ること），同化的統合（心理療法の主たる支持理論を1つ置いた上で，ほかの視点や技法，態度を積極的に取り入れること）の4つの統合方法があると考えられている（Norcross, 2005）。これらの方法は，相互にほかの方法を排除するものではなく，異なる視点から統合を概念化するものである（平木，2010）。

およそ100年間という短い歴史の中で，臨床心理学は発展を遂げてきた。その実践において，対象を普遍的な存在の人間としながらも，時代背景などの社会文化的要因の変化の影響を受けながらその時々の時代のニーズに応えようと常に模索を続ける学問領域であるともいえる。現在における心理療法の世界では，新たな理論や技法を創出するよりも，既存の理論や技法の整理，統合を行うことにより，単一学派の理論や技法によるアプローチの限界を克服し，多様な理論や技法の矛盾と実証性の欠如を補うため，より効果的なアプローチの再編作業が始まっている（たとえば，グリーンバーグら（Greenberg, Rice, & Elliott, 1997 岩壁訳 2006），ワクテル（Wachtel, 1994 岩壁他訳 2007），ワクテル（Wachtel, 1997 杉原訳 2002）など）。また，すべてのセラピストは何らかのかたちで新たな情報をそれまでの「臨床の知」に統合し，個性化していくという点で，多かれ少なかれ統合派に属すると説く立場もある（倉光，2000）。21世紀における急速に変化する社会の中では，クライエントも多種多様なニーズをもつようになり，呈する問題や症状も時代とともに変化していくことが予想される。今後も，臨床心理学の実践者が行う各々の心理療法の効果性の検討は行われるべきであり，援助を求めるクライエントにどうすれば最大限の援助を提供できるかを考えた際，明確な証拠に裏づけされた援助を提供できることが必要である。短い歴史の中でも，社会からの要請を受けながら華々しく展開されていった心理療法のアプローチも，現時点でようやく再確認の段階に至り，収束という新たな段階に向かいつつあるといえる。

臨床心理アセスメント 1

　心理アセスメントとは，個人のパーソナリティの問題となる点に加え，良い点についても見極める作業である。また，臨床場面で行われる心理アセスメントは，クライエントに対する適切な援助のために欠かせない。本章では，臨床心理アセスメントについての基本的な知識と考え方について解説していく。

2.1 臨床心理アセスメントとは？
2.1.1 用語「アセスメント」について

　アセスメント（assessment）は，『リーダーズ英和辞典　第3版』（2012）では，「［税額・罰金・損害額などの］査定；［課税のための財産・収入の］評価，査定，アセスメント；［社員の能力などの］評価；税額，査定額，［共通費用の］割当金，分担金」と訳される単語である。心理学用語としての定訳はその中の「査定」である。『広辞苑　第6版』（2008）で「査定」を調べると，「（金額・等級などを）とりしらべて決定すること。『税額の―』『土地を―する』」と解説されている。ここで注目したいのは，一般的にアセスメント（査定）とは，何かしらの価値を見積もる行為であるという点である。アセスメントという用語が心理学の領域で初めて用いられた際も，個々人の資質や価値といった積極的側面を見積もろうとしていた（田中，1991）。田中によれば，1948年にアメリカ戦略局（U.S. Office of Strategic Service；OSS）のスタッフが第二次世界大戦で特殊任務に就く人員について数日間集団で生活し，数多くの技法を用いて情報収集した選抜法を報告した『人の査定（*The assessment of men*）』において，初めて心理学用語として「アセスメ

ント」を用いて説明がなされたという。

　元々の用語の意味や心理学領域で用いられた当初のねらいは，問題となる点だけでなく良い面を見積もろうとするものであったし，それは現在も変わらない。しかし，アセスメントされる側にとっては果たしてそのように理解されているのだろうか。ぜひとも見積もってもらいたいような高値のつきそうなポイントをもっている人ならいざ知らず，病気や症状に苛まれている人にとってはどうだろうか。自分を苦しめているものの正体を明らかにして楽になれるだろうか，という期待とともに，自分の値打ちがはかられるという緊張感を伴うものではないだろうか。臨床心理アセスメントは，クライエントにとって期待と不安の入り混じった機会であり得ることを忘れずに慎重に行うことが肝要である。

2.1.2　アセスメントの対象――その1：パーソナリティ

　臨床心理アセスメントでまず対象とするのはクライエントのパーソナリティである。パーソナリティ（personality）は，ラテン語のペルソナ（マスク／仮面）を語源として，「［人に印象を与える表にあらわれた］個性，人格，人柄，性格，パーソナリティ」（リーダーズ英和辞典　第3版，2012）と訳され，外界とのかかわりの中で科学的に観察されうる行動特性として，情緒的特徴や知的側面をも含めてとらえようとする概念である。心理学の領域では「人格」という訳が定着している。似た用語に「性格」があるが，英語ではキャラクター（character）であり，ギリシャ語の刻み込まれたものという意味の言葉を由来とする用語である。パーソナリティとは異なり，本来，人の生得的で一定不変な特徴を指す用語である。ただし，経験や学習により多少とも後天的に変化しうるものではある（図2.1）。アセスメントという文脈で「パーソナリティアセスメント」とは言っても「キャラクターアセスメント」とは言わないように，現在ではキャラクターはパーソナリティの中に吸収されて用いられるのが一般的となっている。

　ところで，臨床心理アセスメントでは，クライエント個人のパーソナリテ

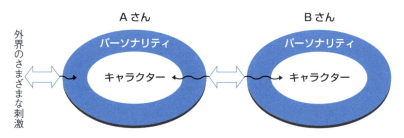

図 2.1　パーソナリティ概念についてのイメージ図
外界のさまざまな刺激には，映画・音楽・書籍といった，人が何らかのメッセージを付与した刺激から，自然とのかかわりといったものまでさまざまある。両矢印は相互の影響関係を，波線の矢印は経験や学習による影響であり，生得的な特徴と考えられるキャラクターにまで作用するものもある。

ィを的確にとらえることができれば十分だろうか。AさんとBさんとで仮にまったく同じパーソナリティであるとして（そのようなことはあり得ないが），その人の職業が教師である場合と画家である場合とでは社会から期待されるものには違いがあるのではないだろうか？

2.1.3　アセスメントの対象――その2：生活場面

　クライエント個人のパーソナリティを丁寧にとらえようとして関心が個人の内面にだけ集中してしまうと，「木を見て森を見ず」になる。まるで真空状態の世界に住む人であるかのような現実離れしたアセスメントになりかねない。
　氏原（1991）が「現実適応」と「自己実現」との微妙なかかわり，として説明している言葉を引用しながら考えてみよう。氏原によれば，「現実適応」とは，「われわれが何とか世の中を生きてゆこうとすれば，多かれ少なかれ周りに自分を合わさなければならない」こと，「外界とうまく折り合いをつけてゆくことは，われわれが『健康』に生きてゆく場合，不可欠の一面である」ことを述べ，「この世の中のいわばあるべき自分を定位してゆこうとす

る態度」であるとしている。他方の「自己実現」とは,「いまある自分, いわばわが内なる自然ともいうべき生のプロセス」であり,「こうした内なる自然を現実場面でどう生きるか, また生かすかということ」であるとしている。

これより, ある人をアセスメントするということは, その人の生きている世界, あるいは生きようとする世界を前提とする必要があるといえよう。AさんとBさんとで仮にまったく同じパーソナリティであったとしても, 生活場面が違えば当然のこととしてアセスメント結果は異なってくるはずなのである。

2.2 アセスメント技法の種類と分類

有効な心理アセスメントのためには, アセスメントの方法や技法に関する知識・理解・熟練はもちろんのこと, 各種技法の基礎にある, 人およびパーソナリティのとらえ方に関する知識を知っておくことが重要である。パーソナリティ理論については他書に譲り, ここではアセスメント技法の種類と分類について, 面接法, 観察法, 検査法の3つの方法を順に解説しよう。

2.2.1 面接法について

面接法とは, 検査という「道具」を用いずに会話によって面接者が被面接者のパーソナリティを理解しようとする方法である（会沢, 2002）。したがってこの方法によって有益な情報が得られる対象は, 言語による自己表現が可能な人ということになる。それは, 単に言葉を発することができるという意味ではなく, 自分の内面に生じている思いや気持ちや考えを含めて言語で表現することが可能である, という意味である。したがって, 幼児や言語発達面に遅れのある人の場合は, 面接法のほかに次の項で説明する「観察法」から得られる情報が重要となってくる。

さて, 心理学で用いられる面接法について表2.1にまとめた。まず, 調査

表 2.1　面接法の種類（会沢，2002）

①調査的面接法：被面接者の情報収集を目的として（面接者のために）行うもの
②臨床的面接法：被面接者の心理的援助を目的として（被面接者のために）行うもの
　ⅰ．被面接者のパーソナリティ理解を目的とした面接（**診断面接**）
　ⅱ．被面接者のパーソナリティまたは行動の変容を目的とした面接（**心理療法**または**カウンセリング**）

的面接法についてであるが，この方法は主に研究で用いられる方法である。被面接者に対してそのまま結果を応用してアプローチすることは少ないが，得られた結果から同種の問題に対するアプローチ方法を見出すなどして今後に活かすという社会的意義のもとで行われるものもある。一方の臨床的面接法は，被面接者への心理的援助を目的として行われる。診断面接はこの章でいうところのアセスメント面接に該当する方法である。診断面接だけの場合もあるが，心理療法またはカウンセリングにつながる場合もあり，両者は切り離しがたい関係にある。

　面接は言語による自己表現が可能な人に適用されると先に述べた。言語情報からクライエントの現状やパーソナリティをとらえていくわけであるが，その内容には**表 2.2** に示す情報を含むのが基本である。また，実際には言語情報のみならず非言語情報から得られるものも大きい。したがって，言語による自己表現が難しい人だけでなく，基本的に面接場面では観察も同時進行で行われるのである。

　面接法により得られる情報は多岐にわたる。どれだけの情報を得ることができるかは面接者の技能によるところが大きい。そのように説明すると，これから面接に臨もうという初心者はひどく緊張するだろう。あまり緊張していては**表 2.3** の⑤のように自分の感情にとらわれすぎて被面接者との**ラポール**形成が難しくなる。では，あらかじめ質問を考えておいて，それを順番に

表2.2　面接でおさえたい言語情報と非言語情報

言 語 情 報：主訴，症状や問題の経過，現在の生活状況，家族構成，生育歴など
非言語情報：表情，目線，態度，姿勢，座る位置，話し方，服装など

表2.3　話す気を失わせる可能性が高い面接者の態度や言動（石上，2006）

①相手が話したことについて，すぐに判断し，評価する
②面接者が話しすぎる
③面接者の関心や思い込みによって，誘導的な質問や的外れな質問をする
④面接者が無意識のうちに，相手の話したい気持ちを失わせる動作をする
⑤面接者が自分の感情にとらわれすぎる

確認するという準備をすれば，緊張しすぎず，聞きもらしも防げるだろうか。確かに聞きもらしは防げるかもしれない。しかし，予想した流れの通りに面接を進めることに必死になってしまうと，表2.3の③のようにもなりかねない。「面接」している同士は，面接者であるか被面接者であるかにかかわらず，相互に意識的・無意識的な影響を与え合う存在であると会沢（2002）も指摘するように，面接の流れを前もって決めておくことは難しいのである。構造をしっかりと定める面接方法（**構造化面接**）や面接者が必ず確認しておきたいポイントのみ定めておいて後はその場の状況で自由に話してもらう方法（**半構造化面接**）もあるが，それでも相手のその場での様子を考慮する必要はある。臨床的な視点から面接について述べた藤原（1990）によれば，「面接とは，人間と人間がお互いの心の世界をみつめあうことである。人間が直接に関係しあうことであり，相互に知り合い，わかりあうことである。これを人間を生きよくするための援助や治療として専門的に用いる面接法は，心理療法の基本的な方法なのである」という。どういった構造の面接法であるかにかかわらず，臨床心理アセスメントのために行う面接場面では，面接

者の五感を通しての理解が求められる。面接者にとって，被面接者に関心を寄せるとともに，自己への眼差しも必要となる。

　筆者が面接に臨む際に心掛けていることは，いろいろと準備をした上で，それらをそっと脇に置き，身一つで目の前の人と向き合う，というイメージをもつことである。そうすると，準備したとおりに進めることに気持ちを奪われずに目の前の相手に関心を寄せやすくなる。必要なところで準備をしたことが思い出されることもある。それでも，個人的に興味や関心のもてない話の内容や賛同できない考えを聴く場合，努力なしに集中するのは難しいことである。そういうときは，どうして目の前のこの人はそういうことに興味をもっているのか，どうしてそういった考えをもつようになったのかと，自分が興味をもてない感覚や異論を唱えたくなる気持ちを手がかりにするのである。つまり，目の前の人間に興味をもちながら聴いていく。すると段々と無理なく集中できるようになるようである。

2.2.2　観察法について

　観察とは，一定の目的のもとにいろいろな出来事や環境を組織的に知覚することであり，単に見るのとは異なる行為である。対象となる人間の外的行動や言語活動，あるいはそれとかかわる事象について，視覚的・聴覚的に情報を摂取し，それを記録し，蓄積して，分析することによって，パーソナリティの理解を深め，そこに何らかの法則性を見出そうとする方法である（沢崎，2002）。言語による理解や自己表現が難しい乳幼児等を対象にできるのが特長である。**観察法**の種類については表 2.4 に示す。表に示した通り，実験的観察法と自然的観察法のどちらにおいても欠かせないのは観察された情報の記録である。表 2.5 に記録方法の種類とそれぞれの長所と短所についてまとめた。観察記録には客観性が求められる。どのようにしたら客観性の高い記録を残せるだろうか。

　観察者の観察に歪みをもたらす心理傾向（中澤，1997）としては，ハロー効果（みかけの事前の情報によりつくられた主観的印象に合うように行動を

表 2.4　**観察法の種類**（沢崎，2002 と向後，2006 を要約）

① **実験的観察法**：仮説検証などの目的を持ち，観察場面に何らかの操作や条件統制を加え，目標となる行動を生じさせて観察・記録するもの
② **自然的観察法**：操作や条件統制を行わず，日常の自然な流れの中で生じる行動や事象を観察・記録するもの
　 ⅰ．全体像を広く捉えられるが観察者の技能次第（**日常的観察法**）
　 ⅱ．被観察者と相互作用するため親和的関係を構成することが大切（**参加観察法**）
　 ⅲ．目的を明確にし，観察場面を選択し，科学的記録法を用いて観察（**組織的観察法**）

表 2.5　**記録方法の種類**（沢崎，2002 を一部改変）

① **逐語記録／行動描写／逸話記録**：生起するすべての行動をその生起の順に従ってそのまま記述する
　長所→流れを捉えやすく，全体像の把握可
　短所→すべての記録は難しく，客観性を欠く恐れあり
② **行動目録**：生じると予想される行動をあらかじめ観察項目として一覧表にしておき，その行動があらわれるたびにチェックをする
　長所→慣れれば観察が容易で数量化しやすい
　短所→カテゴリー設定が難しく，全体の流れを捉えにくい
③ **評定尺度**：観察された行動をあらかじめ用意した 3～7 段階の尺度上に記録する
　長所→行動の程度や強度を表せる
　短所→尺度構成が難しく，客観性を欠く恐れあり

みる傾向）や，寛大化エラー（より肯定的に行動をみる傾向），中心化傾向エラー（極端を避け，行動を中庸に評価しようとする傾向），対比的エラー（被観察者を自分とは違う特性をもつとみる傾向）が指摘されている。こうした心理傾向は人に一般的に認められる傾向であり，自覚しにくい。観察記録の客観性を損なう可能性があるので注意が必要である。では人に起こりがちなこうした歪みを防ぐためにはどうしたらよいだろうか。まずは複数の観

察者で観察をすることが考えられる。その際，ある場面の評価を観察者同士でそれぞれ事前に行い，同じ行動に関する評価にズレがないか，観察者の評価基準が揺らがないかを確認しておくことが必要となる。もしも観察する場面を映像や音声で記録することが可能であれば，後で繰返し観察することができるため有効である。また，複数の方法で記録することも考えられる。観察の目標や意図を明確にした上で，観察のための準備，観察者の訓練を怠らなければ，客観性を備えた観察記録を残す確率は増すといえよう。

　ところで，観察は客観的であることだけが重要といえるだろうか。観察についての臨床的な考え方としては，神田橋（1997）が「対話精神療法」という文脈の中で，対話における観察の役割について以下のように述べている。「聴き，語るという作業を導くのは，観察」であり，とぎれることのない観察があってはじめて，的確に聴き適切に語ることができる」こと，また，「治療者は，『相手の顔色を窺いながら語る』」のが良いことなどである。治療者に限らず，面接をしながら観察している者であれば誰でも，相手の顔色を窺うことは大切だろう。というのも，自分が相手に投げかけた言葉が相手にどのようなインパクトを与えたのか，ちょうど相手も問いかけて欲しいことだったのか，それとも今はまだ語りたくないことであったかなど，顔色を窺うことである程度の感触が得られるからである。ただし神田橋は，「見るというこころの姿勢に移った瞬間に，対象とのあいだに，距離感が生まれ」，すると「一緒という雰囲気が不足」してしまう，とも述べている。臨床心理アセスメントでも，目標と意図の明確化，観察者としての客観性を高める訓練に加えて，一緒という雰囲気を崩さずに見るための感性を磨く訓練が必要であろう。

2.2.3　検査法について

　心理検査とは，パーソナリティや能力の測定，適性の判定，カウンセリングや心理療法の効果評定などに使用するものである。心理検査には，何のために，どのような検査を実施するのか，検査を必要としているのは誰なのか，

どのような情報が必要なのか，何のために検査をするのか，といった問いに応えるという役割がある。検査をする人，受ける人の共同制作による作業であるので，検査実施に際しての共通認識を作ることが望ましい。使用目的を明確にすることで必要に応じた検査を用いることができる。どのようなニーズにどの検査が応えられるのかなど，検査者は検査に関する知識を備えていることが求められる。とはいえ，1つの検査で人のすべてをとらえることは不可能である。検査を実施する者は，検査の結果でレッテルを貼らないこと，理解の手がかりの一つであるということは，同時にそれ以上でもそれ以下でもないのだ，ということをわきまえておきたい。

検査法の適用対象は使用する検査によって異なる。検査の種類は，検査の形式の観点から，質問紙法，投映（影）法，作業検査法などに分類される。各方法についての詳細は第3章で解説する。

2.3 アセスメントの効用を増やすために

2.3.1 効用と限界感

アセスメントを行うとき「効用をいかに増やし，いかに負担の少ないもので限界を減らすかを常に考えていることが必要」と空井（2000）が指摘しているように，できるかぎりクライエントに無理強いせずに役立つアセスメントを行いたいものである。空井によれば，心理検査の効用と限界は，「検査を依頼した人のねらいと無関係ではなく，結果の伝達の仕方もまた，効用を

 冗長だったりねらいとずれていると限界感が増加

 依頼した人のねらいに沿った報告なら効用は増加

図2.2 アセスメントの効用と限界感

増加させたり，逆に限界を感じさせたりするもの」であるという。報告に含める情報は，単純すぎても誤解を生むが，詳細すぎると煩雑で理解しにくくなる。効用を増やし，限界感を減らすには，依頼した人のねらいを外さずにアセスメント結果を伝えることが大切なのである（図 2.2）。

2.3.2 報告書について

　報告書作成に際して心掛けるべきことは，第 1 に，読み手のニーズ（ねらい）を考えるということである。読み手はどんな立場でクライエントにかかわる人なのか，その人たちにとって役立つ情報は何だろうか，と想像するのである。竹内（2009）は，「心理検査が活かされ，真にクライエントに利するものとなるためには，検査のデータについて考えるだけでは足りない。面接時に受ける印象，家庭に関する情報，サポート資源に関する情報など，心理検査結果以外の情報までを含めた総合的な査定が行われる必要がある」と述べている。このように役に立つ報告書は，クライエントの内面だけでなく生活場面についてもアセスメントしたものとなる。さらには，問題点だけでなくそれぞれの強みや可能性に言及することが望ましい。強みや可能性といった肯定的側面に関する情報を盛り込むことは，アセスメントという用語の本来の意味からしても当然のことではある。とはいえ，問題や課題となる点が見えてくるとそちらがクローズアップされてしまい，良い面がその陰に隠れて見えにくくなってしまうことはあるだろう。しかし，本人や周りの人たちが見逃しているような自らの肯定的側面に関する結果を伝えることは，問題や症状に取り組む手掛かりを本人ないし周りの人たちに示すことでもあるので，最後の詰めまで抜かりなく取り組みたいものである。

　津川（2009）は，問題点ばかりをあげつらった非常に厳しいアセスメントをするのは臨床経験の浅い臨床心理士に多いと指摘している。津川はそうしたことが起きてしまうのは，大学院修了前後の教育研修の機会の少なさと，個々の数値を全体のバランスの中でみることができないことが要因であると述べている。そして，病院の研修生（大学院生）には「クライエントのパー

ソナリティの描写は，『よい→悪い→よい』というサンドイッチの順番で書いて，最後に，今後どうしていったらよいかという援助指針を書いてください」と伝えている，とのことである。自分の身に置き換えればわかることだろうが，いきなり問題点ばかりを告げられたらあまりのショックでその後何を言われても耳に入らないかもしれない。はじめに特に問題ではない部分について報告してから，ただしここは課題です，あるいは，こういうところは苦労されるところでしょう，などと問題となっている点を伝えたほうが受け入れられやすいと思われる。

　第2にあげておきたい心掛けは，読み手となる人のニーズを確認できる立場にあればぜひとも事前に直接ニーズを聞いておくことである。また報告した後，実際に情報が役に立っているかどうかを確認できるとなおよい。筆者自身は医療現場でアセスメントに従事する機会があるが，報告書の読み手は基本，医師である。状況によっては，本人に検査直後に感想を聞く中で結果のアウトラインを口頭で伝えることもある。その場合は，本人のニーズに即して「こういうところがあるようですけれども，そう聞いてどう思いますか？」と報告がどのように伝わっているかをその場で確認するようにしている。「確かにそういうところがある。でもそれはこういうことがあったからかもしれない」と，自分が今まさに取り組んだ検査という手掛かりがあることで自発的な自己開示が進むこともある。本人との間でこうしたやりとりがもてた場合には，そのことも踏まえてアセスメント結果をまとめ，その人に向けたオリジナルの報告書が作成できたという手応えがもてる。ただし，その手応えが検査者の自己満足でなく，実際にその後の治療や生活の中で役立っているかは確認してみないとわからない。本人の様子を自分でも知ることができる現場であれば直接，できない現場であれば報告書の読み手に「その後どうでしょうか」「報告書にわかりにくい点はありましたか」などと確認してみるとよいだろう。筆者には，「報告書の内容をまとめると，つまりどういうことですかね？」と聞かれ少々わかりにくい報告書であったと判明してうなだれた経験もある。特にはじめのうちは過不足なく報告書をまとめる

のはなかなかに難しく，実際に役立っているかどうかを確認するのは勇気のいる行動であった。しかし，過不足がありそうだからこそ読み手に率直な感想を求めることをお勧めしたいのである。自分の足りないところを指摘されることを覚悟さえすればできないことではない。反対に「診察の中では見えてこない情報があって治療に役立っています」というコメントが返ってくることもある。いずれにしても報告後の確認の作業は有益である。

そして最後に強調しておきたいことは，「わかりやすい伝え方」には「なるほどそうか」という知識や技術の共有が主となるレベルと，新鮮な驚きや問題意識が触発されて余韻が残り，思索や行動の発展を促すレベルとがあるということである（村瀬，2009）。村瀬は，自身が幼児の頃，人として偉いと思い，好きだった人（家事見習いを兼ね，お手伝いさんとして住み込んでいた女性）から，良かれと思った自らの行為を咎め正された経験があるという。そのときに伝えられた内容は，あたかも種子が芽吹きやがて実を結ぶように，確かな影響として後年の心理臨床に及んでいる，と振り返っているのである。人として大切に思い合う気持ちがそこにはあり，真に相手のためを思って自分の言葉で責任をもってしっかり伝えようという覚悟が感じられるエピソードである。伝える相手が医療スタッフであれ，クライエントや患者であれ，どこまで人と人として出会えるのか。臨床心理アセスメントにおけるわかりやすい表現という技術は，単に技術として優れているだけでなく，そうした素地の上にあってようやく本領を発揮するものなのかもしれない。

2.4 発達段階を踏まえたアセスメント

臨床心理アセスメントでは，多くの人が人生の一定時期に共通して経験しがちなこと（生物学的・社会文化的要因）と偶発的に経験しがちなこと（個人的・社会的要因）という一般性と個別性，双方の視点を踏まえることが求められる。発達段階についての解説は本ライブラリ第7巻『スタンダード発達心理学』に譲り，本節では，発達段階を踏まえたアセスメントに必要な着

眼点に絞って概説する。

2.4.1 乳幼児期のアセスメント

　乳幼児は，言語での自己表現がままならない。ミラー（Miller, 2000 木部監訳 2007）は，「食事や睡眠，分離を拒絶することで不安を表出する乳幼児，怒り，泣きやまず，かんしゃくを起こす乳幼児，あるいは未解決の嫉妬といった乳幼児の内的な困難や，親の葛藤や喪失の影響といった外的な困難のために，明らかに緊張下にいる乳幼児たち」を子どもの症例の中に見てきた，と報告している。またミラーは，子どもは回復力がある反面，心を防衛する手立てをまだ持たず，家族の感情から受ける影響に脆弱であることも指摘している。このように，この時期のアセスメントには行動観察と親ないし保護者との面接が欠かせない。親（保護者）との面接の中で，親（保護者）自身の葛藤や不安を示してもらうには，葛藤や不安を表明しても拒絶したり非難したりはしないことを実感として理解してもらう必要がある。相手を偏見や先入観で見ないという心構えが観察者および面接者に求められるだろう。

　また乳幼児期は，観察や面接，各種検査を通して，知的能力障害や自閉スペクトラム症といった神経発達症群（DSM-5）の早期発見ならびに発達支援や学習支援の方針を立てることが求められる時期でもある。臨床現場としては，児童相談所，児童養護施設，小児科などでの需要がある。検査法には，乳幼児精神発達検査法，新版 K 式発達検査法，ミュンヘン機能的発達診断法，乳幼児分析的発達検査法（遠城寺式），日本版デンバー式発達スクリーニング検査，MN 式発達スクリーニング・テストなどがある。

2.4.2 児童期のアセスメント

　児童期は，幼児期や思春期に比べると安定している時期としてフロイトが潜在期と呼んだ時期である。6～12 歳頃に該当し，日本ではちょうど小学生の時期にあたる。情緒的に比較的安定したこの時期に自分を社会に適応させていく技術の獲得を目指すことが発達課題と考えられており，「児童期は共

表 2.6　児童期に起こりやすい問題と誘因となりやすい事項（高木，1986 を一部改変）

起こりやすい問題：頭痛，嘔吐，腹痛，関節痛，頻尿，夜尿，眩暈，足の痛み，気管支喘息，チック［運動症群の中のチック症群に該当］，吃音，爪かみ，不安神経症［不安症群に該当］，強迫神経症［強迫症および関連症群に該当］，不登校，転換ヒステリー反応［身体症状症および関連症群の中の転換性障害に該当］

誘因となりやすい事項（対人的・社会的な要因）：同胞関係（嫉妬心，競争心），親子関係（厳しい躾，甘やかし），友人関係，教師との関係，学業，習い事

［　］内に DSM-5 の診断名を表記した。

同作業や，競争，妥協の才能が大きく伸びる時期」（Sullivan, 1953 中井他訳 1976）といわれている。しかし，児童期以前の発達課題をうまく消化できなかった場合，子どもは情緒面で不安定になりやすく，安心して家庭外での経験に勤(いそ)しめなくなる。自分の内面で生じている感覚を言葉にして理解することが能力的にまだ難しく，そうした SOS のサインは行動面や身体面に出やすい。表 2.6 に児童期に起こりやすい問題と誘因となりやすい事項をまとめた。

児童期は就学によって著しく変化する生活環境への適応といった意味で学校生活に関連した不適応が認められはじめる時期でもある。新しい関係や新しい場面を楽しむ準備ができているかという観点から，児童期への移行期（4, 5 歳；幼児期後半）のあり方をアセスメントすることは重要である。

児童期は，学校場面でスクールカウンセラーがアセスメントする機会がありえるが，まずは授業の様子を観察することや何気ないやりとりを通しての観察と面接から始めることをお勧めする。その上で必要に応じて検査を実施したほうが児童への負担は軽減できるだろう。検査としてはバウムテストや HTP といった描画法が用いられることが多い。

2.4.3　思春期・青年期のアセスメント

　小学校高学年から始まる第 2 次性徴を契機に思春期（青年期前期）が始まる。身体的に大きな自己の変化（身体的成熟）の過程が心の世界に大きな影響を及ぼすと考えられている。また，思春期・青年期には，「自分とはなんだろう？」といった疑問が湧き，その答えを模索することを通して自己を確立（**アイデンティティ**を獲得）していくとされる。しかし，昨今の社会状況からして，こうした疑問に答えることはそれほど急を要していないため，**モラトリアム**の時期は延長していると指摘されている。従来は，青年期の終わりは 24，25 歳ごろとされてきたが，最近では 30〜35 歳くらいまでが青年期であるとする研究者もいるほどである。

　思春期・青年期についてアセスメントする場合，この時期が親からの心理的・物理的・金銭的自立へと向かう時期であることを考えると，子どもの立場だけでなく親の立場からの視点もおさえておきたい。前川（1993）によれば，子どもはこの時期，秘密をもつことが重要であるという。それは，自己という独自の世界を形づくりまだ不完全で頼りない世界を外から脅かされないようにするために必要な精神的機能であるという。この時期の子どもは「未完成」な自己を抱え，ともすると，ふたたび親という対象に近づきすぎて依存し，そのまま融合してしまいそうな危うさを自ら感じていると考えられる，と述べている。親の探りを入れるような態度や干渉から自分の世界を守るためと考えるならば，思春期・青年期の子どもの秘密や反抗はこの時期に必要なものと捉えられるだろう。一方，親の立場からすると，子どもが秘密をもつことに焦りや動揺を覚えるのは親としてむしろ自然なことなのである（前川，1993）。この時期の親子の心理は矛盾がいっぱいであるが，こうした矛盾や葛藤は，新たなアイデンティティ獲得に必要なプロセスであると認識した上でアセスメントする視点が必要である。

　青年期の友人関係については，松井（1990）が友人関係の社会化に果たす役割として，**安定化の機能**（緊張や不安，孤独などの否定的感情を和らげ解消する），**社会的スキルの学習機能**（対人関係場面での適切な振る舞い方の技

術を友人とのつきあいを通して学習する），モデル機能（友人をモデルとみなし，自分の人生観や価値観を広げる）をあげている。このように友人は青年にとって重要な存在である一方で，劣等感を刺激する対象にもなることを前川（1993）は指摘している。前川によれば，仲間同士の間の評価は，親のそれより強力で子どもの自己意識の中へ深く浸透し影響を残すという。中には，緊張感や摩擦を恐れ，関係を回避して内的安定を確保しようとする子も現れるというのである。社会生活の広がりとともに，人間関係にも広がりが出てくるのが思春期・青年期である。

2.4.4 成人期のアセスメント

青年期の終わりから 65 歳くらいまでを成人期とする考えが一般的である。身体面では，更年期障害，女性では閉経により，易刺激的状態・気分の変動・めまい・苛立ちなどが起こることがある。心理面では，青年期の選択（生き方・職業・家族・価値観）に改めて目を向け，もっと別な自分があるのではないか，職業や家庭も別の選び方があったかもしれない，今からでも遅くないのではないか，などと自らのあり方を問い直す心境になる。ユング（Jung, C. G）によれば，アイデンティティ獲得のため「影（shadow）」に追いやってきたもの（図 2.3）と取り組み，再統合する苦労を伴う時期である（桑原，2004）。

家庭面では，子育てや老親の介護が重なる時期である。子どもの独立により愛の巣が空っぽになったと体験するときに呈する社会的・心理的・身体的

どうしても虫が好かない人はいませんか？その人の性格や行動をじっと観察すると，自分の生きていない面がみえてきたりします。それがあなたの「影（shadow）」なのです。

図 2.3　影（shadow）とは

症状（空の巣症候群）が問題となる時期でもある。仕事面では，仕事の量と質の変化，転職や昇進といった出来事が心身の健康状態に影響を及ぼす。ただし，仕事とストレスの関係については，単純に仕事量が多いと負担が増すといったものではないことがアメリカの研究者カラセック（Karasek, R. A.）が1979年に作成した職業性ストレスの評価モデル（図2.4）で示されている。松崎（2007a, b）は，30年以上前の海外の調査データであるため，現代の日本の職業にそのまま置き換えるのは違和感があるかもしれないことを踏まえた上で，考え方としてはわかりやすいとして紹介している。松崎は自身の行った研究結果と総合し，一般的にストレスを緩和するためには仕事量を

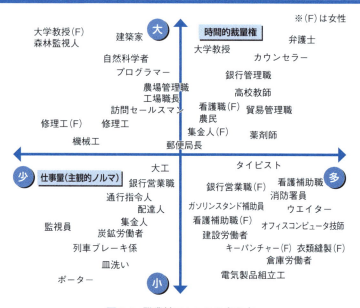

図2.4 職業性ストレスの考え方

※上図のモデルは1979年当時のものである。
（出所）Karasek, R. A., *Job Demands, Job Decision Latitude and Mental Strain*, 1979. を基に作成された松崎（2007a, b）の図より。
横軸は仕事量（主観的ノルマ），縦軸は時間的裁量権を示しており，右方向にいくほど心理的なノルマがきつくなり，上方向にいくほど時間的裁量権が大きくなる。

減らせばいいと思われがちだが，単純にノルマを減らすよりも達成感と時間的裁量権が得られるような働き方が個人のストレス反応の出現を抑える効果があることを明らかにした（松崎，2007b）。

2.4.5　老年期のアセスメント

　老年期は一般には 65 歳以上とされるが，厚生労働省の区分では 65～74 歳を前期高齢者，75 歳以上を後期高齢者としている。

　英語のエイジング（aging）には，老化と加齢という側面がある。老化は得たものが衰えていくマイナスのイメージであるが，加齢は積み重ねであり，成熟といったプラスのイメージを内包している。老化は，身体・精神両面にわたる機能低下を意味するが，今日では以前に考えられていたほど高齢者の知能や記憶は低下しないことが確かめられ，さらに低下の仕方も知能や記憶の種類によって異なることが判明している（下仲，2005）。成熟は，老年期のもつプラスの要素であり，特に医療においては看過されがちだが，適切な医療には人生の先達に対する敬意が不可欠（村松・鹿島，2005）と考えられる。

　老年期に多い疾患としては，認知症とうつ病があげられる。抑うつ気分とそれに伴う意欲低下，行動制止などの症状は認知症にもうつ病にも認められるため鑑別が難しいが，村松・鹿島（2005）は，「早まった診断をつけるよりも，うつ病の可能性を考慮して診療や将来の計画を立てることが重要」であると指摘している。いずれにしても，心配な症状があれば専門医を早めに受診することが望ましい。専門機関で行われる代表的な検査には，HDS-R（長谷川式認知症スケール），時計描画テスト，MMS（言語記憶検査），WAIS-Ⅲ（成人用ウェクスラー式知能検査），COGNISTAT（コグニスタット認知機能検査）などがある。

2.5 アセスメントの倫理と留意点

2.5.1 守秘義務について

　心理臨床における職業倫理としては,「クライエントの益になることを為し,害になることを為さない」(野島,2001) ことがまず大切である。そのために欠かせない考え方の一つが,「守秘義務」である。一般社団法人日本臨床心理士会倫理委員会が定める倫理ガイドライン (2012) によれば,「業務上知り得た対象者及び関係者の個人情報及び相談内容については,その内容が自他に危害を加える恐れがある場合又は法による定めがある場合を除き,守秘義務を第一とすること」と明示されている。アメリカのタラソフ判決 (1974, 1976) 以降,守秘義務には限界のあることが各種倫理綱領にも明記されるようになっている。本人が情報の開示を承諾している場合,法令に基づいて開示が義務づけられる場合 (児童福祉法第 25 条など),自傷他害の恐れありと判断できる場合は,専門家に守秘義務を破り,通告義務が発生する。このような場合でも,専門家としては,直感や感情によって行動するのではなく,守秘義務を破ることでクライエントとの信頼関係を傷つけるリスクや損害の程度を考慮し,さらに第三者や大衆に及ぶ危険性を正確にアセスメントする必要がある。

2.5.2 アセスメントにおけるインフォームド・コンセントとは

　インフォームド・コンセント (informed consent) とは説明と同意と訳される用語である。公益社団法人日本心理学会の倫理委員会が定める倫理規程 (2011) によれば,「臨床実践のなかで心理テスト等のアセスメント技法を用いる場合,アセスメントの目的と利用の仕方について,アセスメント対象者にわかるように十分な説明を行い,理解されたかどうかを確認した上で,原則として,文書で同意を得なければならない。」と定めている。できるだけ早い時期に,わかりやすい言葉を用いて説明し,同意を得ることが大切である。文書で同意を得ることでインフォームド・コンセントは一応成立するが,

それでは十分でないことに読者のみなさんはすでにお気づきだろう。しかし，説明がどの深さまで浸透しているのか，理解できた上での同意なのかをアセスメントしながら，相手にしっかり届く言葉で応対していきたいものである。

臨床心理アセスメント2
——心理検査法

　心理検査法は、面接法・観察法と並ぶ臨床心理アセスメントの一方法である。そしてそれは今日でも、臨床心理職に求められる重要な専門職務として位置づけられている。前章では、臨床心理アセスメントの全体像について見てきたが、本章では焦点をこの心理検査に絞り、その全体像や代表的な個々の心理検査、そして活用の際の留意点について解説していく。

3.1 アセスメントとしての心理検査法

3.1.1 心理検査法とは

　アセスメントには大きく分けて、面接法、観察法、検査法の3つの方法がある（第2章参照）。このうち、面接法と観察法に関しては、より現実に近い場面でのデータを得られるという長所がある一方、現実場面には無数の刺激が存在するためにそれらの統制は難しく、得られたデータもそれに左右されて流動的になるという短所もある。検査法とは、一定の手順で統制された刺激（課題）を与え、その遂行結果から対象者に関する安定したデータを引き出す方法である。その際、与えられる刺激のことを心理検査という。

3.1.2 心理検査のはじまり

　心理検査の源流は、ゴールトン（Galton, F.）をはじめとした個人差研究の発展にある。1890年にはキャッテル（Cattell, J. M.）が「メンタルテスト（mental test）」という用語を初めて使用し、それ以降、個人差を測定・研究するためのさまざまな検査が開発された。現場で役立てられるための客観的な心理検査のはじまりは、1905年にビネー（Binet, A.）がシモン（Simon,

T.）の協力を得て発表した，知能検査尺度である（第 1 章参照）。当時ビネーは，フランス文部省からの依頼により，就学にあたって教育上特別な配慮を要する知的障害児を識別するため，知能検査の開発に着手した。

　その後，第一次世界大戦時のアメリカでは，優秀な人材を適正な部署に配置するための兵士選抜を目的として，ヤーキーズ（Yerkes, R. M.）を中心とした委員会によって集団式知能検査が開発された。また同時期，同じくアメリカにおいて，ウッドワース（Woodworth, R. S.）により，兵士の情緒安定性を測定するための質問紙法によるパーソナリティ検査が作成された。このように，初期の心理検査の発展には，戦争を背景とした実用主義的な考えが大きく影響しているといえる。そして 1920 年代以降，ロールシャッハ・テストなどの投映法によるパーソナリティ検査や，産業界の要請に基づいてつくられた職業興味検査など，数多くの検査が開発されていった。

3.1.3　望ましい心理検査の条件

1. 信頼性と妥当性

　信頼性とは，心理検査による測定値がどの程度安定しているかを示す概念である。測定される対象が変化しないかぎり，何度測定しても，誰が測定しても同様の結果が得られれば，信頼性は高いといえる。また妥当性とは，心理検査で測定しようとしている対象を，どの程度十分かつ正確に測定できているかを示す概念である。基本的に，心理検査においては，信頼性と妥当性が共に高いことが望ましいとされる（1.3.1 参照）。

2. 効 率 性

　効率性とは，どの程度効率よくデータを得ることができるかに関する概念である。時間や金銭的負担，労力などのコストをなるべくかけずに多くの情報を取り出すことができる検査は効率性が高く，逆に，コストがかかるものの少ない情報しか得られない検査は効率性が低いといえる。当然，測定される対象に対して効率性の高い検査を選択することが求められる。

3.2 心理検査の種類

3.2.1 心理検査の分類

今日，非常に多くの心理検査が開発されている．本章ではまず，内容面からの分類を行い，その後必要に応じて形式面などの分類を加えていくこととする．ただし，既存の心理検査は無数にあり，それに伴って内容面のカテゴリーも数多く存在している．そこで本章では，臨床現場での使用ニーズが高い，「知能・発達検査」「パーソナリティ検査」「神経心理学的検査」の3つについて中心的に述べ，それ以外のカテゴリーに属する検査は，「その他」として簡単に触れる．本章で採用する検査の分類およびその測定内容は表3.1の通りである．なお，分類はあくまで便宜的なものであり，実際には各カテゴリー間の境界はそれほど明確でない．たとえば，後述するウェクスラー式知能検査は，「知能・発達検査」であると同時に「神経心理学的検査」としても用いられる．このように，カテゴリー間では重なり合う部分も多いことを付け加えておく．

表3.1 心理検査の分類カテゴリーと測定内容

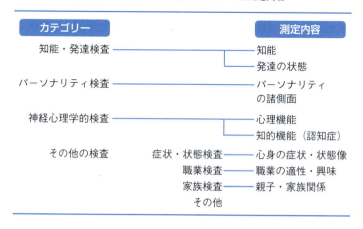

表 3.2　心理検査の採用頻度（小川ら，2011 を元に作成）

順位	検査名	採用頻度	順位	検査名	採用頻度
1	バウムテスト	67.6%	11	YG 性格検査	30.2%
2	WISC	51.5%	12	DAP	28.9%
3	SCT	50.9%	13	HDS-R	27.2%
4	WAIS	49.5%	14	SDS	25.8%
5	TEG	47.2%	15	家族画	23.8%
6	ロールシャッハ・テスト	45.9%	16	MMSE	22.4%
7	HTP	39.8%	17	K 式発達検査	21.5%
8	風景構成法	33.6%	18	MMPI	14.4%
9	ビネー式知能検査	32.9%	19	K-ABC	13.5%
10	P-F スタディ	32.3%	20	CMI	11.6%

3.2.2　心理検査の採用頻度

　わが国においてどのような心理検査が現場でよく採用されているかに関する調査として，小川ら（2011）のものがある。表 3.2 をみると，上位はバウムテスト，SCT，ロールシャッハ・テストなどの投映法と呼ばれるパーソナリティ検査，そして WISC，WAIS などの知能検査が大半を占めていることがわかる。過去の研究結果（小川ら，2005）と比較しても上位に大きな変動はないが，唯一，質問紙法によるパーソナリティ検査である TEG に関しては，10 年ほど前から採用頻度が上がってきている。もちろん，医療，教育，福祉など，領域によって使用頻度に違いはあるが，このような結果は検査の使用や学習を考える上での一つの基準となろう。

3.3　知能・発達検査

3.3.1　知能とは

　人の知的な特徴を表現するものとして，「知能」という言葉が用いられる。

ただし，この概念を定義することは難しく，これまでもさまざまな定義が提唱されてきた。その定義に統一見解を得にくい知能概念ではあるが，それらはおおよそ，「新しい場面や環境への適応能力」「創造的・抽象的な思考能力」「学習する能力」という3点に集約される。ウェクスラー（Wechsler, D.）は，より包括的な定義を行い，「知能とは，個人が目的をもって行動し，合理的に思考し，効果的に環境を処理する総合的な能力」であるとしている。また近年では，認知心理学や神経心理学の発展に伴い，知能を，われわれが日常生活を送っていくために必要な，言語，記憶，注意，判断などの心理機能の諸側面からとらえ直そうとする動きもある。

3.3.2 知能検査

知能を測定・把握するための検査が，**知能検査**である。知能検査は，実施法により個別式と集団式とに分けられる。個別式の中には，総合的な知的水準を測定する検査（**ビネー式知能検査**，**ウェクスラー式知能検査**）や，認知処理の過程に焦点を当てた検査（**K-ABC，DN-CAS認知評価システム**），特定の領域の知的水準を測定する検査（たとえば，視覚構成能力という側面から知的能力を測る**コース立方体組み合せテスト**）などがある。また，集団式の中には**田中式集団知能検査**や，**京大NX知能検査**などが含まれる。以下では，代表的な個別式知能検査を取り上げる。

1. ビネー式知能検査

ビネーにより考案された知能検査である。この検査には，知能を，個々の要素の寄せ集めではなく統一体として存在するものととらえた，ビネーの知能観が反映されている。わが国には，田中ビネー式および鈴木ビネー式知能検査がある。ビネー式知能検査の特徴としては，各年齢に応じてその時期に重要と考えられる多面的な検査課題が用意されていること，そして，正解した課題数から精神年齢を算出し，それを元にIQが求められることがあげられる。このように算出された精神年齢は，発達支援の場などにおいて重要な目安となるものである。ただし，2003年に刊行された田中ビネーV（1歳〜

成人に適用）では，14歳以上（成人）に関しては原則として，後述のウェクスラー式と同様に偏差IQ（DIQ；被検児・者が所属する年齢層の中での相対的位置を示す知能指数）を出すようになっている。

2. ウェクスラー式知能検査

ウェクスラーにより考案された知能検査である。ウェクスラーは，ビネーとは異なり，知能を個々の能力の集合体ととらえ，知能の構造的特徴を明らかにすることを目的に検査を開発した。そのため，ウェクスラー式知能検査は，能力の各側面を測定するための複数の下位検査からなり，詳細に知能の構造を分析することが可能である。またその他の特徴として，偏差知能指数を導入していることや（表3.3），成人向け（WAIS），児童向け（WISC），就学前の幼児向け（WPPSI）の3種類の検査セットが用意されていることなどがあげられる。

従来，下位検査は言語性検査（話し言葉や文字を介して表される知的機能をとらえるもの）と動作性検査（視覚や運動機能を介して発揮される知的機能をとらえるもの）とに分けられ，そこから言語性および動作性の知能指数（以下IQ）が算出されていた。しかし，WAIS-IV（2015年現在，日本版は未刊行），WISC-IVではそのような分類は廃止され，全検査IQに加え，

表3.3 ウェクスラー式知能検査による知能指数の出現頻度

知能指数（IQ）	出現頻度（％）	分 類
130以上	2.2	特に高い
120～129	6.7	高い
110～119	16.1	平均の上
90～109	50.0	平均
80～ 89	16.1	平均の下
70～ 79	6.7	境界線
69以下	2.2	特に低い

「言語理解」「知覚推理」「ワーキングメモリー」「処理速度」という4つの指標得点が算出されるようになっている。

3. K-ABC 心理・教育アセスメントバッテリー

カウフマン夫妻（Kaufman, A. S., & Kaufman, N. L.）によって作成された，従来の知能検査とは作成コンセプトの異なる検査である。この検査の特徴は，子どもの知能を，情報を処理し，問題を解決する認知スタイル（認知処理）からとらえ，習得された知識・技能（習得度）とは明確に区別して評価する点，また，認知処理の特徴を理解し，獲得されている知識・技能との関係を探ることで，子どもの特徴を活かした指導・教育につなげることを目的としている点にある。2013年に刊行された日本版 KABC-Ⅱでは，認知処理を，継次処理（情報を一つずつ順序に沿って処理すること），同時処理（多くの情報を全体としてまとめて処理すること），計画能力（課題解決のための方略を決定し，課題遂行過程をふり返る力），学習能力（新たな情報を学習し，保持する力）という4側面からとらえる。KABC-Ⅱにおける適用年齢は，2歳6カ月～18歳11カ月となっている。

3.3.3 発達検査

発達検査とは，おもには，乳幼児や就学前児の発達の程度や状態を把握するための検査のことをいう。近年の「発達」概念の拡大に従い，ライフサイクルの早期だけでなく，そこから終末期に至るまでを含めた検査全体を指すこともあるが，ここでは特に，乳幼児や就学前児に関する発達検査に焦点を当てる。このような検査はもともと，ビネー式の知能検査を乳幼児にも適用できるよう拡張しようという動きから発展してきたものである。当然ながら乳幼児期の発達を知能という側面のみでとらえ測定することは困難であり，多くの検査は，身体，運動，日常生活習慣，社会性など，発達に関する諸側面を総合的に把握するものとなっている。実施法により，対象児（対象者）に直接課題を与え，その反応をもとに発達状態を把握する**直接検査**（新版K式発達検査，遠城寺式乳幼児分析的発達検査など）と，養育者や保育者など

への質問を元に発達状態を把握する**間接検査**（津守式乳幼児精神発達検査，新版 S-M 社会生活能力検査など）に分けられる。以下に直接・間接双方の発達検査を取り上げる。

1. 新版 K 式発達検査

K 式の K は京都の頭文字であり，オリジナルは京都市児童院（現京都市児童福祉センター）により発表された。「姿勢・運動」「認知・適応」「言語・社会」という 3 つの領域について，それぞれどの程度の発達状態にあるかが多面的に把握できる。また，3 つの領域および全領域について発達年齢と発達指数が算出され，子どもの発達状態を明確にとらえやすい。おもには乳幼児を対象として開発されたが，**新版 K 式発達検査** 2001 では，対象児が成人した後も再判定に役立てられるようにとの配慮から，適用年齢が成人まで広げられた。なお，この検査は生後間もなくから使用することができ，低年齢児に施行可能な総合的発達検査という点でも有用である。

2. 津守式乳幼児精神発達検査

津守式乳幼児精神発達検査は，津守真らによって作成された間接検査であり，対象児の年齢に応じて，① 0 歳児，② 1～3 歳，③ 3～7 歳の 3 種類の質問紙が用意されている。この検査では，主たる養育者に対して，「運動」「探索」「社会」「生活習慣」「言語」という 5 領域について質問紙を用いて尋ね，その結果から乳幼児の生活上の様子や精神発達の状態を把握することができる。ただし，設問がやや古く，今の時代には即さない単語も含まれている点，0 歳児の言語領域で取り上げられている内容に不足がある点など弱点も抱えているため，実施上はそれらを踏まえた工夫が必要である。

3.4 パーソナリティ検査

3.4.1 パーソナリティとは

パーソナリティとは人の個性や特徴を指す概念であり，これまで性格や人格という訳語が当てられてきた。しかし近年はわが国でも，性格や人格をま

表 3.4　注目すべきパーソナリティ側面（津川, 2009）

A. パーソナリティ特徴（とくによい資質）
B. 自己概念・他者認知を含む認知の特徴
C. ストレス・コーピング
D. 内省力の程度
E. 感情状態

とめて「パーソナリティ」という用語で表すことが多い。パーソナリティは，「個人を特徴づける，持続的で一貫した行動や考え方の様式」と定義される。この定義が指し示す範囲は広く，よって臨床現場において「パーソナリティのアセスメント」といっても，その意味するところはかなり広大で曖昧となる。そのため，注目・検討しようとしているパーソナリティの内容が何であるかについては，あらかじめ検査者の中で明確にしておくことが重要である。この点について，津川（2009）では，表 3.4 のように，精神科臨床において注目すべきパーソナリティの側面について述べられているが，このような視点は精神科臨床に限らず参考になるものである。

3.4.2　パーソナリティ検査の種類

　パーソナリティを測定・理解するための検査が，パーソナリティ検査である。パーソナリティ検査はその測定方法によって伝統的に，質問紙法，投映（影）法，作業検査法の 3 つに分類され，それぞれに属する多様な検査が開発されている。なお，作業検査法については，測定しているものが作業にかかわる特定場面での意志的側面に限定されることから，果たしてそれをパーソナリティ検査と考えてよいのかという議論もある。しかし本章では，パーソナリティ検査に含めた上でそのような点についても説明を加える。

3.4.3 質問紙法

質問紙法とは，紙に書かれた質問項目に回答を求め，その結果を一定の基準に従い整理する方法である（例を**表 3.5** に示す）。この方法は，一度に大人数に，そして比較的短時間で実施できることから，効率的にデータを得ることが可能であり，また，解釈も比較的容易であるという長所をもつ。一方，被検者が意図的に回答を操作できることが最大の短所である。ただし，このような短所について対策が講じられている検査もある。たとえば後述するMMPI の L（虚構）尺度では，「時には，腹を立てることがある」のように，そうでないことが理想的ではあるものの実行困難な項目を含めておくことで，意図的によい印象をつくろうとする構えを検出できる。また，その他の短所としては，被検者の読解力や内省力に結果が左右されるため，幼児や知的発達に困難のある者には実施が難しいことや，判断の基準が各被検者で統一されていないこともあげられる。

このように，質問紙法では被検者が自分で項目を読み，考え，答えるという手順を踏むことから，そこで測定されるものは彼らの意識的な自己認知の側面であるといえる。そのような意味では，検査結果をフィードバックした際にその結果が「当たっている」と感じられることが多いのも当然であろう。以下に代表的な質問紙法によるパーソナリティ検査を取り上げる。

表 3.5　質問紙法における質問例

自分にあてはまるかどうかをお答えください。				
		いいえ	どちらでもない	はい
1.	人の意見に左右されやすい	0	1	2
2.	決心がぐらつくことがよくある	0	1	2
3.	他人からの評価を気にする	0	1	2

1. **TEG（東大式エゴグラム）**

バーン（Berne, E.）によって創始された**交流分析**の理論を背景にしてつくられたものである。交流分析理論では，人はみな，心の中に，親の自分（P ; Parent）・大人の自分（A ; Adult）・子どもの自分（C ; Child）の3つの部分（自我状態）をもっていると考える。Pはさらに「批判的な親（CP ; Critical Parent）」と「養育的な親（NP ; Nurturing Parent）」に，また，Cは「自由な子ども（FC ; Free Child）」と「順応した子ども（AC ; Adapted Child）」に分けられ，合計5つの自我状態が想定される（8.3.1参照）。エゴグラムとは，5つの自我状態を量的に表現し，自己分析するためのツールである。質問紙法のエゴグラムはわが国でもいくつか開発されており，中でも53項目の質問からなる**TEG（東大式エゴグラム）**がよく用いられる。ちなみに，先ほど**表3.5**に示したものは，ACを測定するための項目例である。

2. **MMPI（ミネソタ多面人格目録）**

MMPI（ミネソタ多面人格目録）は，ミネソタ大学のハサウェイ（Hathaway, S. R.）とマッキンレイ（McKinley, J. C.）により開発された検査である。当初は，精神医学的診断を客観化することを目的として開発されたが，その後，目的はパーソナリティの叙述へと移っていった。特にアメリカでは利用頻度が高く，関連する研究も心理検査の中でもっとも多い。550項目の質問からなり，パーソナリティを幅広い視点から総合的にとらえるための臨床尺度に加え，受検態度を調べるための妥当性尺度が設けられている点も特徴的である。基本構成のほか，数百にも及ぶ追加尺度も開発されている。

3. **YG（矢田部ギルフォード）性格検査**

YG（矢田部ギルフォード）性格検査は，ギルフォード（Guilford, J. P.）の考案した人格目録をもとに，矢田部達郎らが作成した検査である。12個の性格特性について各10項目，計120項目から構成される。各性格特性からの判断のほか，それぞれの特性が描き出すプロフィールから，全体的なパーソナリティ特徴についてもみることができる。この検査は，企業や学校などにおいてスクリーニング目的で使用されることが多い。

3.4.4 投映法（投影法）

「投映法（projective methods）」という名称を初めて用いたフランク（Frank, L. K.）は，構造化の度合いが低く，一定の反応パターンを引き起こさないような場や対象について，人は独自のやり方でそれを構造化し解釈すること，そしてそこでの反応や行動の中にはその人の私的世界が映し出されることを指摘した（Frank, 1939）。たとえば空の雲を見上げた際，ある人はそれをソフトクリームに，また別の人はそれを恐ろしい男性の顔に見立てる。そこには，その人の特徴や個性が反映されているとみることができる。

このように，投映法とは，被検者に比較的自由度が高く正誤や優劣の判断ができないような課題の遂行を求め，その反応からパーソナリティを測定する方法である（1.3.1 参照）（図 3.1）。多くの場合，そこでは多義的で曖昧な刺激が用いられるが，そのような刺激の特性よりも，むしろ被検者の反応の自由度のほうに投映法の特徴があるとの見方（小川，2008）もある。

この方法は，どのような回答がどのような評価に結びつくのかを被検者自身がつかみにくく，意図的回答が困難であるという長所をもつ。また，先述のように，被検者の特徴が表現される自由度の高さから，得られる情報量が多くなることも大きな長所であろう。一方，自由度の高さにともない，検査

「何に見えるか，何のように思えるか，言ってください」

図 3.1　投映法検査の刺激例

者にとっての実施や解釈の難しさは増し，検査には熟達を要する。同時に，被検者には時間や労力といった物理的負担や心理的負担を与えることも短所といえる。投映法でもっとも批判の的となるのは，信頼性・妥当性の問題である。投映法には信頼性・妥当性の検討が不十分な検査が多いことが，長年にわたり指摘されている。一方で，質問紙法とは異なる側面を異なる方法論で把握しようとする投映法において，質問紙法と同じ次元で信頼性・妥当性を検討することはそもそも困難であることを指摘する声もある。以下では，代表的な投映法パーソナリティ検査を取り上げる。

1. ロールシャッハ・テスト

ロールシャッハ・テストはロールシャッハ（Rorschach, H.）が作成した，インクのしみ検査の一つである。ほぼ左右対称になった10枚のインクのしみを刺激として用い，それが何に見えるかを順番に答えてもらう。先ほどの図3.1は，この検査の模擬図版である。「何を見たか」を重視する想像力の検査と思われがちだが，ロールシャッハ自身は，「どのように見たか」という知覚・認知体験を重視していた。得られた反応は，①どこに見たのか，②どのように見たのか，③何を見たのか，という3つの観点に，反応の質の評価を合わせて検討され，そこから被検者のパーソナリティの様相（特にはその働き方や強さ）およびそれが示唆する病理や適応の程度が判断される。この検査には，分析・解釈のためのシステムが複数あり，わが国においては片口法や，エクスナー（Exner, J. E.）の包括システムの利用頻度が相対的に高い。なお，この検査では，検査状況下における検査者と被検者の対人コミュニケーション面接という側面が重視されることもあり，その場合，狭義の意味での「テスト」ではないという意味を込めて「ロールシャッハ法」と呼ばれることが多い。

2. SCT（文章完成法）

SCT（文章完成法）とは，不完全な文章を刺激として提示し，被検者がそれに続く文章を完成させる検査である（表3.6）。わが国では精研式SCTが比較的よく用いられている。SCTの刺激は言語的なものであることから，

表3.6 文章完成法の項目例

1. 好きなことは

2. 私 の 決 心

3. もし私の母が

他の非言語的な刺激を用いる検査（ロールシャッハ・テストなど）に比べると，論理的に考え自分の内面をある程度統制した上で反応することができる。そのため，この検査の結果に示されるものは基本的に，被検者の意識的な統制を介した，日常生活上の態度，考え，様子である。ただし，精研式SCTでは計60項目について文章を完成させる必要があるため，後半になると疲労のために統制が緩み，同じような刺激に対して異なった反応をするという矛盾した側面が示されることもある。このような点も，評価の上では重要な手がかりとなる。

3. P-Fスタディ

P-Fスタディはローゼンツァイク（Rosenzweig, S.）により開発された検査であり，児童用・青年用・成人用の3種類がある。刺激は，24の欲求不満場面を示すイラストである。イラスト中の登場人物の吹き出し部分にセリフを書き込むよう教示し，そこから被検者の社会適応の様子や，欲求不満に対する反応・対処の特徴を検討する（図3.2）。この検査はもともと，パーソナリティの測定を目的に開発されたものであるが，近年では，対人関係場面というイラストの特徴を利用し，発達障害に関するアセスメントの手段として使用されることもある。

図 3.2　P-F スタディの一場面（模擬図版）

4. 描画法

　描画法とは単独の検査名ではなく，一定の課題に沿って被検者に絵を描くよう求め，描かれた絵から被検者の特徴を把握しようとする方法の総称である。描画は非言語的な手段であるため，言葉によって自分のことを語ることが困難な人や，問題を内省できない人を対象とする際にも活用される。描画法には，1本の（実のなる）木を描かせるバウムテスト（図3.3），家と木と人をそれぞれ別の紙に描かせていくHTP，川，山，田などの要素を順番に描かせて最終的に1つの風景にまとめることを求める風景構成法などさまざまな様式がある。そもそも描画とは，被検者の内面の表出であり，また，精神的な成熟により変化していくものでもある。よってそこには，自己像，認知の仕方，欲求，葛藤などのパーソナリティ側面や，精神的な発達の程度が反映される。またこの方法は，心理面接の際などにクライエントとかかわるための媒体としても大きな意味をもつ。

図 3.3　バウムテスト描画例

3.4.5　作業検査法

　一定の状況のもとで一定の作業を課し，そこでの反応に認められる特徴から被検者のパーソナリティを推定する方法を，**作業検査法**と呼ぶ。質問紙法のように認知面からではなく，実際の行動面からパーソナリティにアプローチする点，また，具体的で明確な作業を課すため，投映法のような反応の自由度をもたない点が，特徴としてあげられる。この方法は，被検者が虚偽の反応を出すのが困難なことや，言語能力に左右されないために適用範囲が広いという長所をもつ一方で，得られる情報がかなり限定的になるという短所をもつ。

　わが国で作業検査といった場合，ほとんどが**内田クレペリン精神作業検査**を指す。これは，クレペリン（Kraepelin, E.）の発表した連続加算作業の実験にヒントを得て，内田勇三郎が作成したものである。図 3.4 のように，不規則に並んだ数字列を連続して加算していき，1 分ごとの合図で次の行に移っていく。この作業を前半・後半各 15 分（間の休憩 5 分）行うことを求め，各行の作業量の時間的推移を表す曲線（作業曲線）のパターンから，感情の

図 3.4　内田クレペリン精神作業検査（沼, 2009）

安定性，粘り強さなどの特徴を把握する。この検査は特に，作業の安定性や注意力の検討に効果を発揮することから，会社の新規採用試験や適性配置などを目的に産業領域で用いられることが多い。

3.5　神経心理学的検査

3.5.1　神経心理学とは

　神経心理学とは，脳と心理機能との関係を研究する学問分野である。そのような関係は，おもに脳損傷患者における脳の損傷部位と心理機能の低下を対応づけることによって検討されてきた。現在ではその対象は広がり，脳損傷のみでなく，たとえば統合失調症や気分障害などの精神疾患，あるいは健常者の脳と心理機能との関連も検討の対象となっている。そして心理機能，特に認知行動面の障害を検出するために用いられる検査を，神経心理学的検査と呼ぶ。以下では，この検査の測定対象となるおもな心理機能とその障害

について解説した上で，それらを測定するための代表的な検査を紹介する。

3.5.2　各種心理機能と代表的検査
1. 言　　語
　われわれは，思ったことを音声言語や文字言語に変換して表出し（話す・書く），また，音声・文字言語で表された内容を聞いたり読んだりすることによって理解する。このように，言語をうまく変換・操作しながら日常生活を営んでいるが，一度獲得されたこのような言語機能が障害され，言語の理解や表出に障害をきたした状態を**失語症**という。失語症の場合，当然，話す，聞く，読む，書くといった各言語様式に問題が生じてくる。これらの能力を包括的に把握するために，「聞く」「話す」「読む」「書く」「計算」の5つの側面がどの程度障害されているかを量的，質的に分析可能な**SLTA**（標準失語症検査）や，「自発話」「話し言葉の理解」「復唱」「呼称」「読み」「書字」「行為」「構成」の8つの側面からみていく**WAB失語症検査**が用いられる。また，これらの包括的検査以外に，特定の言語機能について掘り下げて測定する検査もある。たとえば，単語の理解・表出について評価するための**TLPA**（失語症語彙検査）などがそれにあたる。

2. 行　　為
　われわれは普段，行おうとした動作を思った通りに行える。しかし，運動麻痺や失調，不随意運動といった動作そのものの問題はなく，また，どのような行為を行うべきかについて理解しているにもかかわらず，要求された行為を正しく遂行できなかったり物品の使用を誤ったりする状態があり，これを失行という。失行の評価については，**SPTA**（標準高次動作性検査）や，WAB失語症検査中の下位検査「行為」などを用いる。前者では，顔面，上肢から下肢までの動作を検討し，後者では，口頭命令および模倣条件を右手と左手で行わせて重症度を評価する。行為に関してはほかにも，積み木の組立てや字・図形のコピーといった構成行為の障害（**構成障害**）や，服を着ることの困難（**着衣失行**）が検査の対象となる。

3. 知覚・認知

　感覚機能が保たれているにもかかわらず，特定の感覚を介して対象を認知することができない障害を失認という。失認の一形態である視覚性失認では，対象そのものをまとまった形として認識できないという視知覚レベルの障害から，まとまった形としては認識できるものの，それが何であるかという意味のつながりがわからなくなるものまである。失認は感覚モダリティごとに検査されるが，特に研究の進んでいる視覚性認知に関しては，VPTA（標準高次視知覚検査）やWAB失語症検査中の下位検査「構成」などが用いられる。VPTAでは，視知覚の基本機能に加えて，物体・画像や相貌（顔），シンボル（文字や記号），視空間など，計7つの側面から評価する。

4. 記　　憶

　新たなことを覚えることができない（記銘障害），過去に覚えたことを思い出すことができない（想起障害）といった記憶に関する障害を，記憶障害という。全般的な記憶障害の査定によく使用されるのは，WMS-R（ウェクスラー記憶検査）である。この検査では，言語性記憶と視覚性記憶の側面を別々に評価でき，同時に記憶障害の重症度についても把握できる。その他，非言語性（視覚性）の記銘力に関しては，ベントン視覚記銘検査やRayの複雑図形テストも用いられる。図3.5は，ベントン視覚記銘検査の例である

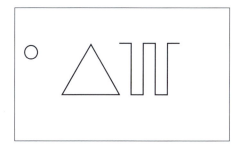

図3.5　ベントン視覚記銘検査図版 (Benton, 1963)

が，このような図版が計10枚用意され，それらを1枚ずつ提示した後に被検者に再生（場合によっては模写）を求める。

5. 注　意

さまざまな刺激や情報にあふれる環境下において，普段われわれは，その時々で必要な情報を選択し，適切に取り出すことができる。これは注意の機能によるものである。これが障害されると，注意・集中力の全般的な低下や，左右いずれかの空間に注意を向けることの困難（**半側空間無視**）といった症状が生じる。注意障害を評価するための検査は，注意機能のどの側面をみたいかに応じて選択される。たとえば，**TMT**（トレイル・メイキング・テスト）日本語版は，1〜25までの数字を順番に線で結んでいくパートAと，数字とひらがなを交互に順番に結んでいくパートB（図3.6）からなり，パートAでは多くの刺激の中からの対象の選択について，パートBでは注意の切り替えや注意の分配について検討される。

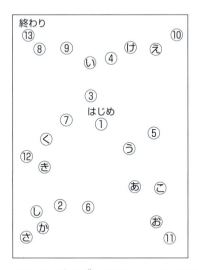

図3.6　トレイル・メイキング・テスト　part B （鹿島ら，1986）

6. 遂行機能

　目標を設定し，目標達成のための行動を計画し，計画を実行し，自身の行動を観察・評価しながら効果的に修正することを総称して，遂行機能（実行機能）と呼ぶ。これに障害が生じると，何が問題で，それをどのように解決するか，いつどのように行動するかがわからないというように，多様な日常場面において自分の行動を適切に管理することが困難となる。わが国で用いられる標準化された包括的な遂行機能検査として，BADS（遂行機能障害症候群の行動評価）があげられる。この検査は，遂行機能障害により引き起こされる日常生活上の問題を評価するためのもので，カードや道具を使った6種類の下位検査と1つの質問紙から構成されている。また，包括検査以外の個別検査としては，WCST（ウィスコンシンカード分類テスト），先述したTMTなどがよく用いられる。

3.5.3　知的機能と認知症

　記憶，言語，行為，遂行機能など，これまで紹介してきたさまざまな心理機能は，まとめて知的機能という枠組みでとらえることができる。知的機能とはまた，さまざまな心理機能を統合して運用する能力であるともいえる。そして，正常に発達していた知的機能が器質的な原因によって持続的に障害され，社会生活が損なわれた状態を，認知症という。なお，知的機能と知能とはほぼ同義であるが，神経心理学の分野では知能という抽象的な概念を避け，それを機能面からとらえようとすることから，知的機能という名称が使われることが多い。

　認知症のスクリーニングには，HDS-R（改訂長谷川式簡易知能評価スケール）（表3.7）やMMSE（ミニメンタルステート検査）が用いられる。また，認知症を評価するための検査は複数あるが，特にアルツハイマー型認知症の評価には，ADAS（アルツハイマー病評価スケール）がよく使用される。これは，記憶，言語，行為という3つの領域から評価される認知機能下位尺度と，涙もろさや集中力の欠如といった項目から評価される非認知機能下位

表3.7 改訂長谷川式簡易知能評価スケール（加藤ら，1991）

(検査日： 　年　月　日)			(検査者： 　　　　)	
氏名：		生年月日：　年　月　日	年齢：	歳
性別：男／女	教育年数（年数で記入）：　　年		検査場所	
DIAG：	(備考)			

1	お歳はいくつですか？（2年までの誤差は正解）		0 1	
2	今日は何年の何月何日ですか？　何曜日ですか？ （年月日，曜日が正解でそれぞれ1点ずつ）	年 月 日 曜日	0 1 0 1 0 1 0 1	
3	私たちがいまいるところはどこですか？ （自発的にでれば2点，5秒おいて家ですか？病院ですか？施設ですか？ のなかから正しい選択をすれば1点）		0 1 2	
4	これから言う3つの言葉を言ってみてください。あとでまた聞きますので よく覚えておいてください。 （以下の系列のいずれか1つで，採用した系列に○印をつけておく） 1：a) 桜　b) 猫　c) 電車　　2：a) 梅　b) 犬　c) 自動車		0 1 0 1 0 1	
5	100から7を順番に引いてください。（100 − 7は？，それから また7を引くと？　と質問する。最初の答えが不正解の場合， 打ち切る）	(93) (86)	0 1 0 1	
6	私がこれから言う数字を逆から言ってください。(6-8-2，3-5-2-9 を逆に言ってもらう，3桁逆唱に失敗したら，打ち切る）	2-8-6 9-2-5-3	0 1 0 1	
7	先ほど覚えてもらった言葉をもう一度言ってみてください。 （自発的に回答があれば各2点，もし回答がない場合以下のヒントを与え 正解であれば1点）　　a) 植物　b) 動物　c) 乗り物		a： 0 1 2 b： 0 1 2 c： 0 1 2	
8	これから5つの品物を見せます。それを隠しますのでなにがあったか言って ください。 （時計，鍵，タバコ，ペン，硬貨など必ず相互に無関係なもの）		0 1 2 3 4 5	
9	知っている野菜の名前をできるだけ多く言ってく ださい。（答えた野菜の名前を右欄に記入する。途 中で詰まり，約10秒間待ってもでない場合にはそ こで打ち切る) 0～5＝0点，6＝1点，7＝2点，8 ＝3点，9＝4点，10＝5点		0 1 2 3 4 5	
		合計得点		

尺度から構成されており，わが国では前者の日本語版（ADAS-J-cog.）が作成され，活用されている．

3.6 その他の心理検査
3.6.1 その他のカテゴリー
3.3 から 3.5 では，知能・発達検査，パーソナリティ検査，神経心理学的検査について述べてきた．その他の分類カテゴリーとしては，個人の心身の症状や状態像の評価に用いられる「症状・状態検査」，職業の適性や興味の評価に用いられる「職業検査」，親子や家族関係の評価に用いられる「家族検査」などがある．以下では，近年ますます臨床現場での重要性を増し，関連する研究も盛んに行われている症状・状態検査について取り上げる．

3.6.2 症状・状態検査
症状の重症度や状態像を評価するための検査では，おもに質問紙法が用いられる．実施方法が簡便であることから手軽に施行されるが，そこで高い症状得点が得られたからといって，必ずしも特定の精神疾患の診断基準を満たすとは限らない点に注意が必要である．症状・状態検査は，さまざまな症状や状態について幅広く評価できる包括的検査と，特定の症状や状態についての評価に特化された個別的検査に分けられる．

1. 包括的検査
包括的検査は，病院での問診票の代わりとして，あるいは，企業や学校などでのスクリーニングを目的に用いられることが多い．代表的なものとしては，CMI（CMI 健康調査票）や GHQ（精神健康調査票）がある．CMI は，被検者の心身両面における自覚症状を短時間で網羅的に把握するための検査であり，男性用・女性用が用意されている．また，GHQ は 60 項目版のほか，30 項目，28 項目の短縮版もある．たとえば 28 項目版の GHQ28 では，「身体症状」「不安と不眠」「社会的活動障害」「うつ傾向」という 4 側面から

精神的健康度を調べることができる。

2. **個別的検査**

　個別的検査は，抑うつや不安といった特定の症状についてみていくために使用される。たとえば，抑うつ状態や抑うつ症状の把握には，BDI（ベック抑うつ質問票），SDS（うつ性自己評価尺度），CES-D（疫学センター抑うつ尺度）がよく用いられる。また，不安状態・症状把握のための検査としては，STAI（状態−特性不安質問紙）が有名である。その他，近年では，強迫症状，パニック症状，恐怖症，PTSD（心的外傷後ストレス障害）など個々の症状を測定するための評価質問紙も数多く作成・活用されている。

3.7　心理検査の利用にあたって

3.7.1　テスト・バッテリー

　ここまで，数多くの心理検査について概観してきた。それらは各々が検査としての個性をもっており，施行することによって，被検者のさまざまな側面を明らかにしてくれるものである。しかし一方，人間のあらゆる側面を評価できる単独の心理検査は存在しない。そこで通常は，被検者を多面的にとらえるため，複数の異なる検査を組み合わせて使用する。このように，いくつかの検査を組み合わせて実施すること，あるいは組み合わせられた検査全体のことを，テスト・バッテリーと呼ぶ。

3.7.2　心理検査の活用と留意点

　テスト・バッテリーの組み方に関しては特定の決まりがあるわけではなく，検査目的や被検者の状態・状況に即した検査を，検査者がその時々で選択して用いる。単に多くの検査を実施すれば重要な手がかりが浮かび上がるというものではなく，意図なく多くの検査をバッテリーに組み入れることは，被検者のコスト（金銭，疲労，時間）を考えると害にしかならない。そのため，あらかじめ検査の目的を具体的かつ明確にしておくことや，各検査の性質

（測定範囲や長短所，背景にある理論や考え方）をよく理解しておくことは，検査者としての責務といえる。同時に，検査にかかるおおよその時間と被検者の心身の状態を考慮しつつ，どの検査から開始するか，1日にどれくらいの数の検査を実施するかについても判断しなければいけない。

　実施された検査の結果をみる上では，各検査の測定範囲に沿って，特に，検査間の結果の一致・不一致部分に注目していく。一致は得られた結果の確実性を増加させ，不一致は，使用された検査の各特質の違いを考慮しながらその理由を探ることによって，被検者に関する豊かな情報を提供してくれる。また当然のことではあるが，臨床心理アセスメントの際には，検査法のみならず，行動観察や面接から得られる情報，生活史なども併せて総合的に検討していくことが不可欠である。

　最後に，検査を実施する上では，検査を無批判に使用しないということも肝に銘じておかなくてはならない。慣れ親しんだ検査，あるいは伝統的で有名な検査は，つい疑問を挟まずに使用してしまいがちである。しかし，時代の変化や新たな研究成果を踏まえた上で，検査自体やその使用・解釈法，そして検査を行う側の知識も，必要に応じて改訂し続ける必要がある。

精神分析・力動論

本章では,「こころ」に関する理論の中でも精神分析・力動的観点を概観する。精神力動(論)は英語でサイコダイナミクス(psychodynamics)というが,精神力動論やその中核である精神分析(学)(psychoanalysis)という言葉はそもそも日本語らしくない。それはこれらの概念が輸入品だからであり,伝統的な日本の風土から派生した概念ではないからである。明治期にサイエンス(science)が科学という言葉に置き換えられたように,サイコ(psycho)が精神や心理に置き換えられたのである。

さて,その精神が「力動的」であるということは,その人自身のこころのありようとその人を取り巻く環境とが相互に影響を及ぼし合うことによって人間のあらゆる現象を説明しようとする立場を意味している。たとえば,なぜ頭痛が治らないのかということについて,医学的観点のみから説明しようとするのではなく,その人の頭痛に対する姿勢やその人を周りがどのようにみているか,頭痛をもちながらどのように生活しているか,また,それらがお互いにどのように影響し合っているのかなどを理解するという方法を用いるのである。

こうした力動的観点を理解するにあたって,本章では4つのキーワードを取り上げ,それらを導きとして精神力動論の全体にアプローチしていく。取り上げるキーワードは,「無意識」「自我」「コンプレックス」「対象関係」であり,いずれも精神力動論にとっては重要な概念である。なお,重要な語には原語を付すが,原語に次いで英語を併記しておく。

4.1 無意識

4.1.1 ハルトマンとニーチェ

無意識(das Unbewußte, unconscious)は,後に述べる精神分析学の創始者フロイト(Freud, S.)によって導入された,精神力動論を特徴づけるきわめて重要な概念であるが,その源流は哲学にさかのぼることができる。ハル

図 4.1　ニーチェ（1844-1900）

トマン（Hartmann, E. v.）はフロイト以前に無意識という言葉を広めた功労者である。彼のいう無意識は，本節で詳述する無意識の概念とは異なっているものの，その著書に文字通り『無意識の哲学』というタイトルを冠したのである。また，ニーチェ（Nietzsche, F. W.）（図 4.1）は「背後の問題。——ある人間がいくら明らかにして見せても，人は次のように問うことができる。それは何を隠しているのだろう！　それはどこから眼差しを反らさせるのだろう？　それはどんな偏見を刺戟するのだろう？　そしてそれからさらに。この偽装の精巧さはどこまで及ぶのか？　そしてその際どこで彼は失敗するのか？……」と述べ，無意識を「背後の問題」という言い方で先取りしていたのである。

4.1.2　フロイトの無意識

われわれは通常，何らかの意図もしくは意志に基づいて行動している。言い換えれば，意識的に振る舞っているということである。たとえば，のどが渇いたから水を飲むのであり，その人は水を飲む理由を理解できているのが普通である。しかし，時として，なぜそんなことをしたのかわからない場合

図4.2 フロイト（1856-1939）

もあろう。たとえば，「ペンを取って」と言われたのに，カッターを渡してしまったといったような場合である。

　このような，一見すると「つい，うっかり」といった行動にも意味があるという考えを，フロイト（図4.2）はヒステリー患者の治療経験から着想し，本人が自覚できない，つまり意識できないこころの領域があることを発見した。そして，それに無意識という名を与えたのである。当初，彼は下意識（Unterbewußte, subconscious）という言葉を用いていたが，「意識の底のほう」という意味にとられかねないとしてこの言葉を放棄した。もっとも，同時代のジャネ（Janet, P.）は類似の概念として下意識（subconscient, subconscious）という言葉を使用していた。

　この無意識の概念を用いて，フロイトは人間のこころには3つの水準があるというモデルを考えた。それが，意識（Bewußtsein, consciousness），前意識（Vorbewußte, preconscious），無意識からなる3層である。これをフロイトの第一局所論という。彼は，意識というのは水面上に現れている氷山の一角にすぎず，水面下（水上からは決して知ることのできない）には，より広大な無意識の領域が広がっているのだと考えた。また，水面すれすれの領

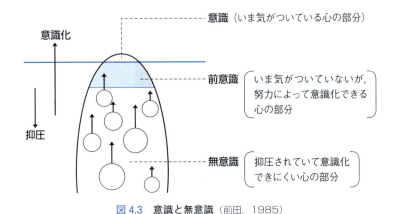

図 4.3　意識と無意識（前田，1985）

域を前意識と考えたのである。なぜこうした3層が必要かというと，人間は決して認めたくはない願望などを抱く存在であり，それらは意識に上らせないようにしておく必要がある。こうした願望を押し込んでおく領域が無意識なのである。しかし，一定の条件が整えば意識に上らせても問題はなく，その前段階の場として（もう少しで意識に上らせることができる）前意識が存在するのである。先の例では，憎しみを抱く相手からペンを取ってと頼まれた人は，自分の憎しみを認めたがらないので普段はその相手に対する憎しみを自覚することがない。そのような人がついカッターを渡してしまったのは，隠している憎しみがかたちを変えて出てきたものかもしれないのである。しかし，その憎しみは無意識にあるので，その人自身はなぜ自分がペンとカッターを取り違えたのかその理由が分からないままでいられるのである（分かってしまったら，つまり，憎しみを意識したら困るのである）（図 4.3）。

4.1.3　自由連想法

こうした意図に反するような振る舞いをフロイトは失錯行為（Felleistung, parapraxia）と呼んだが，このように，人がそれを認めてしまったら脅威とな

る願望や欲望，感情などが渦巻く領域が無意識といえる。われわれは，普段の生活において，自分にとって都合の悪い願望や感情を無意識に押し込んでおくことで平和な暮らしを営むことを可能にしているのである。では，無意識の中身は決して知られることがないのだろうか。フロイトは，上記のような願望や感情を不適切な仕方で無意識に押し込めることによって精神症状が表れると考え，その無意識に押し込められた内容を意識に上らせることが治癒に向かう方法であると考えたのである。そこで，彼は自由連想法という方法を編み出した。これは，寝椅子の上で横になり，心に浮かんだ事柄をありのままに話すというものであった。それを治療者は患者の視界に入らない場所で聞いており，連想の断片をつなぎ合わせ，こういう意味があるのではないか，といったようなかたちで返していくという方法である。そのことによって患者が，自分の連想の意味を理解し，意識することによって症状がなくなり治癒へと向かうことを意図した方法だったのである。

4.1.4 夢分析

今ひとつ，無意識にアプローチする方法に夢分析がある。通常われわれの見る夢は，現実と関連のある内容の場合もあれば，まったく関連がない，わけのわからない内容のものもあろう。このわけのわからないという点が自由連想と似ているのである。一見するとわけのわからない内容でも，治療者とともに連想を用いつつ内容を吟味するうちに隠されて意味が顕わになることがある。それは自由連想法と同様の効果をもつものであり，フロイトは「夢は無意識の王道である」とさえ述べている。

4.1.5 夢の作業

では，夢自体は何のためにわけのわからないストーリーを紡ぐのだろうか。それは，無意識の内容を安全なかたちで意識の上でも扱えるように，つまり，本当の姿が分からないように，その内容を圧縮したり，置き換えたりしながら加工し，歪めるといった作業を行うのである（夢の作業（Traumarbeit, dream-work))。たとえば，好きになってはいけない人が実際とは反対の性で有名人として登場するなどである。この，歪められ加工された，置き換えられ圧縮された内容をひもときつつ，夢の作業を逆にたどっていくことが夢分析なのである。

4.2 自　我

4.2.1 こころの構造

先の第一局所論は場としてのこころを扱ったといえよう。しかし，こころは複雑であり，さまざまな役割をこなしながら日々難問に挑んでいる。そこで，次に，フロイトは機能・役割ごとにこころを説明しようと試みた。それが，構造論もしくは第二局所論といわれるものである。

人が生きていく上で，ものを見て音を聞くといったように，外界からの情報の処理は欠かせない。それらを主として行うのが自我（Ich, ego）である。自我は，感覚器官を通して外界を知覚し認知する。その際に，当人にとって都合の悪いものが見えてしまったり聞こえてきたりする場合もあろう。また，○○したいのに状況が許さないという場合もあろう。たとえば，大事な連絡が入ることがあらかじめわかっていて，携帯電話がそれを告げているが今は会議中なので出ることができないといった場面を想像してみよう。このとき，大事な連絡が入る予定であるという「記憶」とその連絡に応じるのだという「プラン」が自我によって保持されている。そこへ携帯電話の振動を知覚した自我は，電話に出るかどうか判断を下さなくてはならない。電話に出たいが（状況は）電話に出ることを許さない。こうしたこころの状態を葛藤（conflict）という。電話に出たいという欲求と会議中なので出るべきではないという考えが対立してるのである。

さて，このとき電話に出たいという欲求はどこから生まれるのだろうか？フロイトは，こころの役割の中で「〜したい」という欲求や願望などを扱っている領野を自我に対してエス（Es, id）という名称を与えた。厳密には，

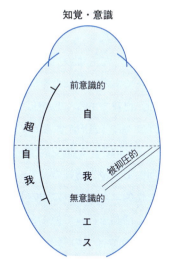

図 4.4　こころの構造 (前田, 1985)

グロデック (Groddeck, G.) のエスの考えを自分の考えに取り込んだのである。他方，会議中に個人的な電話に出るべきではないという常識的な考えはどこからやってくるのだろうか？　「～であるべき」「～すべきではない」という道徳観，倫理観に関する役割を担う領野を**超自我** (Über-Ich, super-ego) と名付けている（図4.4）。上記の例では，電話に出たいというエスの願望と出るべきではないという超自我の要請の板挟みとなって，自我は現実に即した判断を下さねばならないのである。願望を優先すれば，つまりエスに自我が応じれば，状況を顧みずその場で電話に出てしまうだろう。逆に超自我の要請に従えば，自我の判断は電話に出ないことを選択するだろう。この場合，多くの人はトイレにでも行くようなふりをして会議室の外に出て，それから電話に出るのではないだろうか。これも自我の一つの判断である。エスと超自我にうまく折合いをつけた現実的な判断だといえよう。

4.2.2 リビドー

　これまでみてきたように，自我はエスと超自我の双方からの求めに応じつつ，現実的判断を下さなくてはならない。無論，状況に応じて，エスに肩入れしたり，超自我を優先したりしてもよい。車にたとえれば，エスはアクセルであり，超自我はブレーキである。これらをうまく操作しながら，同時にハンドルをさばいているのが自我である。しかし，車が走るためにはガソリンが必要である。このガソリンに相当するものをフロイトはリビドー（libido）と呼んだ。リビドーとはラテン語で欲望・性欲・わがままなどの意味をもつ。リビドーは人間のあらゆる活動の源であるエネルギーであるとフロイトは考えたが，それを性的エネルギーに限定した。つまり，究極的には人間は性欲によってあらゆる活動を行っているというわけである。

　これに異議を唱えたのが，フロイトの弟子であったユング（Jung, C. G.）である。ユングはこのエネルギーを性的なものに限定することなく，全般的なこころのエネルギーとして，心的エネルギーを想定したのである。

4.2.3 防衛機制

　先の会議の例は，話をわかりやすくするために意識できる事柄を取り上げた。しかし，フロイトが実際に想定していたのは，無意識の場で行う自我の判断である。つまり，当人も気づかないうちになされる判断をその当人の自我は行っているということである。4.1 であげたペンとカッターのとり違いも自我のなせる技なのである。

　このように，自我は自身を脅かす事態に遭遇すると自らをを守ろうとする。これを防衛機制（Abwehrmechanismen, defence mechanisms）という。防衛機制にはさまざま種類が存在するが，中心的かつ重要なものの一つとして，抑圧（Verdrängung, repression）があげられる。自我によって，カッターに表象される憎しみや自分では認めがたい想いを意識から無意識へと追いやることである。その他にも，フロイトの娘であり精神分析家のアンナ・フロイト（Freud, A.）をはじめとする後継者によって，さまざまな防衛機制の概

表 4.1　自我防衛の発達とその種類（前田，1994 を一部改変）

	防衛機制	方　法
基本	固　　　着	特定の発達段階で停滞する（発達の足ぶみ）
	（退　行）	より早期へのあともどり——幼児返り
	（抑　圧）	意識から締め出す——（幼児期健忘）
	（スプリッティング）	「よいもの」と「わるいもの」を切り離す
1歳	取り入れ	対象を取り込む
	同　一　視	対象を取り込んで，自分と同一化する
	投　　　影	対象へ向かう欲求や感情を，相手が自分へ向けているものと思いこむ
	否　　　認	現実を認めないで無視する（スプリットした一つの面しかみない）
	原始的同一化	対象と合体する（融合：一本化）
	投影同一視	対象に投影したものに同一化する：相手を利用して自分自身のある側面を体験し，それを内包しようとするもの。そこに相互作用が行われ，相手から投影された空想や感情と類似した形で感じたり，考えたりさせられる圧力を感じる（自分が感じる代わりに相手におしつける形で感じさせる）
	原始的理想化	対象を「すべてよいもの」とみる
	価値切下げ	対象を「すべてわるいもの」とみる（値引き）
	躁的防衛	抑うつの悲哀や罪悪感を意気高揚・過剰な活動化で回避する
3歳	反動形成	本心と逆のことを言ったり，したりする
	逆　　　転	感情や欲求を反対のものに変更する
	取り消し	不安や罪悪感が消えるまでやり直す
	隔　　　離	思考と感情，感情と行動や態度を切り離す
	自己への反転	対象へ向かう感情を自己へ向けかえる
5歳〜	置き換え	妥協して代用満足する
	昇　　　華	欲動を美化し，社会化して表現する
	合　理　化	責任を他へ転嫁する
	知　性　化	感情を知的な観念にずらす
50歳〜	諦　　　観	自他の限界を知って放念する（断念）

念が提唱されている（表4.1）。

4.2.4　ユングの自我

　フロイトの高弟であったユング（図4.5）は，後に袂を分かつことになるのだが，自我のとらえ方についても，リビドーの場合と同様異なる考え方をしていた。まず，ユングにとっての無意識は意識を補償するものであって，意識と無意識の関係については上下関係のようなものは存在しない。その上で，自我を意識の中心として位置づけており，意識と無意識を合わせた全体の中心を彼は自己（Selbst, self）と呼んだのである。フロイトには，その概念の中に優劣（上下）のような関係が想定されているのに対して，ユングのそれは，後の説明にもあるようにおおむね対になっており，全体で1つという発想が多い。無意識や自我のとらえ方における両者の差異はその典型である。

　余談だが，ユングとフロイトがお互いの夢を分析し合った際に，ユングがフロイトにもっとくわしく話すように求めたところ，権威が落ちるので話すべきではないと断ったという。ユングがフロイトを尊敬しつつも同じ仲間と

図4.5　**ユング**（1875-1961）

して話をしたいという態度に対して，フロイトは精神分析学の創始者であるという権威にこだわったわけである。こうした彼ら自身の態度にも彼らのこころに対する考えの違いが表れているのではないだろうか。このエピソードの後まもなく，ユングはフロイトと決別するのである。

4.2.5 自我心理学

　ユングのほかにもフロイトには多くの弟子がいたが，後に彼のもとを離れていった者も多い。しかしながら，防衛機制の概念を深化させたアンナ・フロイトの仕事を嚆矢として，フロイトの精神分析学を継承しつつ自我の機能を重視する立場が新たに登場することとなった。これを**自我心理学**（ego psychology）という。自我心理学では，防衛機制のあり方から自我の強さや機能を理解し，精神疾患の理解に大きく貢献した。また，無意識よりも自我を重視し，自我の自律性（autonomy）を強調（Hartmann, H.）することで，社会との関係から自我の発達を考えるというエリクソン（Erikson, E.）の発達論が生まれ，新たな領野を開拓したのである。

4.3 コンプレックス

4.3.1 エディプス・コンプレックスと去勢コンプレックス

　一般に**コンプレックス**（Komplex, complex）というと劣等感の意で用いられることが多いようである。しかしながら，フロイトの言わんとすることは「喜び」や「怒り」などのように単純に分類できないような複雑な感情であり，無意識にかかわるような構造を有するものである。彼は，コンプレックスを**エディプス・コンプレックス**（Ödipuskomplex, Edipus complex）と去勢コンプレックスという考えに限定して最重要視した。

　エディプス・コンプレックスとは，子ども（特に，男の子）が両親（特に，父親）に対して抱く愛や憎悪などがないまぜになった複雑な感情を指す。そして，これはギリシャ神話の登場人物でソフォクレス（Σοφοκλῆς）によっ

図 4.6 　エディプスとスフィンクス（ギュスターヴ・モロー作）

て戯曲化された「エディプス王」の物語と同様のかたちで表れるものである。つまり，男の子は，母親に近親相姦願望を抱き，母親の夫たる父親は子どもにとってライバルとなる。いわゆる三角関係である。よって，男の子は父親を殺害し母親と一緒になりたいと欲望すると同時に，父親から罰せられるのではないかと想像するのである（図 4.6）。

さて，このエディプス・コンプレックスは，子どもが実際に上記のことを考えているというよりも無意識に抑圧された空想であって，意識されることはない。そしてこれは，母親へと向けられた願望と父親に対して抱く恐怖との葛藤状況であるといえる。フロイトは，3〜5歳の男児にエディプス・コンプレックスがみられることを発見し，こうしたある種の畏怖が超自我の源泉であるとも考えていたのである。

このエディプス・コンプレックスに関連の深いものとして**去勢コンプレックス**（Kastrationskomplex, castration complex）がある。この時期の男児は上述のような葛藤状況に耐え，やり過ごさねばならない。しかし，同時に去勢不安にも耐えねばならない。去勢不安とは，先の父親からの罰がペニスを

切られるに違いないと想像することである。なぜ，そのように想像するかというと，男児は女性にはペニスがないことを知っており，それはかつて女性にもあったのだが切り取られたのだと勝手に考えるからである。この不安・恐怖が抑えられないと恐怖症のようなかたちとなって現れる場合がある。また，思春期以降にこの不安・恐怖が再燃した場合には，種々の神経症症状として現れるのである。

4.3.2 エレクトラ・コンプレックス

フロイトのエディプス・コンプレックスは女児に当てはめた場合にはどうしても精彩を欠いてしまう。それはペニスをめぐる物語だからであり，後年，女性精神分析家からも批判されるようになる。

他方，ユングは女性版エディプス・コンプレックスとして**エレクトラ・コンプレックス**（Elektrakomplex, Electra complex）を提唱した。これも，同じギリシャ神話の登場人物に由来した命名であり，女児は，異性である父親に愛情を向け，同性である母親に敵意を抱くというものである。夫であるアガメムノンがトロイア戦争から戻った際に，妻クリュタイムネストラとその愛人アイギストスによって殺害され，その復讐として娘のエレクトラが弟オレステスとともに母親を殺害するという物語にちなんでいる（図 4.7）。

図 4.7　**エレクトラとオレステス**（アルフレッド・チャーチ作）

4.3.3　劣等コンプレックス

フロイトと交流のあったアドラー（Adler, A.）によって提唱された概念である。彼は，器官の劣等性が神経症の原因と考えたのであるが，広義では，その劣等性が過度に強まっている状態ならびにその状態に対する個人の態度を指す。そして，劣等性が極まるとおもに2つの道をたどるという。一つは優越性を追求することであり，もう一つは自分がその劣等性に対して無力であることを強調する態度をとるようになることである。これを狭義での**劣等コンプレックス**（Minderwertigkeitskomplex, complex of inferiority）という。

4.3.4　性心理的発達

フロイトのコンプレックスの考えは特定の発達段階と関連が深い。彼は，その背景として，各発達段階に応じて性的快感を得，その性感帯も移行していくという性との関連から発達論を展開した。以下がその特徴である。

口唇期

0〜1.5歳にあたる時期であり，主たる性感帯は口唇である。母親からの授乳を受けて，空腹時の満足（快楽）を感じる場が口唇であること，乳房に吸い付くなどの行為自体が快感となることなどに由来する。そして，離乳後も指しゃぶりなど自分の体を用いて快楽を得ようとする態度から，この時期でも自慰行為に相当するメカニズムが働いていると考えられたのである。

また，口唇に基づく活動の意義として栄養の摂取があげられるが，これと並行した心理的意義として，外界のものを取り入れ，それと同一化するという機制があげられよう。これらの機制が十全でないと種々の重篤な症状の源になり得る可能性が示唆されたのである。

肛門期

1.5〜3歳の時期であり，性感帯は肛門である。現代では異なるがフロイトの時代のトイレット・トレーニングの時期であり，我慢していた排便を行う際の快感を感じる部位が肛門であると想定されていることによる。つまり，子どもは，してはいけないときには便を体内に保持し続け，してもよい状況

となればためていた便を排出する。これは生理現象を意志によってコントロールする体験であり，留保と解放をめぐる，あるいは所有と衝動をめぐるコントロールの問題となる。これらが首尾よくなされるためには，親による適切な賞賛と罰が必要である。そして，他人の前でうまく排泄を我慢できるか否かは，母親の面目にかかわる事態なので，便が母親への贈り物として象徴化される。また，「貯める―放出する」という連想からは金銭と結びつけられ，後のパーソナリティ特性の一部として，吝嗇（しっかりしている）―気前がいい（だらしない）などと関連づけられ得るのである。さらに，コントロールの問題からは強迫神経症との関連が示されたのである。

男根期

3～6歳であり，先のエディプス・コンプレックスを体験する時期にほぼ相当するため，エディプス期ともいわれる。この時期は，去勢不安と結びついたかたちで性器いじりが頻繁にみられる。フロイトはこれを幼児期の自慰行為であるとみなし，成人におけるそれとは異なる意味で性感帯が性器にあると考えた。そして，抑圧，置き換え（Verschibung, displacement）などを経由して恐怖症などの神経症発症の一因と考えられたのである。

潜伏期

6～12歳の時期はほぼ学童期に相当し，性的関心は第二次性徴の始まりまで陰に隠れてしまう。子どもの関心は，むしろ外界に向き，同性との仲間関係を中心に活動する時期である。

性器期

12歳以降は，第二次性徴の始まりとともに発育上，成人の身体へと変貌を遂げていく。そして，性的快楽の場が真の意味で性器へとシフトしていくのである。

フロイトの考えた発達論の特徴は，性感帯の変化とパーソナリティの発達ならびに種々の神経症の発症とを関連づけたことにある。つまり，神経症発症の源泉をその人の発達ラインのどこに位置づけられるのかを見極め，その発達時期の問題を病因としてあるいは性格特徴として位置づけ，治療アプロ

ーチを基礎づけたという点に大きな特徴があるのである。

4.3.5 ユングのタイプ論

フロイトの場合，性格特徴と発達論を対応させたことが新鮮であったが，ユングの理論にはそうした発達論が存在しないという批判がある。しかしながら，性格理論に関しては，独自のタイプ論を提唱している。これは，心的エネルギーの方向性によって外向と内向とに分類するものであるが，固定されたものではなく常に変化し得るものとしてとらえた点に特徴がある。さらに，心の基本機能を「思考―感情」の対と「直観―感覚」の対の計4つの機能を考え，対の中ではお互いが相補的に機能すると考えた。そして，この4機能のいずれが優勢なのかという点と内向／外向の組合せによる計8種類のタイプを提唱したのである（図4.8）。

4.3.6 エリクソンの発達論

フロイトの発達論はおもに思春期以前を強調したものであったが，4.2で述べたエリクソンの発達論はそれを人生全般に拡大したものといえる。彼は，

図4.8　ユングの4つのタイプ（河合，2009）

乳児期から老年期までを射程に入れ，8つの素因が適切な時期に発現すると考えた（グランドプランという）。さらに，これらの素因を否定するような素因が同時に現れると考え，素因同士の対立を各段階で経験し，乗り越え人生を進んでいくというものである（漸成説）。また，この図式の中で，5段階に位置する思春期青年期にあっては，アイデンティティ（identity）とアイ

	1	2	3	4	5	6	7	8
Ⅰ 乳児期	基本的信頼 対 基本的不信				一極性 対 早過ぎる自己分化			
Ⅱ 幼児初期		自律 対 恥, 疑惑			二極化 対 自閉			
Ⅲ 遊戯期			イニシアティブ 自主性 対 罪の意識		遊びによる同一化 対 （エディプス的な）幻想による複数のアイデンティティ			
Ⅳ 学齢期				勤勉 対 劣等感	労働による同一化 対 アイデンティティの差し押さえ			
Ⅴ 青年期	時間的展望 対 時間的拡散	自己確信 対 アイデンティティ意識	役割実験 対 否定的アイデンティティ	達成への期待 対 労働麻痺	アイデンティティ 対 アイデンティティ拡散	性的アイデンティティ 対 両性的拡散	リーダーシップの分極化 対 権威の拡散	イデオロギーの両極化 対 理想の拡散
Ⅵ ヤングアダルト 若い成人				連帯 対 社会的孤立	親密 対 孤立			
Ⅶ 成人期							ジェネラティヴィティ 対 自己陶酔	
Ⅷ 成熟期								インテグリティ 対 嫌悪, 絶望

図4.9　エリクソンによるライフサイクル（エリクソン，2010）

デンティティ拡散という素因が対立している。

アイデンティティとは同一性のことであり，自分が自分以外の何物でもなく，しかもそれが不変で持続しているという感覚のことである。そして，特に人格面に力点を置いた際に，批判的ないし客観的視点からみた場合は自己同一性といい，自我の統合機能の観点からとらえた場合を**自我同一性**（ego identity）という。そして，モラトリアム（moratrium）という猶予期間を通過しながら，これらを確立することが思春期青年期の発達課題であると考えたのである。この課題が首尾よく達成されないと同一性は拡散し，自分を自分として確実に是認することが困難となり，不適応状態へと移行しやすくなるのである（図 4.9）。

4.4 対象関係（object relation）

4.4.1 対象とは何か

精神力動論ないし精神分析という文脈で語られる**対象**とは，自己との関係における他者をいう。ただし，現実の人間関係ではなく（こちらは対人関係という），内的世界における関係である。内的世界とは，主観的であり五感に基づくイメージの世界であって，客観的にそうであるとか，実際にどうかは重要ではない。つまり，空想や想像といった中で，自分とかかわりをもった他者やそのイメージのことを対象と呼ぶのである。そのような意味で，内的対象と呼ばれることもある。

4.4.2 母子関係の重要性

親子関係の重要性に関して，エディプス・コンプレックスを代表として，父―母―子の三者関係を，とりわけ子からみた異性の親の重要性が主として指摘されてきた。ところが，通常の精神分析では行わない3歳以下の子どもを対象に精神分析的アプローチを行っていたクライン（Klein, M.）（図 4.10）は，そうした子どもの遊びの中に対象関係が投影（projection）されること

図 4.10　**クライン**（1882-1960）

を観察し，子のもつ母親イメージ（内的対象；internal object）が臨床上重要であることを見出した。アンナ・フロイトはクライン以前に児童分析を行っていたが，その考えはフロイトの理論に沿ったものであったので，両者の間で論争となったこともある。

　クラインの考えは，内的対象である母親（あるいは母親の一部）と自己とのかかわりがその人自身のパーソナリティや行動に影響を与えるというものである。つまり，実際の母子関係よりも内的世界における母子関係のあり方を重視したのであり，このことが彼女の理論の新しい観点であって，フロイトの理論とは異なるにせよ多くの賛同者を得たのである。

4.4.3　自我心理学における母子関係

　自我心理学は主としてアメリカで発展をしていった。その中で，クラインの流れとは別に，マーラー（Mahler, M.S.）は早期の母子関係のあり方に注目し，0～3歳児の観察を通して分離―個体化の過程を研究した。マーラーによれば，子どもははじめ，母親と自分とが一体である共生（symbiosis）の段階にあり（未分化期），徐々に母親が自己とは別物であると感じはじめ，母親から遠ざかったり，遠ざかってみて嫌なことがあればふたたび母親に近

づいたり，これらを繰り返すことで2〜3歳頃には「個」としての自身を前提とした母との関係に移行する（分離—個体化期）と考えたのである。このような発達の考えは，アメリカで当時注目されていた境界例（今日では，ボーダーラインパーソナリティ障害）の治療に大きな貢献をした。境界例における対人関係の問題を分離—個体化の不全としてとらえたのである（表4.2）。

　もとより，この分離—個体化を成功させるには，母親の安定したイメージをこころの内に保持できなければならない。つまり，母親が視界に入らなくても，声が聞こえなくてもこの世に確かに存在するという感覚がなければならないのである。そのためには，母親イメージが子どもの中に取り入れ（Introjektion, introjection）られ，安定したかたちで保存されていなくてはならない。このときの取り入れられたイメージを内的対象表象といい，それらが安定しているか否かについての概念を対象恒常性という。この考えに基づくと，対人関係が不安定な人はこの対象恒常性が備わっておらず，内的対象表象をうまく取り入れることができなかったことが推測され，結果として分離—個体化がうまくいかなかったのだと考えられるわけである。こうした考えとクラインの知見を治療に応用したのがカーンバーグ（Kernberg, O.）である。彼は，対象関係のありようから三水準のパーソナリティ構造を仮定し（精神病・ボーダーライン・神経症），用いられる防衛機制の特徴とともにその病理を明らかにしつつ，先のボーダーライン・パーソナリティ障害の治療論を構築したのである。

4.4.4　良い乳房—悪い乳房

　良い乳房—悪い乳房（good breast-bad breast）とはクラインの考えを代表する概念である，良い対象—悪い対象の具体的な例である。乳児は，自身の空腹を満たしてくれる際の母親の乳房を部分的に，良い対象というように無意識的幻想の中でとらえる。他方で，場合によっては母親の乳房が乳児の欲求を満たしてくれない場合がある。このとき，乳房は悪い対象となる。乳児

表 4.2 マーラーによる分離―個体化のプロセス（前田，1985）

年齢	発達期			状態	他の概念
1～2月	正常な自閉期			自己と外界の区別がない	未分化段階（Hartmann）
4～5月	正常な共生期			自己の内界（あいまいなもの）へ注意 ↓ 緊張状態では外界へ関心を払う	欲求充足的依存期（A. Freud） 前対象期（Spitz） 3カ月無差別微笑
8月	分離・個体化期	分化期		母の顔，衣服，アクセサリーなどへの手さぐり（外界へ興味） 受身的な〈いない いない バァー〉	一次的自律自我 移行対象（Winnicott）
10～12月		練習期	早期練習期	母親の特定化 はいはい，おもちゃへの関心 一時的に母から離れる―触れる	8カ月不安（Spitz） 情緒的補給（Furer）
15～18月			固有の練習期	気分の高揚―自分の世界に熱中 ・積極的な〈いないいないバァー〉 ・母を忘れるが，時折，母に接近し補給する，よちよち歩き 気分のおちこみ，分離不安	母を離れての世界との浮気（Greenacre） イメージすること（Rubinfine）
25月		再接近期		積極的に母に接近―後追い 　　　　　　　　（まとわりつき） とび出し （母は自分を追いかけてくれる） 言語による象徴的接近 　　　　　　　　（象徴的プレイ） 〈世界の征服〉	肛門期（Freud） 快感原則から現実原則へ 記憶想起能力（Piaget）
36月		個体化期		現実吟味・時間の概念 空想と言語の交流 建設的あそび―他の子へ関心 反抗	対象表象の内在化
+α月	情緒的対象恒常性			対象恒常性の萌芽 対象と自己の統合 ↓ 全体対象へ	

4.4 対象関係（object relation）

は，いずれの乳房も自分とは異なる対象ととらえてはいる（この点がマーラーなどの考えとは異なる）が，全体として1つであって，同じ母親の乳房であるととらえることはできない。乳児にとっての乳房は毎回別物である。しかし，情緒的には快を与えてくれる場合と与えてくれない場合があることは感じており，良い乳房を悪い乳房から排除するために両者を二分させておく。これが**スプリッティング**（splitting）といわれるもので，防衛機制の一つである。良い乳房に対してはそのままであってほしいので愛情を投影する。すると良い乳房は理想化されはするが，これを乳児が取り入れることによって，乳児の自我は健全な方向へと進むことができるのである。一方，悪い乳房に対しては攻撃性や怒りなどを投影する。しかし，悪い乳房は依然として悪い対象のままであり，それに対して何もできない自分の中に生ずる不安や憎しみなどを，自分のものとしてではなく悪い乳房の中にあるものだとみなすようになる（**投影同一化**；projective identification）。すると，もとの怒りと不安・憎しみが合わさって悪い乳房のものとして，それらが自分に向けられているとの幻想を乳児は抱き，その乳房が自分を迫害しようとしているのだととらえ恐怖する（**迫害不安**）。このような対象関係のあり方を**妄想分裂ポジション**（pranoid-schizoid position）と呼ぶ。

　この不安に耐えるには否認するしかないのだが，発達にともなってスプリットされていた乳房は統合され，同じ母親のものであるとわかるようになっていく。同時に，乳児の自己も統合され，愛情を投影した自分も怒りを投影した自分も同じ自分だと内的世界の中で感じるようになる。すると今度は，良い乳房であった対象にも怒りや憎しみを向けていたことを知り，取り返しのつかないことをしたのではないかという喪失感や，抑うつ感，罪責感などを味わうことになる（**抑うつ不安**）。このような状況を**抑うつポジション**（depressive position）という。そして，乳児はこうした不安に耐えていかねばならない。耐えていく中で，自分のしたことを受け入れ，償い，もう傷つけないようにしようといった思いやりなどの感情が育ってくるのである。不安に耐えられない場合は，悪い乳房のことを否認し続けたり，抑うつとは逆

の態度を示すようになる（**躁的防衛**）。

こうした2つのポジションは過剰な反応を示さない限り，誰もが通過するプロセスであると考えられており，ここでのあり方は生涯にわたって，その人の関係性のあり方を規定し続けるものであると考えられている。したがって，何らかの精神的問題を抱えた人には，いずれかのポジションにあってつまずきのあることが想定され，治療に際してはそのことが重要な観点となるのである。また，両ポジションを行き来すると考える立場もあるのである。

4.4.5 コンテイン／コンテイナー

ビオン（Bion, W.R.）（図4.11）は，クラインの考え方を発展させ，**コンテイン／コンテイナー**（contain/container）という概念を提唱した。すなわち，悪い乳房のところでみてきたように，悪い対象に対して乳児は，自身の受け入れがたい生（なま）の情緒体験を具体的には母親に投げ入れ投影同一化を行う。このときに投げ込まれたものをビオンはコンテインドと呼び，それを受け入れる母親の機能をコンテイナーと呼んだのである。乳児から投げ込まれたコンテインドを母親は包み込み（コンテインすること），その乳児が受け入れられるかたちにして返していく。すると今度は，乳児が安心してそれを取り

図4.11　**ビオン**（1897-1979）

入れ，意味ある情緒体験として自身の中に位置づけられるようになるのである。こうした，あたかも堅くて噛めないものを柔らかくした上で子どもに差し出すかのような置き換えをα（アルファ）機能と呼んでいる。

また，コンテイナーとしての母親に注目すると，ウィニコット（Winnicott, D.W.）のいう抱える環境としての母親に類似した概念といえよう。ただし，ビオンの場合は内的世界における母親の機能を述べており，ウィニコットの場合は現実の母子関係における役割を指している。

4.4.6 対象関係論

これまでみてきたように，クラインに始まった新たな視点は従来の精神分析学とは異なり，分派はありつつも大きく「**対象関係論**」という言葉でくくられている。そして，この対象関係論が精神力動的観点としては主流となりつつある。総じて，対象関係論の立場はその治療論における功績が大である。フロイトの考えでは，本来は過去の重要な人物に向けられた無意識的欲望が治療関係において治療者に重ね合わせられるという**転移**（Übertragung, transference）の分析を神経症治療において重要視していた。その際，治療者側からの転移，つまり，**逆転移**（Gegenübertragung, counter-transference）が治療の阻害要因として位置づけられていた。しかしながら，対象関係論にあっては投影同一化が重要な役割を果たしているという視点から，逆転移をむしろ積極的に取り扱うよう大きく舵を切ったのであった。

なお，フロイトとの差異を強調されがちなクラインではあるが，**生の欲動**（Lebenstriebe, life instinct；**エロス**（Eros）ともいう）と**死の欲動**（Todestriebe, death instinct；**タナトス**（Thanatos）ともいう）というフロイトの欲動理論に関しては，おおむねそれらを踏襲している。ここでいう欲動とは，リビドーを基礎として，生物としての人間がある目的に向かって駆り立てられる際，その元となる心的状態を指す。そして，それらには二方向があり，緊張や統一・維持に方向付けられたものを生の欲動，緊張の解消すなわち無に帰することやそのための攻撃・破壊へと方向付けられたものを死の欲動と呼んでい

る。クラインとその後継者らは，前者をまとめていく欲動，後者をばらばらになる欲動というようにとらえている。

行動論・認知論

本章では,行動理論・認知行動理論によってたつ,心理療法（カウンセリングの理論と技法）である,認知行動療法（cognitive behavior therapies）を紹介する。エビデンスがある（一定条件の下での有効性が膨大な実証研究によって確認されている）手法の代表格として,21世紀になりますます注目されるようになった。精神科医療の領域だけでなく,生活習慣や痛みなどの問題にかかわる医療全般,企業団体でのメンタルヘルス管理,福祉や学校教育・療育領域での支援,司法矯正領域,より身近な健康管理やストレスマネジメントの領域で,ますます期待が高まっている。

5.1 行動科学の応用としての心理療法――その誕生と発展

5.1.1 行動とは？ 行動科学とは？

心理学は,行動科学（behavioral sciences）とも呼ばれる。ここで行動とは,手足を動かす動作や発声・発話だけでなく,「生きていれば自発する」すべての反応を指す。表情や姿勢の変化,外からは観察しにくい判断や思考,理解,感情や気分の変化,睡眠や覚醒の変化,心拍数や血圧,発汗などまでが含まれる。これらの変容・制御に関する理論と技術が,認知行動療法の基礎となる。

5.1.2 行動療法・行動変容技法の誕生

行動療法（behavioral therapy）は,1950年頃,学習理論（learning theory）の応用として誕生した。ワトソン（Watson, J. B.）やアイゼンク（Eysenck, H. J.）,スキナー（Skinner, B. F.）,ウォルピ（Wolpe, J.）が代表的貢献者である。ただし,精神分析療法におけるフロイト,人間性中心療法におけるロ

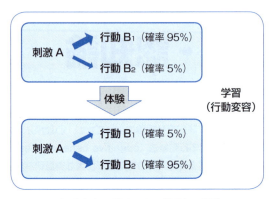
図 5.1　行動変容は学習であり学習とは経験による

ジャーズにあたるような，絶対的創始者はいない。

　行動科学において「学習」とは，「経験を通して行動に一貫した変化が生じること」と定義される。「刺激 A のもとで B_1 という行動の出現率が高かった。その後ある体験 E（1 回だけでも，複数回の場合でも）を経た後では，刺激 A のもとでの行動 B_1 の出現頻度は低下し，代わって行動 B_2 の出現が高くなった」というのが，学習の基本単位である。学習は，食物の好き嫌いから，趣味活動の変遷，人間関係まで，生活のあらゆる面において，「その人らしさ」の形成と維持，変化の過程にみてとれる。

　Y さんはかつて，人から頼み事をされるといつも，「ここで断ったら嫌われるに違いない」と心配（感情に彩られた「思考」行動，B_1）を浮かべていた。認知行動療法という経験の後，「こちらが誠実に対応した結果として，嫌われてしまうのであれば，仕方ない，それで人生が終わりになるわけではないし」と考える（B_{2-1}）頻度が増えた。さらに頼み事をしてくる相手に「忙しくてちょっと無理なの，ごめんね」と伝える行動（B_{2-2}）の頻度も高まった（図 5.1）。このような，「相手の要求にいやいや応じずにすむ」行動の学習がより効果的に生じる工夫の積み重ねを，心理療法として洗練させれ

ば，その実践は，そのまま認知行動療法である。

5.1.3 認知行動療法への発展

初期の行動療法は，望ましくない習慣行動の変容と，望ましい習慣行動の形成を，スキナー心理学を基礎に進める応用行動分析学（applied behavior analysis）と，レスポンデント条件づけ，つまり，ある中性刺激に条件づけられた不適切な情動反応の変容などを目的とした介入の2本立てで構成されていた。

1960年代後半から1970年代にかけて，クライエントの情報処理過程（認知）に着目し，その変容を積極的に進める心理療法アプローチが開発された。認知療法（cognitive therapy；ベック（Beck, A. T.））や論理情動行動療法（rational emotive behavior therapy；エリス（Ellis, A.））がそれである。ここで認知とは，出来事のどこに注意を向けているか，その出来事をどのように解釈するか，その出来事の影響の見積もり（認知的評価）はどうか，などについての処理過程からできあがっている。1970年代に，当時の行動療法との統合が一気に進み，その後**認知行動療法**（cognitive behavior therapies）と総称されることが多くなった（**表 5.1**）。

表 5.1　行動変容法を「心理療法として洗練化」させるポイント

- クライエント本人とその体験へ，敬意と共感を示す。
- クライエントに暖かさと誠実さを示し，その努力をねぎらう。
- クライエントのもつ無限の可能性，回復力を信じる。
- クライエントと協働しつつ前向きに取り組む姿勢を持続する。
- クライエントに対し「説明と合意」を常に提供し選択を尊重する。
- 支援のあり方を構造化し，可能な範囲で効率化する。
- 支援の中で生じうるリスクを考慮し，適切な対応をとる。
- その他，支援のあらゆる面で，倫理的な配慮を十分に心がける。

チェックしよう！ 自らにとって大切な人の援助に求めるものと同じサービスを，目の前のクライエントに提供できていますか？

5.2 望ましくない行動を機能分析する

5.2.1 繰り返される行動は「機能」をもっている

心の問題・障害のすべてには，何らかの「望ましくない」振る舞いの習慣化が含まれる。リストカットなどの自傷行為や不登校などの心のトラブルは，「望ましくない振る舞い」が維持されているがために，「問題」とされる（表5.2）。

「問題」とか「困り」には，2つの方向性がある。一つは，自傷・自己破壊の方向である。自傷行為，過激なダイエットや無茶食い，薬物やアルコール，ギャンブルやネットへの依存（コントロール困難），自殺未遂の繰返しなどのほか，知的障害，発達障害のある人の一部に認められる自傷行為も含まれる。喫煙，生活リズムの乱れ，長期のひきこもりなども，本人の健康や可能性を害する習慣の問題ととらえることができる。

もう一つは，他害の方向である。虐待や DV，いじめ加害といった暴力や攻撃の反復，犯罪や非行，迷惑，人権侵害にあたる行為の繰返しである。

表5.2 「吸う人にだけわかる？」喫煙行動がもつ機能のバリエーション

- 起床直後の頭をすっきりさせる。
- 口さびしい感覚を手軽に緩和させる。
- コーヒーやお茶，アルコール摂取時の味をひきたてる。
- 食事直後に「しめ」（これで終わり）の感覚をもたらす。
- 暇，手持ち無沙汰の感覚を緩和させる。
- 喫煙仲間との一体感を体験しやすくする。
- 会話時に，うまく間をとることができる。
- 格好の良さ（ニヒルさ，渋さ？）をアピールすることができる。
- 「喫煙していれば太らない」（思い込み）と安堵することができる。

考えてみよう！ 「授業中や勉強中の癖（髪にさわる，爪をかむ，鉛筆を回す，芯を出したり引っ込めたりするなど）の癖」の機能にはどのようなものがあると考えられるだろうか？

5.2.2　機能つまり短期的なメリットを分析する

　ある面で害をなす習慣であっても，別の側面では，本人にメリットがもたらされているものである。メリットが皆無であればそれはもはや習慣とはなり得ない。たとえば，リストカットなどの自傷行為について，本人の中で，「気分や思考のリセット」効果があるという指摘は多い。薬物依存にも，リスクをおかしてまで摂取する行為には「渇望や離脱症状という苦痛からの解放」というメリットが随伴する。家族などある集団内での暴力（虐待，DV）には，その発揮の直後，「支配力が高まる」とか「嫌悪的な状況から解放される」といったメリットが伴う。

　ある習慣的振る舞いが「適応的でない」とされるのは，「周囲からみて」「長期的にみて」有害であるからという場合が多いが，「本人にとって」は，「刹那的には」メリットがある。その機能に目を向け，それと等価な機能をもつほかの振る舞い（代替行動）へ置き換えが進むような，支援プランが求められる。

　同じ問題行動（たとえば，他者への暴力）でも，先行する状況や刺激（空腹，イライラ，誰かの挑発など），行動に随伴する（直後に生起する）状況の変化（注目を得る，要求が通る，課題が消失するなど）によって，当然，手続きは異なるべきである。援助の現場では，個々の特性に則した変容プランが要求される。

5.2.3　行動分析アプローチの基本モデル

　図5.2は，三項随伴モデルあるいはABCモデルと呼ばれる。先行手がかり（A；antecedent）が手がかりとなって標的行動（B；target behavior）が生起し，ある結果（C；consequence）が随伴する。結果はしばしば，効果，機能をもつ。標的行動出現に随伴した効果が，それ以降の行動生起確率を左右する。

　行動を増やす随伴性には，快の出現と，不快の消失がある。授業中に教師から問いかけがあった（先行する刺激）ので，挙手をして発言したら（標的

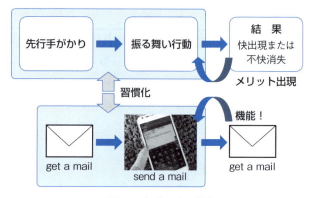

図 5.2 行動のもつ機能

行動),教師からほめられた（結果）という場合は,「快出現による強化」である。快が随伴する確率が高い標的行動はその後類似する刺激・状況のもとでより生起しやすくなる。標的行動の出現に随伴して苦痛や不安が解消する場合の生起確率上昇が,「不快消失による強化」にあたる。

5.3 強化と弱化，消去による行動変容・行動形成

5.3.1 行動の形成と維持，変容における強化と弱化

ある行動が生起しやすくなる随伴性が強化（reinforcement）であり，生起しにくくなる随伴性が弱化（punishment）である。強化には,「快出現による」と「不快消失による」があり，弱化にも「不快出現による」と「快消失による」がある。ある行動の生起直後に,「叱責」や「罵倒」,体罰といった嫌悪的な（あくまで受け手側にとって）対応が随伴した場合，その行動はその後生起しにくくなる（不快出現による弱化）。行動の生起直前まで存在していた快，たとえば，話し相手のにこやかな表情やあいづちが，ある話題を口にした直後に消失した場合，その話題についての発言は減少する（快消

図 5.3 強化と弱化および消去
※快・不快はあくまで本人の受け止めによる。

失による弱化)。

　行動変容の支援の対象行動レパートリーに存在しない，つまり，「待てど暮らせど自発しない」ターゲット行動の生起頻度を高めるには，段階的な（スモールステップによる）行動形成の手続き（シェイピング）が必要となる（図 5.3）。

5.3.2　行動の消去

　ある場面である個体のある行動が繰返し出現するのは，過去に同じ（似たような）場面でその行動が強化されてきたからである。ある行動の生起を維持してきた随伴性を明らかにし，その随伴関係をなくす手続きを，消去（extinction）と呼ぶ。

たとえば，授業中に騒ぐ行動に教師や周囲の子の注目が手に入ることが，随伴していると推測されるとする。ここで「注目される」という結果が，「騒ぐ」という行動の出現と無関係に（ランダムに）生起するようにする。つまり，騒いでも注目されないことも多くなり，騒がなくとも注目されることも多くなるようにしてみる。その結果行動が抑制されていくようであれば，「騒ぐ」行動は注目によって強化されていたことが確認されたことになり，同時に消去が有効であることが明らかになる。

なお，ここで注意すべき点がある。消去を開始した後しばらくの間は，上記の例でいえば，騒ぐという，それまで強化されていた行動が，しばらくの間，それまで以上にしつこく（高頻度に）出現するようになる（バースト）。この一過性の反応増大を避けることは不可能であり，それを見越して，一貫性ある対応を継続する必要がある。

強化は，本人の外側で生じるばかりでなく，行為そのものに内在した快がかかわっている場合もある。行為に内在する快で維持されている行動の場合，あらかじめその快を充足させておく工夫や物理的に行動出現を制限する工夫も介入計画に盛り込まれるとよい。たとえば，多動傾向のある子に事前に十分な活動を経験させておく，あるいは，特定部位の抜毛や自傷のある子に，その行為がしにくくなるものを装着する，などである。

5.3.3 トークン，タイムアウトとレスポンスコスト

トークンとは，快出現による強化に，「一定数を集めれば比例して好きなモノ・権利と交換できるもの（代理貨幣）」を用いる手法である。飽きられにくいためきめ細やかに強化し続けられる，という利点がある。タイムアウトやレスポンスコストは，快消失による弱化の応用である。減らしたい行動の生起に対応し，すでに与えられている「楽しみ活動への参加」「快刺激の提供」を，望ましくない行動の出現に比例して減ずるシステムである。なお，これらにおいては，本人との合意，事前のルール確認が必須である。正の弱化は通常，対人援助の場で選択されることはない。弊害が多いためである。

5.4 恐怖と嫌悪，回避の衝動と行動で問題を理解する

5.4.1 衝動のコントロール

多くの「心の問題」の支援において，クライエントが抱く衝動の適切な調整が必要とされる場合は多い。衝動の解消につながる行為は，「不快消失による強化」で維持される。衝動そのものは内的な過程であるため，その変容は困難となりやすい。

衝動は，回避（脅威にさらされる前にかわそうとする試み）の衝動と，接近（接近それによって充足されようとする試み）の衝動に大別される。回避の衝動が求める行動は，しばしば本人の生活を狭め，非効率的にし，過剰になれば生活の質を阻害する。前向きな活動から快を得られにくくなり，「やっても意味がない」「どうせだめだろう」「自分はダメだ」といったマイナスの認知（自己評価行動）も高まりやすい。うつ病，うつ状態の多くが，衝動の回避による悪循環の結果となっている。他方，接近の衝動がうまくコントロールされなくなると，依存症や嗜癖，あることで頭がいっぱいになるといった問題となる。それらの理解と介入については，コラム 5.1（p.133）の解説を参照いただきたい。

5.4.2 不安症を回避行動として理解する

多くの場合，過剰な（そこまで反応する必要がない）恐怖や不安，嫌悪などは，時間の経過，いわゆる「場数を踏む」経験により，自然に減弱していくものである。いわゆる「慣れ」である。ところが回避行動は，この慣れが作用するのを阻害する。図 5.4 に示したような，代表的不安症に認められる悪循環は，恐怖や嫌悪そのものではなく，回避行動に支えられていると見なせる。不安症のクライエントに典型的な，「このままでは大変だ！」という認知につながる回避の結果，「これでしばらく安心だ」という認知と安堵感がもたらされる。回避行動は，「（衝動という）嫌子の消失の随伴性」(5.3) により強化され，強固な習慣となっていく。

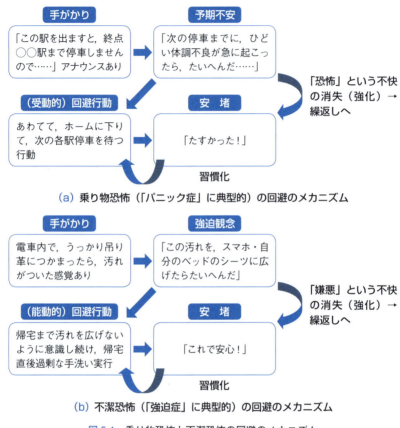

図 5.4　乗り物恐怖と不潔恐怖の回避のメカニズム

5.4.3　回避行動のタイプ

　回避には，能動的回避と受動的回避がある。**能動的回避**とは，ある行為を積極的にとることで回避衝動を解消させる場合である。典型的なのは，強迫症の強迫行為である。「そこまでする必要はない」と本人が認識しているにもかかわらず解消されない恐怖や嫌悪をその場ですみやかに沈静させるためにとられる，儀式的な行為のことである。強迫症においては，回避したい恐

怖や嫌悪を伴う考え（たとえば，自分は汚染された，汚染を広げてしまうなど）を打ち消すために，納得できるまで強迫行為（過剰な確認や洗浄，その繰返しなど）に時間をかける。

　対して**受動的回避**は，引きこもり型の回避である。他人と視線が合ったり，他人に意識される状況を避けようとする特徴があれば，「対人恐怖症」である（人から注目・評価される状況の回避が中心となる「社交不安症（social anxiety disorder）」とは区別されることもある）。突然の体調不良などを警戒するあまり，苦手に感じる場所（公共の場や乗り物で，自由に身動きがとれない状況で不安はより高まる）を避けるようになるのが，「広場恐怖（agoraphobia）を伴うパニック症（panic disorder）」である。PTSD（外傷後ストレス症；Post Traumatic Stress Disorder）でも，外傷体験に関連した刺激，状況からの受動的回避が顕著である。

5.5　エクスポージャーによる介入

5.5.1　段階的に恐怖への対処を獲得していく方法

　恐怖や嫌悪からの回避が症状を維持していると理解できる問題，障害に対する認知行動療法では，**エクスポージャー**（exposure）と呼ばれる技法が中心となる。この用語は曝す，という意味である。この技法の進め方は，段階的に進める方法と，集中的・持続的に進める方法に大別される。

　段階的なエクスポージャーでは，ある刺激や状況がもたらす緊張や恐怖，および回避衝動を，スモールステップで，最初から強い情動反応が引き起こされることのないよう，徐々に喚起していく。恐怖や嫌悪を喚起する刺激に曝す時間は短く（数十秒から数分），喚起された情動反応の中和化のために，リラクセーション反応，安堵感や勇気がわくような刺激，活動を利用しながら進めることが多い。しばしばクライエントは，気持ちをうまくまぎらせる技術，心身の緊張を自覚し沈静させる対処，ある種のマインドセットで積極的な状態を維持する技術などの習得が求められる。ウォルピの系統的脱感作

療法は，この手続きを，恐怖症治療技法として体系化したプログラムである。

5.5.2　恐怖を喚起する刺激や状況にわが身を曝し続ける方法

集中的・持続的エクスポージャーでは，はじめの段階から，あえてある程度の強さの回避衝動が高まる状況にクライエントがわが身を曝す（セラピストなど他者がクライエントに強引に曝すのではないことに注意）。恐怖や嫌

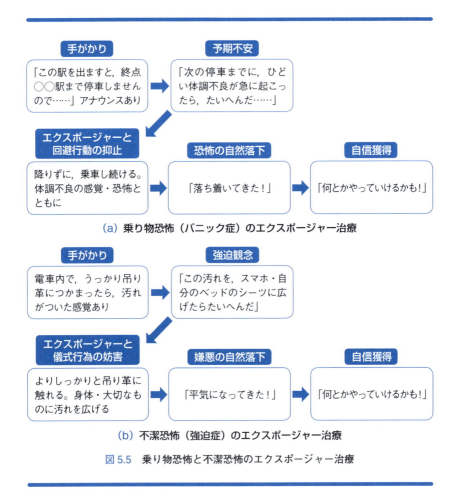

図5.5　乗り物恐怖と不潔恐怖のエクスポージャー治療

悪への対処を具体的に高めるというねらいではなく，そこで高まる回避衝動が時間をかけて「自然に蒸発されていく」のを待つ体験を反復し，その結果，恐怖や嫌悪とそれからの回避と回避の衝動そのものを改善させていくのがねらいである。

図 5.5 には，前節の図 5.4 に対応させ，この技法のメカニズムを示した。回避行動をできるだけ抑えながら（儀式妨害と呼ばれることもある），普段であればそこまで体験する前に回避するであろう恐怖や嫌悪，強い回避衝動に一定時間（通常の治療では 10 分前後から 1 時間程度）曝し続け，恐怖や嫌悪の低下を観察し続ける。

不安症のクライエントは，強い恐怖や嫌悪への直面に際し，対象となる刺激や状況に直接遭遇する前に，あらかじめ避けるパターンが定着している。そのため，恐怖や嫌悪とその衝動の増加があるところで頭打ちとなりそれ以降は落下してくるだけであることを，実感を伴って体験する機会を持つことがない。その結果，ある対象に対する強い恐怖や嫌悪をいつまでも保存してしまう。その悪循環を解消する機会を，計画的に持ってもらうわけである。

5.5.3 恐怖や嫌悪との正しい付き合い方

人は誰でも，上述のようなエクスポージャーを幼い頃から，さまざま経験してきている。暗闇，独特の動きをみせる小動物や爬虫類，ある種の味覚，保護してくれる存在（親，保護者）から一定期間離れてすごすこと，自動車の運転や飛行機に乗ること，水に顔をつける，高いところに登る，窒息しかかる，などである。セラピーを求めるほどの困難を獲得してしまった人々に対しては，より丁寧な心理教育で回避行動変容の理解を促し，多くの成功例などに触れてもらいながら動機づけを高め，個々に合わせた段階的支援を提供していくことが有効である。

5.6 観察学習（モデリング）による介入

5.6.1 ヒトならではの特性「他人の振りを見て……」を活かす

ヒトがもつ，他の動物にはない資質の一つに，「人まね」がある。最近の脳科学では，「ミラーニューロン」が注目されている。他の個体がある振る舞いをとっているところを観察しているときと，同じ振る舞いを自分がしているときの両方で活動する神経細胞があるという。霊長類などに限ってみられるこの神経活動が，ヒトの模倣，さらに体験を共有共感する能力を支えている可能性があるというのである（図5.6）。

人間らしく生きる上で不可欠な，この模倣による学習は，モデリング（観察学習）あるいは代理学習と呼ばれる。これを行動変容に活かすことができる。

5.6.2 恐怖や不安の克服に活かす

すでに紹介した通り，獲得された回避を変容するためには，「回避を動機づける刺激や状況に曝されつつ，回避の衝動が弱まっていく（主観的には，「平気になってくる」）過程」を経験する必要がある。直接経験で曝されるよ

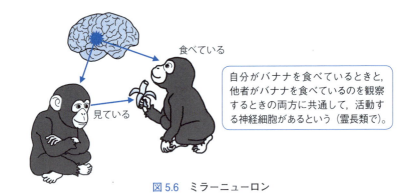

図5.6　ミラーニューロン

りも効率は落ちるが，目の前で，他の誰かが苦手な刺激や状況に曝されつつやりすごす過程を観察するだけでも，観察者側の恐怖や不安を変容させることが可能となる。

　ある対象が，ある行動の遂行の結果充足感や快感，あるいは実利的なメリットを受けているところを観察するだけで，観察する側の，同じ行動の生起しやすさがより高まる。これが**代理強化**である。逆に，ひどい結果に見舞われるところを観察した場合，観察者が同じ行動を自発する頻度は抑制される（代理弱化）。

5.6.3　社交的スキルの伝授法として

　社交的スキル（social skills）とは，他人とのコミュニケーションをどのように開始するか，良い関係を継続するために，相手の立場を理解していることを伝えながらも自分の要求や素直な感想をどのように伝えていけるか，葛藤が生じた場面をうまくおさめるにはどうできるかといった，いわゆる人として集団生活を送る上できわめて重要な技能を指す。これらを実生活の中で高めるための訓練が，**社交的スキル訓練**，あるいは**自己主張訓練**（assertive training）である。ここでは，上述の，モデリングによる行動変容の応用が不可欠である。

　社交的スキル訓練，自己主張訓練は，以下のようなプロセスからなる。①問題場面の確認，②その場面で必要とされる望ましい社交的スキルの決定，③モデリングによる習得，④ロールプレイの実施，⑤フィードバック，（③から⑤，時には②や①にまでさかのぼりながら，目標となる社交的スキルを洗練させた上で）⑥実際の場面での実施，⑦実際場面での実施の結果についての評価。

　表5.3は，中学生を対象とした友人関係内でのいじめの抑止につながる社交的スキルのモデルを示した，短い劇のシナリオである。仲間のある態度について腹を立て「シカト（無視）をしようぜ」と提案してきた生徒に対する，他の生徒の適切なスキルのあり方を具体的に示している。ポイントは，①自

表 5.3 いじめ（シカト）の提案に対して社交的スキルで応じる（中学生向け）

生徒A：くっそ，D（3人と同じ部活）のやつ，許せねぇ，シカトしようぜ。B，C，わかったな。
生徒B：えっ，ちょっと，……ちょっと待ってよ。それって展開早すぎ。なぁ，C。
生徒C：ちょっと，その話，急だなぁ。困ったなぁ。
生徒A：なんだよ，お前ら，文句あんのかよ。どっちの味方なんだよ。
生徒B：待ってくれよ，確かに，Dが正直に顧問に言っちゃったから，俺たちまで怒られたんだけど，Dだって，部長として責任あってのことだろうし。別に俺たちを，陥れようとしたわけじゃあないと思うけど。
生徒A：だって，黙っていたら，バレなかったかもしれないじゃないか。
生徒B：Aが腹立つ気持ちはわかるけど。でも，Dを部長にしたのは俺たちだし。実際，あとでもっと大ごとになったかもしれないし。ここは協力したほうが……。
生徒A：何だよ，俺だって，協力したさ。でも，Dのやつ。くっそ。勝手に。
生徒B：とにかく，俺は，シカトなんて，反対だよ。大会前に，チームワークを悪くするのも，いやだし。なぁ，C。
生徒C：そうだなぁ。いよいよ，最後の大会だしなぁ。Aの気持ちもわかるけど。
生徒A：……わかったよ，いいよ。ここは俺が我慢するよ。くそ，顧問も腹が立つ。
生徒B：わかってくれて，ありがとなし。あっ，今，なまったかな（笑）。

身の落ち着きと粘り強い説得のため時間をかせぐ，②仲間の怒りに対して別の解釈を提案する，③怒りを示す仲間の気持ちを受け止める，④はっきりと反対である旨を伝える，⑤怒りをおさめてくれた仲間に感謝と喜びを伝える，⑥可能であれば，ユーモアなど緊張を緩和する試みを添える，である。

5.7 認知（自動思考や思い込み）の修正による介入

5.7.1 「受け止め方」にかかわる心理療法

人は，起こった出来事そのものによって怒りや悲しみ，落ち込み，不安を引き起こすのではない。出来事をどのように解釈するかによって，そこで抱く感情が異なってくるのである。

同様のメッセージは，古代ギリシャの哲学者の言葉にもあるという。この常識的原理を基礎にした心理療法が，ベックの認知療法，そしてエリスの論理情動行動療法である。両者は同時期の，いずれもアメリカ北西部で，前者はうつ病に対する医療技術として，後者は，ビジネスマンや学生の不適応を短期に解消するカウンセリング手法として誕生した。これは当時主流であった精神分析療法からの脱却であったという点でも共通していた。本章 5.1 で触れた通り，今日では，認知行動療法という大きな「心理療法の傘」の中に位置づけられる場合が多い。

　ベックの手法では，**自動思考**（automatic thought）や**思い込み**を本人が自覚し検討・修正するスキル，エリスの手法では，不合理な信念（irrational belief）への気づきと，そのための論駁が重視される。両者の介入手続きには共通するところが多く，個々の認知の背後に，スキーマ（信念体系）を想定する点も同じである。

5.7.2　認知モデルに基づいた協同作業として

　ベックの認知療法では，クライエントが，図 5.7 に示すような認知モデルに基づいて，みずからの不安や抑うつ，あるいは怒りや悲嘆のきっかけとなった出来事，その感情，あるいは感情的な振る舞い，そして，それらの間に，意識せずに想起される自動思考を特定できるように，セラピストによって導かれる。この認知モデルの理解のために心理教育が重視されるが，それは押し付けでも無理やりでもない。図 5.8 に示すような，**協同実証主義**という治療関係の中で，クライエントが自ら気づき，自らの自動思考の偏り，非合理性にチェックを働かせていくこと，それが実際の生活の中に般化し，自動化することがねらいとなる。

5.7.3　目指すのはメタ認知のセルフコントロール

　心理学では自分が今，何に意識を向け，どのように判断，評価しているのかを自分でとらえる働きのことを，**メタ認知**（meta cognition）と呼ぶ。認

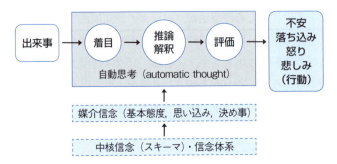

体験してみよう！

最近あった，落ち込んだ経験を想起して，上記のようなモデルに当てはめてみよう。
出来事？（例：サークルの先輩から注意された）
その出来事ではどこに着目していた？（例：先輩の表情，ある言葉）
その出来事はどういうことを意味するの？（例：自分は先輩に嫌われている）
もしそうだとしてどう評価できる？（例：もう，このサークルではやっていけない，大学生活がつらくなる）
感情（例：不安60，落ち込み50）

図 5.7 認知モデル（認知療法の基本モデル）

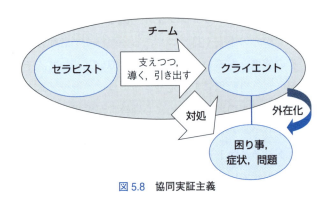

図 5.8 協同実証主義

知療法もエリスの方法も，クライエントの情緒不安定にかかわるメタ認知の機能回復がねらいである。

技術的には，「ソクラテス式対話」という面接技法が用いられる。クライ

エントが語る不調や困難，苦痛についてのコメントに，セラピストがやんわりと疑念をはさむ。それにクライエントが内省した上で答え，さらにセラピストは専門的なというのではなく素朴な質問を重ねていく。このような対話から，「過度な一般化（ある１つの結果をもって最終的結論を引き出している）」「100点でなければあとは０点と同じだ」という極端で完璧を目指す傾向，何事も「〜すべし」と考える傾向，「破局視（「もうおしまいだ」という極度のマイナス思考が支配的）」などの偏りを浮かび上がらせる。難しい試験で友人が75点だったなら，「よくやったね」と心から言えるのに，自分が75点だと「恥ずかしい」と感じる傾向も，しばしば浮き彫りにされる。

　ここでは通常，ライティング，つまり，思考や信念を一定の書式に書きとめる課題を通して，セルフコントロールを高める手続きが重視される。

5.8　行動活性化による「生活」からの支援

5.8.1　「性格」よりも「生活」にかかわる

　認知行動療法は，他の多くの心理療法と異なり，「生活」の具体的なあり様への関心が高く，逆に「性格」や「人間性」といった抽象度の高い変数への関心はさほど高くない。抑うつの問題であれば，「抑うつに陥りやすい性格のあり方」よりも，「抑うつに陥りやすく脱しがたい生活や活動のパターン」に，より焦点が当てられる。

　抑うつは，さまざまなレベルで説明可能である。脳の機能が過剰に抑制的となった結果，という生理学的な説明のほか，出来事の受け止め方（認知機能）全般がネガティブに偏っているから，あるいは「快」の経験につながる活動や付き合いが大幅に減少しているためといった心理・社会的な説明も可能である。

　いずれがより本質でいずれが結果にすぎないのかという，「ニワトリが先かタマゴが先か」の議論は，より速やかで効果的な援助を考案し提供する上ではまったく問う必要がない。

5.8.2　行動活性化の手法——生活の中に回避をとらえる

　行動活性化は，うつ病への行動療法介入として1970年代からそのアイディアが報告され実践されていた。今世紀に入って，抗うつ薬治療や認知の修正を中心とする方法に匹敵する，有望なアプローチとして再評価されてきた。活動や付き合いが大幅に減り，生活の中で「快」が得られにくくなっている，そのためにさらに非活動的になる，という悪循環からの，段階的な脱出を支援する手法である。

　この方法でうつ症状からの回復をねらう際には，ほかの症状への認知行動療法の場合以上に，クライエントの生活の様子を確認していく必要がある。セラピストは，不適切なところを探す態度，批評的態度ではなく，共感的に生活のあり方を尋ねていく。早い段階から，図5.9にあるシート（活動記録表，活動計画表）を用いられる。

　抑うつの問題を抱えている人の生活パターンには，一般の健康な人の場合よりも圧倒的に多くの回避がみてとれる。家族との接触（気にさわることを言われる，など），近所の人や職場の人の視線にさらされること，仕事に関係する情報をテレビや新聞，ネットから得ること（「もはやそれすら理解できない」という感覚に直面すること）などである。もちろん，回避の意図は，多くのクライエントにとって強いわけではない。生活態度を責められているように受け止められることのないよう，その生活の中にある「回避」を批判的に指摘するのは避けたほうがよい。「もし，ここで○○などの活動をしたらどうなるでしょう」「その展開が困るというのは，どうなることを恐れているからでしょう」といった質問を重ねながら，回避を浮かび上がらせる。

5.8.3　行動実験（behavior experiment）として

　段階的に行動の活性化を提案しつつ，セラピスト側からの指示・命令ではなくあくまで両者の協同作業として，「試しにやってみて，次回，結果を検討してみましょう」という「実験のつもり」として，宿題にとり組んでもらう。できるだけ具体的に「いつ」「誰と」「どこで」「どれくらいの時間をか

	日付	月 日 (月)	月 日 (火)	月 日 (水)	月 日 (木)	月 日 (金)	月 日 (土)	月 日 (日)
	予定							
	目標							
気分評定	気分							
	~12:00							
	~16:00							
	~20:00							
	~就寝							
時間帯での活動	6:00							
	7:00							
	8:00							
	9:00							
	10:00							
	11:00							
	12:00							
	13:00							
	14:00							
	15:00							
	16:00							
	17:00							
	18:00							
	19:00							
	20:00							
	21:00							
	22:00							
	23:00							
	0:00							
	1:00							
	2:00							
	3:00							
	4:00							
	5:00							
	6:00							
	補足							

図 5.9　活動記録表

活動計画表も基本的書式は同じである．1日を縦に2分割すれば，1枚で活動計画と活動記録が記入できるので便利である．

け」進めるかを計画し，活動計画表に記入しておく．活動の内容と量は，無理なく確実に行えそうな範囲とし，次回面接では，必ずその結果の振り返り

が行われる。言うまでもなく，セラピスト側の，賞賛，驚き，評価，が重要な役割を果たす。

5.9 アクセプタンスとコミットメントを高める

5.9.1 マインドフルネスという心の状態

認知行動療法は，その母体となった行動療法の時代から，人の心の状態について，具体的な価値観や理想を明確に示すことにはひかえめであった。ところが近年，**マインドフルネス**（mindfulness），あるいは**アクセプタンスとコミットメント**（**ACT**；Acceptance & Commitment Therapy，アクトと称される）という，ある心の状態を理想とし技法を洗練化させるという，認知行

表5.4 実習——マインドフルネス「体験を回避をせず」の体験に挑戦

- **（その1）** 嫌いな食べ物（とりあえず，まったく食べられないものではなく，「少し苦手かな」くらいのものから）を口に含んでみる。すぐに飲み込まないこと（すぐ飲み込むのは"体験の回避"に当たる）。味としての刺激をしばらくそのまま体験する。「苦い」と思っても，「その苦さはどんな苦さ？」と問いかけてみる。「認知太郎さん（自分の氏名）は今，苦さを感じています」と，実況中継してみるのもよい。「生臭さって，そもそもどんな感覚だっけ？」とか。10分間でもそのままにできたら，あら，不思議。きっとあなたに「変化」が起こっていますから。
- **（その2）** あなたにとって，大切な物を，床において，土足で踏んづけてみましょう。1万円札でも，大切な人と写っている写真，大切な雑誌，あるいは，大切な本，そうですね，今読んでいるこのテキストでもかまいませんよ。最初は抵抗がありますね。お札を，「たかが紙切れ」とは思えませんし，人が写っている写真を踏むなんて，失礼だしばちがあたりそうですね。そしてそのまま，5分でも10分でも，踏み続けてください。踏みつけているところをしっかり見ること。つい他のことを考えたり，会話したり，ふざけたり，スマホをいじったりしたくなりますね。無意識に気をそらす，も，"体験の回避"にあたります。わいてくる嫌さをそのまま浮かべておきます。放置しておきます。そのうち，嫌さは，どうなっていくでしょう。観察してみてください。
（注意：目的を知らない人に見られると，誤解されやすいし，ハラスメントになることすらあるので気をつけてください。）

動療法の流れに注目が集まっている。

マインドフルネスとは,「今, この瞬間の体験に意識を向け, 評価をせずに, とらわれのない状態で, ただ観ること」（日本マインドフルネス学会）と定義されている。これらは, まったく新しい発想ではなく, 各種の瞑想法やリラクセーション技法, あるいはわが国独自の心理療法である森田療法（森田正馬）における「あるがまま」, 宗教的価値観などに通じるものである。これら東西の知と技術のエッセンスを統合した上で, 認知行動療法はさらに発展していくものと期待されている（表 5.4）。

5.9.2 アクセプタンス&コミットメント（ACT）セラピー

ACT は, ヘイズ（Hayes, S. C.）らにより, 認知行動療法の一つの展開として提案されたアプローチである。「望ましくない認知や行動を除去することこそが重要」であるかのように誤解されやすかった認知行動療法について, より柔軟な理解と実践を目指す提唱である。技術的特徴として, メタファーの積極的活用などの新しい援助技法も開発, 紹介されている。アクセプタンスとは, 人が誰でもつい反射的に行いやすい「体験の回避」（ある事象に目を向けず, 考えず, 感じず, のまま処理できるよう, 環境や自らの反応を調整してしまおうと「あがく」姿勢）にかわって, それらを受け止め, かつそこに関与していく（回避しない）姿勢とそれから結果的に得られる, 健全な機能の回復を目指すものである（表 5.5）。

ACT の代表的説明概念である「関係フレーム理論（relational flame theory）」では, 言葉のもつ意味内容そのものでなく, 発せられた文脈における機能（効果）がより重視される。たとえば, うつ状態にあり, 休職中のクライエントにおける「やる気がわかない」という表現は, それが本人の内言であれ, 日記やブログへの書き込みであれ, 家族や職場の上司, セラピストに向けて発せられたものであれ, それぞれの文脈において（本人の解決努力, 医学的診断や休職と復職の判断, セラピーの展開, 家族の不安と理解, 対応など）, 実体のあるものとして機能する（効果を発揮する）。しばしばこ

表5.5 より柔軟な認知行動療法を目指して——メタファーの活用

以下はうつで休職中の会社員男性P（40歳）さんとの面接である。Tはセラピスト。

P：お医者さんからも言われているんです，少しでも動けるときは，散歩でもいいからって。
T：なるほど，で，よし，出かけてみるか，って思ったときはありましたか，最近で。
P：はい，一昨日も，コーヒーの紙フィルターが切れたので，コンビニまでと。
T：おや，それで？
P：ところが，気持ちが前向きになってこないな，と感じて，こんな気持ちで出かけるのが本当にいいのかな，とか，徹底して無理しないのもいいのかな，とか。専門家の助言もコロコロかわるなあとか。誰かに見られたら嫌だ，娘の同級生の親とかがいたらどうしようか，とか考え，胃のあたりが気持ち悪くなってきました。「納豆の頭」，になってしまいました。
T：ああ，前回お話した，温かいご飯にかけた納豆状態ですね。浮かんだことがどんどん糸を引いて，塊になってしまって，はしをつけても，はしに糸がからんでくる，ネバネバ状態。
P：まさにそうでした。結局，出かけませんでした。妻にメールして買ってきてもらいました。
T：納豆ネバネバ，どうできますかね。ところでPさんも，納豆は，召し上がるんでしたよね。
P：まぁ，あまりかき混ぜすぎないのがいいですね。まぁ，あのネバネバが旨みですけど。
T：ネバネバを味わうくらいの気持ち，それと，かき混ぜすぎずに，ですかね。
P：そうですね。前向きでない気持ちをそのままに出かけてみる，ですかね。やってみます…。

の実体もどき（「認知的フュージョン」とも，「社会的に構成された困難」ともいえる）が，うつ状態の解決を遠ざけると考える。

5.9.3 新しい認知行動療法は本当に「新しい」のか

行動療法や認知行動療法は，半世紀以上の歴史の中で，実践のための技術としてより柔軟さを増してきた。実践から得られた知見が基礎理論へとフィードバックされ，その循環を通して，多様化と淘汰を進めてきた。さまざまな困難，症状へと応用と標準化が進み，エビデンスの算出において他の介入アプローチをリードしてきた。

認知行動療法アプローチには，新旧変わらぬ共通基盤がある。それは，（広義の）行動と環境との相互作用を「ありのまま」とらえそこに変化が生

じるような本人ないし周囲の働きかけを計画し実行して効果を確認するという，探求的姿勢である。

> **コラム 5.1　心理療法の拡散と収束——統合的アプローチへの注目**
>
> 「やめられない・とまらない」の問題とは，「依存症（嗜癖。addictionともいう）」のことであり，「接近衝動の問題」でもある。この病理には，表5.6のようなバリエーションがある。
>
> 　　　表5.6　さまざまな「やめられない・とまらない」の問題
>
> - **物質への依存**：薬物（一般には違法薬物）依存，アルコール依存，ニコチン依存など。
> - **活動への依存（プロセス依存）**：ギャンブル依存，買い物依存，ネット（情報端末あるいはインターネット依存），ゲーム依存，など。
> - **性衝動の依存（異常性愛，性的倒錯とも）**：小児性愛，衣服性愛，動物性愛，他に，服装倒錯，露出症，窃視症，サディズム・マゾヒズム，など。
> - **犯罪行為への依存**：放火癖，窃盗（いわゆる万引き）癖，痴漢，落書き等迷惑行為の常習など。
> - **その他人間関係における依存**：恋愛依存，性依存，など。
> - **その他の精神障害**：摂食障害（拒食，無茶食いと嘔吐を繰り返す過食），不安症の一つである強迫症の強迫行為，抜毛症，リストカットなど自傷行為（自殺の衝動がない場合が多い），など。
>
> これらはいずれも，「日常生活ではそのことで『頭がいっぱい』（preoccupation）で仕事や学業に悪影響がある」「接近し接し続けるのを達成するため，生活を破綻させる，周囲に嘘をつくことが多くなり，時に触法行為にかかわることもある」「その行為そのものが「快」，というよりそれに接近できない状態が続くことが苦痛ないし恐怖をもたらし，それらから解放されるために接近するという悪循環にある」「しばしばその異常性を否認し（認めない），改善のための努力を開始しようとしない」といった特徴がある。摂食障害や自傷，抜毛症などは女性に多く，物質依存や性の問題などは男性に多いといった性差が認められる。社会・文化的影響も大きい。
>
> これらの問題に対して，多くの心理的治療法の中でも認知行動療法の貢献は広く期待され，効果が確認された介入プログラムも多数紹介されている。
>
> 以下では，筆者が実践研究を進めている，パチンコ・パチスロ依存症への集団認知行動療法プログラムを紹介する。

1. 参加者各自の目標を明確にすることを求める（パチンコ・パチスロの場合はできる限り完全にやめる，を目標とすることが望まれる）。
2. この問題に共通する心理，危険性について理解を深めてもらう（可能なら）。同じ問題をもつ人によるミーティングへの参加を求める。
3. 回数，時間，お金の出入り，衝動や「頭がいっぱい」の程度，気分，関連する問題の深刻さなどの記録を継続してつけてもらう。ストップしたら，「連続成功」の確認とする。カレンダーに○をつけ続けるだけでもよい。
4. 引きがね（トリガー），たとえば，疲労感，ストレスの蓄積，広告（雑誌，CM，看板，メールなど），誘いあるいは挑発，臨時収入，飲酒，自由な時間などへの意識づけを高めてもらう。
5. 店に入る前に頭に浮かべる「言いわけ」への自覚を高めてもらう。たとえば，「仕事のストレス解消」「話題づくり」「勝ったら返済できる」「ツキを調べるだけ」「勝つコツをつかんだのに」「今日は店のサービス日だから」など。
6. 代替となる活動のリストを用意し，実践する。代替となる活動に取り組みやすくする工夫を考案する。パチンコ・パチスロに近い機能（役立ち，効果）をもつものであることが望ましい。勝ち負けの結果が出るため「熱くなれる」もの，しばらく没頭（頭が空っぽ）になるもの，充実感を得られるもの，など。
7. 「止めることを周囲に宣言する」など，誘いや挑発を受けにくくなり，かつ，周囲からの協力や励ましを得られやすくする習慣を，生活の場で励行する。
8. 自由になるお金と自由になる時間（急な予定変更）の管理の工夫。これらは特に，家族（できるだけ複数相手）に協力を得るとよい。
9. 自分へのごほうびを計画する。「1年しなかったら，温泉旅行へ」など。
10. 嫌悪的な情報に触れる。たとえば，パチンコ・パチスロ業界の利益の大きさを裏付ける資料などを直視する，ミーティングで語り合うなど。
11. ある程度自信がついたところで，あえて誘惑的な刺激にわが身を曝し（店に入る），接近したい衝動を喚起させ，それへの対処，解消を反復訓練する。
12. 「再発する日があるとしたらどんなことがある日か？」を具体的に想像し，そのときにどうできるかをシミュレーションする（再発予防訓練）。

人間性心理療法・来談者中心療法

本章では心理療法の主要な立場の一つとしての人間性心理療法（humanistic psychotherapy）について，その代表的な理論である来談者中心療法（client-centered therapy）を軸にしながら解説する。人間性心理療法と来談者中心療法の意義をおさえた上で，来談者中心療法を解説し，さらにその後の展開をみていく。

6.1　人間性心理療法と来談者中心療法

6.1.1　人間性心理療法とは

最近イギリスで編集されたカウンセリングおよび心理療法の実証研究の成果をまとめた本（Cooper, M., 2008 清水・末武（監訳）2012）には，巻末にさまざまなセラピーのエビデンスが要約されている。それを見ると，おもなカテゴリーとして①ヒューマニスティックセラピー，②精神力動的セラピー，③認知行動的セラピーがあげられており，そして，④クリエイティブセラピー，⑤統合的で現代的な実践が補足的にまとめられている（表6.1）。これを見てもわかるように，心理療法の主要なものとしては，精神分析的・精神力動的な立場，認知行動的な立場と並んで，ヒューマニスティックな立場，すなわち人間性心理療法をあげることができる。**人間性心理療法**とは，実現傾向や統合性といった人間の高次機能を重視する人間性心理学（humanistic psychology）を基礎として展開されている心理療法の理論と方法の総称である。ここには，来談者中心療法のほか，ゲシュタルトセラピー（gestalt therapy），ロゴセラピー（logotherapy），種々の実存的心理療法（existential psychotherapy）やホリスティックなアプローチなどが含まれる。

135

表 6.1 **エビデンスが報告されている主要な心理療法**（Cooper, 2008 清水・末武（監訳）2012 より作成）

ヒューマニスティックセラピー：パーソンセンタード（クライエントセンタード）セラピー，ゲシュタルトセラピー，プロセス体験的／感情焦点化セラピー，カウンセリング

精神力動的セラピー：短期精神力動的サイコセラピー，精神分析

認知行動的セラピー：認知療法，スキルトレーニングプログラム（ソーシャルスキルコミュニケーショントレーニング，コーピングスキルトレーニング，再発予防，問題解決セラピー，リラクセーショントレーニング），第3世代認知行動療法（弁証法的行動療法，マインドフルネス認知療法，アクセプタンス＆コミットメントセラピー）

クリエイティブセラピー：芸術療法，演劇療法，心理劇，音楽療法，ダンスムーブメントセラピー

現代的で統合的な実践：交流分析，神経言語プログラミング，対人関係療法，動機づけ面接，解決指向ブリーフセラピー，EMDR（眼球運動による脱感作と再処理），催眠療法，宗教を取り入れた実践

6.1.2 来談者中心療法とは

アメリカの臨床心理学者カール・ロジャーズ（Rogers, C. R.）によって1940年代はじめに創始された**来談者中心療法**は，さまざまな人間性心理療法の中でも歴史的に最も古く，その中心に位置づけられる理論と方法である。当初は非指示的療法（nondirective therapy）あるいは非指示的カウンセリングと呼ばれていたが，受身的に話を聴くだけというイメージが先行したため，その後来談者中心療法という名称が用いられるようになった。また晩年のロジャーズは，個人カウンセリングだけでなく，エンカウンターグループ（encounter group）や社会的活動にも携わるようになり，こうした活動をパーソンセンタードアプローチ（Person-Centered Approach；PCA）と呼ぶようになった。現在では，国際的にはパーソンセンタードセラピー（person-centered therapy）という名称が用いられることが多いが，非指示的療法，来談者中心療法，PCA，さらに体験的療法（experiential therapy）やフォー

カシング指向療法（focusing-oriented therapy）などがその中に包含されるか，互いに近接する形で発展している（Sanders, 2004 近田・三國（監訳）2007）。

6.2 来談者中心療法の理論
6.2.1 人間観

　ロジャーズは1942年に公刊した『カウンセリングと心理療法（*Counseling and psychotherapy*）』の中で，「この新しいアプローチは，人間の成長や健康，適応へと向かう動因について，きわめてより大きな信頼を寄せている」（Rogers, 1942 末武ら（訳）2005）と述べ，人間の無意識の病理や衝動性を重視した精神分析とも，人間の本性を白紙とみなし人間機械論的な見方をとる行動主義の心理学とも異なる人間観を示した。

　その人間観は，1951年の『クライアント中心療法（*Client-centered therapy*）』では，「生命体は，一つの基本的な傾向と力（striving）をもっている——それは，体験のただ中にある生命体自身を実現し，維持し，増進することである」（Rogers, 1951 保坂ら（訳）2005）と表現され，その後ロジャーズは，人間の唯一かつ最大の動因を「実現傾向（actualizing tendency）」と呼ぶようになった（Rogers, 1961 諸富ら（訳）2005）。実現傾向とは，ロジャーズが生命体や人間にとって最も根源的な唯一の動因と考えたもので，生命体が自らをよりよく実現していこうとする潜在的な力のことであり，適切な環境の条件下では生命体はこの傾向に従って成長していく。ロジャーズにとっては，心理療法によってもたらされるべきものは，こうした実現傾向を促進する適切な対人関係であるとされた。

6.2.2 自己理論

　ロジャーズの主要理論の一つが自己理論（self-theory）と呼ばれる人格理論である（Rogers, 1951 保坂ら（訳）2005所収「人格と行動についての理

論」)。これは，自己概念(あるいはその総体としての自己構造)と体験(生命体的な体験)の一致・不一致による人格適応理論である。1951年に発表されたこの理論は，「個人はすべて，自分を中心とした，絶え間なく変化している体験の世界に存在している(命題1)」という記述にはじまる19の命題と解説によって構成されており，個人が知覚する現象的場について，その人自身がもつ内側の視点(the internal frame of reference ; 内的照合枠)から理解するという理論的立場がとられている。そして，心理的不適応を，「生命体が重要な感覚的・知覚的かつ内臓的・直感的な体験(significant sensory and visceral experience)に気づくことを否認し，その結果，そうした体験が象徴化されずに，自己構造のゲシュタルトの中に組織化されないときに生じる(命題14)」ととらえ，そのうえで，「自己の構造にとって本来的にまったくどんな脅威もないような一定の条件下では，自己の構造と一致しない体験が次第に認知され，検討されるようになり，そして自己の構造はこうした体験を取り入れ，包含するように修正されていく(命題17)」と，心理療法における受容的で共感的な関係の意義が定式化されている。

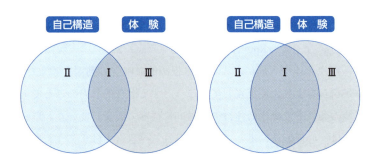

第Ⅰ領域：自己概念は体験から供給される根拠と調和，一致している。
第Ⅱ領域：体験が歪曲されて象徴化されている。
第Ⅲ領域：体験が自己の構造と一致しないために意識化が否認されている。

図6.1 **自己理論の図式的説明** (Rogers, 1951 保坂ら(訳) 2005より作成)

図 6.1 は，ロジャーズによる自己理論の図式的説明である。

6.2.3 人格変化の必要十分条件

ロジャーズのもう一つの主要理論が**人格変化の必要十分条件**（Rogers, 1957）であり，それは次のように記述される（Kirschenbaum & Henderson, 1989 伊東・村山（監訳）2001 所収）。

① 2 人の人が心理的接触をもっている。
② 第 1 の人（クライエントと呼ぶことにする）は，不一致（incongruence）の状態にあり，傷つきやすく，不安の状態にあること。
③ 第 2 の人（セラピストと呼ぶことにする）は，その関係の中で一致しており（congruent），統合して（integrated）いること。
④ セラピストは，クライエントに対して無条件の肯定的配慮（unconditional positive regard）を経験していること。
⑤ セラピストは，クライエントの内的照合枠（internal frame of reference）を共感的に理解（empathic understanding）しており，この経験をクライエントに伝えようと努めていること。
⑥ セラピストの共感的理解と無条件の肯定的配慮が，最低限クライエントに伝わっていること。

このうち，③**一致**，④**無条件の肯定的配慮**，⑤**共感的理解**がセラピストの態度条件（中核条件とも言われる）であり，セラピー関係の構築にとって不可欠な人間的態度であると考えられるものである。

一致とは，クライエントとの関係の中でセラピストが自由にそして深く自分自身になりきっており，そこで自分が体験していることが正確に意識されているような状態のことであり，純粋性，真実性，透明性などとも呼ばれる。

無条件の肯定的配慮とは，クライエントを一個の独立した人格として尊重し，その人が自分自身の独自の体験や感情をもち，自分の人生を自ら切り開いていく自由と権利を有する存在として認めていこうとする態度のことである。受容，尊重，肯定的関心，温かさなどとも言われる。

また共感的理解は，クライエントの内的で私的な世界をできる限り正確に共有していこうという態度のことであり，共感，感情移入などとも呼ばれるが，お互いの違いや独自性は認識されていなければならず，クライエントへの感情的な同情や癒着，同一視などとは質的に異なるものである。

6.2.4 過程概念と十分に機能する人間

来談者中心療法の理論的な成果の一つに，心理療法の中でクライエントがどのように変化していくのかという，変化の過程についての概念化をあげることができる。これは「**過程概念（process conception）**」と呼ばれる理論で，ロジャーズはそれを，固定性から変易性へ，硬直した構造から流動性へ，停止から過程へと動くものとしてとらえた（Rogers, 1961 諸富ら（訳）2005）。さらにロジャーズと共同研究者たちはその主要な要因を抽出し，「**過程尺度（process scale）**」と呼ばれるクライエントの変化の過程を測定する尺度を

表6.2 クライエントの変化についての過程尺度の要約（Walker et al., 1960　伊東（編訳）1966をもとに作成）

	過程の段階		
	低	中	高
感情と個人的意味づけ	認められない 表出されない	所有感が増大 表出が増大	流れの中に生きる 十分に体験される
体験過程の様式	遠く離れている 気づかれない	遠隔感が減少 気づきの増大	過程の中に生きる 照合体として活用
不一致の度合い	認識されない	認識の増大	あっても一時的
自己の伝達	欠けている	伝達の増大	自由で豊かな伝達
個人的構成概念	構成概念が固い 事実として認識	固さの減少 自己関与の認識	一時的な構成概念 意味づけの柔軟性
問題に対する関係	認識されない	責任感の増大	外的対象とみない
対人的関係	親密な関係は危険 であると回避	危険だという 感覚の減少	開放的で自由な 関係をもつ

開発した（Walker et al., 1960 伊東（編訳）1966）（表6.2）。

そして，こうした変化の方向の究極点として提示されたのが，「**十分に機能する人間**（fully functioning person）」という心理療法の目標像である。これは，自分を防衛することから解き放たれて，自分の体験に開かれるようになり，人生の流れの中に自分の存在を実存的に投げ入れることができるようになり，そして自分という生命体の実感や選択をますます信頼することができるような人間のあり方のことである（Rogers, 1961 諸富ら（訳）2005）。

6.2.5 来談者中心療法の理論の全体的構成

ロジャーズは1959年に，以上の自己理論，必要十分条件，過程概念，十

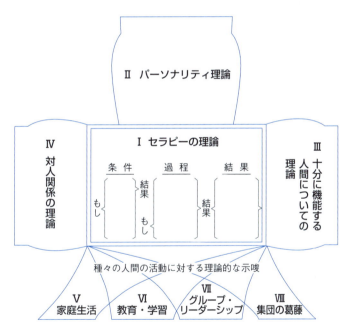

図6.2 **ロジャーズによる来談者中心療法の理論の全体的構成**（Rogers, 1959 伊東（編訳）1967より作成）

分に機能する人間といった，来談者中心療法の理論全体を体系化した論文を発表している（Rogers, 1959 伊東（編訳）1967 所収）。そこでは来談者中心療法の理論の全体的構成が明らかにされ，加えて，この理論と方法が貢献できる種々の分野（家庭生活，教育・学習，グループ・リーダーシップ，集団の葛藤）についても述べられている（図 6.2）。

6.3　来談者中心療法の方法
6.3.1　非指示的応答

　来談者中心療法の初期において，ロジャーズはその方法の特徴を非指示的と呼び，それまでの指導や助言を中心とした指示的な方法との違いを打ち出した（表 6.3 参照）。ロジャーズ自身が明確に提案したわけではなかったが，指示的な応答と非指示的な応答を識別するために，またトレーニングを効率的に行うために，**非指示的応答**の技術が定式化された。その主要な応答は次のようなものである（友田，1956/1996 等を参照）。

　①場面構成（structuring）
　②ありのままの受容（simple acceptance）
　③表現内容の繰り返し（restatement of content）
　④感情の反射（reflection of feeling）
　⑤感情の明確化（clarification of feeling）

　場面構成とは，心理療法の場の設定や構造化のことである。ロジャーズ（Rogers, 1942 末武ら（訳）2005）は，カウンセラーによる温かく応答的な態度，感情の自由な表現の許容，明確な制限（責任，時間，攻撃的行動，愛情）の設定，圧力や強制から解放されることなどを重視した。

　②は単純な受容，簡単受容などとも言われるが，クライエントの発言をそのまま，ありのままに（つまり，疑念や批判や励ましなどを交えずに）受容することである。それは虚心に傾聴する中で示されるうなずきやあいづち，また表情や姿勢などの非言語的態度によってあらわされる。

表 6.3 ロジャーズによる非指示的応答の具体例 (Rogers, 1942 末武ら（訳）2005 の「ハーバート・ブライアンのケース」より)

（第 4 回面接の冒頭部分，クはクライエント，カはカウンセラー）。

ク263 ぼくは，自分が今の戦争状況にとても強く反応していることに気づいたんです。とてもはっきりとした感情をもっていて——もしもぼくが巻き込まれるんだったら，つまり，兵役につかされるんだったら——

カ263 ええ，ええ。

ク264 ぼくが感じているのは，今のぼくの状態ではそれは破滅であるというだけでなく，仮にそのうちに治ることになっているとしても——ぼくの健康な理想は常に——その一，統制されることへの憎悪なんです。それにぼくは，個人のイニシアチブや民間の活力などを愛しているんです——ですから，戦争状況といったものはぼくにはとても耐えられないでしょう。ぼくは自分が召集されるだろうなんて考えたこともなかったんですが（彼なりの理由を述べる），今では，召集されるかもしれないと思ってまったく落ち着かないんです。

カ264 あなたは，それがとても耐えがたいものだろうと感じているのですね。

ク265 たとえぼくが心理的に理想状態に到達していたとしても，そんな生活はぼくには絶対に不本意なものだって分かります——ぼくが育ってきた生き方——教えられてきた理想や，ぼくが常に追求してきた個人的な生き方ともまったく違うものなんですから。（間）だからぼくは，この状況にとても強く反応してるんです。

カ265 ええ，ええ。それがまさにあなたを動揺させていると感じているのですね？
……（以下，略）

---

③はいわゆる伝え返しのことである。クライエントが語った言葉の重要なポイントや言い回しについて，こちら側の考えや判断をいったん脇に置いてそのままを伝え返す応答である。

④はクライエントの言葉だけでなく，そこで表明されている感情や態度を正確に受け取り，それらを共感的に鏡映することである。そのためにはクライエントの感情についての正確で深い共感的な理解が必要となる。

⑤はクライエントに感じられてはいるが，まだ十分に言葉になっていない感情への焦点化とその明確化である。これは，クライエントの中に隠された感情を言い当てることのように誤解されたりすることもあるが，そうではな

くて，漠然とではあっても確かに感じられているクライエントの体験過程に焦点を当てようとする応答のことである

6.3.2 一致とプレゼンス

　非指示的応答では，セラピストが自分の中にあるもの（考えや感情，メッセージなど）を伝えることはそれほど重視されていない。しかし，セラピストが能動的に自分自身を活用しなければならない場面もある。大切なのは，クライエントへの共感や尊重に基づいたカウンセラー自身の能動的なあり方である。ロジャーズは，無条件の肯定的配慮や共感的理解と同時に，カウンセラーの偽りのない一致した態度や動きを重視した（表 6.4 参照）。彼は次のように言う。

　　……私は彼（クライアント）とのこの関係の中で，できる限り澄みきった感情を持っていたいと思う。そうすることで，私の感情は彼にとって認識可能なリアリティを持つようになるだろうし，彼は何度でもそれに触れることができる。……私は何よりも，彼が私の中の真の人間（a real person）と出会うことを望んでいるの。……私が彼との関係の中で透明であり，あるがままの自分や感じていることそのままでいることができるなら，そのあるがままの自分や感じていることそのものが，心理療法の適切な基礎となるのである。そうすることができたとき，彼は，恐れることなく自由に，あるがままの自分自身になれるだろう。

　　　　　　　　　　　　　　　（Rogers, 1961 諸富ら（訳）2005）

　また，こうしたロジャーズによる一致の重視は，その後彼がプレゼンス（presence）と呼ぶようなあり方に結びついた。プレゼンスとは，相手と共にいることへの誠実な態度のことで，自己への執着から離れて，そこで体験されることに誠実に心を開いているあり方のことである（表 6.4 参照）。

私自身の内面の自己，直感的な自己に私が最も接近しているとき，あるいは自分の内側にある未知の領域に何かしら接触しているとき，……そういう状態のときには私が何をしようと，それがそのままで十分に治療的になっているように思われる。……私がそこに存在している（presence）と

表 6.4　ロジャーズによる一致およびプレゼンスの具体例 (Rogers et al., 1967 伊東（監訳）1972　所収「沈黙の青年」より)

ロジャーズと統合失調症の患者との面接の抜粋（T はセラピスト，C はクライエント）
T：あともう数分しか時間がありません。〔沈黙 2 分 51 秒〕
T：来週の火曜日 11 時，いつもの時間にしてよろしいでしょうか？〔沈黙 1 分 35 秒〕
T：お答えがないと，わかりませんが。来週の火曜日に 11 時にお会いしますか？
C：わかりません。
T："わからない"のですね。〔沈黙 34 秒〕
　　……（途中，略）……
T：それからもうひとつ言いたいことは——もしまだずっと苦しかったら，遠慮なく私にお電話ください。そして，やってみる決心をされましたら，私を呼んでいただければ有難いと思います——それで，まず最初に私があなたに会うことができるように。私はあなたに，おやめなさいと説得するつもりはありません。私はただあなたにお会いしたいと思うのです。
C：今日はもう帰ります。どこに帰るのかわかりませんが，かまいません。
T：もう決心はできているんだから，帰りたいと思う。どこへ行くのでもない。ただ——帰るというわけですか？〔沈黙 53 秒〕
C：〔すっかりしょげた調子でつぶやく〕何が起こってもかまいませんから，帰りたいのです。
T：はあ？
C：何が起こってもかまいませんから，帰りたいのです。
T：フム，フム。ほんとうに自分のことはかまわないから，帰りたいのですね。どんなことが起こっても，あなたはかまわないんですね。私はこう言いたいのです——私はあなたについてかまうのです（I care about you）。何が起こるか，私は気になるのです（And I care what happens）。
〔沈黙 30 秒〕〔ジムはワッと泣き出した。聞き分けられないすすり泣きをはじめる。〕
T：〔やさしく〕ただ——感情をすっかり吐き出しているのですね。……（以下，略）

いうだけで，クライエントにとって解放的であり，援助的になっている。……このような瞬間においては，私の内面の魂が相手の内面の魂にまで届き，それに触れているように思われる。私たちの関係がそれ自体を超越し，もっと大きな何かの一部になっていくのである。そこには深い成長と癒しとエネルギーが存在するのである。

（Kirschenbaum & Henderson, 1989 伊東・村山（監訳）2001）

6.4 ロジャーズ以後の発展

6.4.1 ジェンドリンの体験過程の理論

来談者中心療法に理論的な発展をもたらしたのがジェンドリン（Gendlin, E. T.）による**体験過程**（experiencing）の理論である。彼は，ロジャーズが自己理論において重視した体験の概念を緻密に規定し直し，体験過程の概念をつくり出した。そして過程概念の描写にもみられるように，この体験過程がいかに機能するかということが，心理的健康や心理療法の成功の鍵を握っていることを明らかにした。ジェンドリンによれば，体験過程とは次のような特質から定義されるものである（Gendlin, 1961 村瀬（訳）1981）。

①それは感情の過程（a feeling process）である。
②現在この瞬間において生起している。
③直接的な照合体（a direct referent）である。
④体験過程に導かれて概念化が行われる。
⑤豊かな意味を暗々裏に含んでいる（implicitly meaningful）。
⑥前概念的，生命体的な過程（a preconceptual and organic process）である。

体験過程とは現在この瞬間に自分の中にあると感じられていて，そこから言葉や豊かな意味が表出される生命体的な過程であり，そしてこの体験過程——特にその感じられる意味（フェルトセンス）——に注意を向け，触れ，それを適切に言葉や行為にすることが，人格変化のための必要不可欠な要素

であることが明らかにされたのである。

さらにジェンドリンは，このような不明瞭で漠然としているが，重要な意味を暗々裏にもった体験過程を推進・進展する応答を体験的応答（experiential response）と呼び，非指示的応答よりも具体的かつ積極的に体験過程に焦点を当てていく方法を提案している（Gendlin, 1968）（表6.5）。

表6.5　ジェンドリンによる体験的応答のためのルールの要約（Gendlin, 1968 より作成）

① **感じられる意味（felt meaning, felt sense）に応答する**：漠然と感じられてはいるが，まだ十分に言葉や態度としては明確になっていないフェルトセンスに応答する。

② **感じられる意味を展開しようと試みる**：フェルトセンスには多様な意味が含まれているが，それが展開していくには，それに沿った言葉や態度が見出される必要がある。

③ **体験的な前進のために，様々な試案的な方向を試みる**：フェルトセンスははじめから明瞭に姿をあらわしているわけではないので，応答も試案的なものから始まる。

④ **体験的な道筋に沿っていく**：体験過程にはそれがどのように前進していくかについての道筋がある。それが生起するまではその姿は明確にはなっていないが，その生起はいつも暗在的に含意され，示されている。その道筋に沿っていくことが大切である。

⑤ **応答とは指し示すものである**：応答とは明瞭ではっきりとしたものを伝え返したり，表明したりするだけでなく，漠然としたフェルトセンスを指し示したり，それに焦点をあてるという機能を果たすものである。

⑥ **体験過程を推進しようとする**：漠然としたフェルトセンスが正確な言葉や態度などによってあらわされるとき，そこに新しい意味が生じ，体験過程が推進・進展していく。

⑦ **その人だけが自分の軌道を知っている**：何が体験的な前進をもたらし，何が心身の混乱や停止をもたらすかは，クライエント――その体験過程――が暗黙のうちに知っている。

⑧ **照合体（referent）の動きのみが進歩である**：体験過程の推進・進展にともなって，クライエントの内側ではじめは変わりそうもないと思われていた照合体（焦点をあてた内的対象）に動きが生まれる。フェルトセンスに新しい側面が感じられ，シフトが生じる。

⑨ **言葉の体験的な使用が必要である**：言葉が論理的・客観的にだけでなく，フェルトセンスに触れ，体験過程を推進させるために，いま・ここで体験的に使用される必要がある。

⑩ **深さというのはそこから離れるのではなくて，その中へと入っていくことである**：いまだ言葉にならざるフェルトセンスに触れ，それを感じ，しばらくの沈黙によってその新たな意味を見出していこうとする動きは，停滞ではなく，体験的な前進にとって不可欠なものである。

6.4.2 フォーカシングとフォーカシング指向療法

さらにジェンドリンは，心理療法の中で生じる核心的な動きを**フォーカシング**（focusing）——フェルトセンスへの焦点化——として概念化し，この方法を多くの人が身近に体験できるようにスキルとしてまとめた（Gendlin, 1981 村山ら（訳）1982）（表 6.6）。さらに，フォーカシングを中核にして，種々の方法を統合的に活用していこうとする方法は**フォーカシング指向療法**として展開されている（Gendlin, 1996 村瀬ら（監訳）1998-1999）。

6.4.3 その他の発展

1. 体験的療法

ジェンドリンによる体験過程の理論化やクライエントの体験過程の推進・

表 6.6　ジェンドリンによるフォーカシングのステップ（Gendlin, 1981 村山ら（訳）1982 より作成）

① **空間をつくる（clearing a space）**：今，どんな気持ちか自分のからだに問いかけましょう。すぐに答えずに，からだに起こってくるものに触れましょう。浮かんできたことの中に入り込まないでください。一つずつ，そっとわきに置いてみましょう。

② **感じる（felt sense）**：焦点をあててみたいことを一つ取り上げてください。その中に入ってはいけません。その問題の全体を思い起こすとき，からだに何を感じるでしょうか。それらのすべてのもの，全部の感じ，漠然としたからだの感じを味わってください。

③ **ハンドルをつかむ（getting a handle）**：そのからだの感じ（フェルトセンス）の質はどんなものでしょうか。この感じから，どんな言葉やイメージが出てくるでしょうか。

④ **共鳴させる（resonating）**：出てきたものとフェルトセンスを共鳴させましょう。それはフェルトセンスをぴったりとあらわすものでしょうか。もしフェルトセンスが変化（シフト）したら，注意をそれに向けてください。

⑤ **問いかける（asking）**：「私をそう……させているのは何だろう」とからだに問いかけてみてください。もし行き詰まっていたら「この感じで最もよくないのは何だろう」とか「どんなことが起こったらいいんだろう」とからだに聞いてみてください。

⑥ **受け取る（receiving）**：どんなものが浮かんできても歓迎してください。それがどこにあるか知った今，それから離れたり，後でそこに戻ってくることもできます。批判的な声からそれを守ってください。今起こったすべてのことを受け取って，終わりにします。

進展を図る方法の提案は，来談者中心療法の中に，非指示性を重視する方向とはかなり異なる動向を生み出した。それは，体験過程の推進・進展のために，従来の来談者中心療法では用いられなかったさまざまな方法を統合していこうとするアプローチで，**体験的療法**と呼ばれている。こうしたアプローチからは，共感的な来談者中心の方法にゲシュタルトセラピーなどの技法を統合するグリーンバーグ（Greenberg, L.）らのプロセス体験的療法（process experiential therapy）あるいは感情焦点化療法（emotion focused therapy）などが展開されている（Greenberg et al., 1993 岩壁（訳）2006）。

2. プリセラピー

統合失調症や発達障害などの重い障害をもち，コミュニケーションを取ることが難しいクライエントとの間に心理的接触を築く方法として，プラウティ（Prouty, G.）は**プリセラピー**（pretherapy）と呼ばれる方法を開発している。これは，ロジャーズの人格変化の必要十分条件の第1条件である「2人の人が心理的接触をもっている」を満たすことが困難なクライエントとの間に接触を築こうとする働きかけである。その方法は，非指示的応答の中の反射の技術を拡充したもので，**接触反射**（contact reflection）という反射を用いる（Prouty, 1994 岡村・日笠（訳）2001）（表6.7）。

3. パーソンセンタードセラピー

来談者中心療法は現在では国際的には**パーソンセンタードセラピー**（person centered therapy）と呼ばれることが多く，その中に体験的療法やフォーカシング指向療法，プリセラピーなどが包含されている。パーソンセンタードという名称が使われるようになった背景には，いわゆるクライエントという言葉ではとらえることができないさまざまな人々――エンカウンターグループやPCA（Person Centered Approach）の参加者，あるいは病院の患者や施設の利用者など多様なニーズや困難をもった人たち――にもこのアプローチが活用されるようになってきたということがある。援助する側もされる側もすべて人（パーソン）であって，そこには本質的な違いはないというのがパーソンセンタードの本質的な理念であり，こうした理念に基づいて心

表 6.7 プリセラピーにおける接触反射 (Prouty, 1994 岡村・日笠（訳）2001 より作成)

① 状況反射（situational reflection）：クライエントがいる状況・環境・環界を反射すること
（例「赤いボールで遊んでいますね」）
② 表情反射（facial reflection）：クライエントの顔に現れている感情を反射すること
（例「かなしそうに見えます」）
③ 逐語反射（word-for-word reflection）：クライエントが表現する単語や断片的な数語や断片的な意味を，一語一語"歓迎するように"繰り返すこと
（例「いま"友だちはどこ？"と言いましたね」）
④ 身体反射（body reflection）：クライエントのからだの動作・姿勢を反射すること
（例「腕が宙に浮いて，そのまま固まっています」）
⑤ 反復反射（reiterative reflection）：心理的接触をつくるのに成功した反射を繰り返すこと
（例「わたしが語りかけて，ボールで遊ばなくなりました」）

理療法の方法の拡充が図られている。

　上記にあげたもの以外に，主要なものとしてイギリスにおけるメァーンズ（Mearns, D.）らによるパーソンセンタードセラピーの理論的・方法的発展，アメリカではワーナー（Warner, M.）による困難ケースへの共感的方法の展開などがあり（Mearns, 1994 諸富（監訳）2000 ; Sanders, 2004 近田・三國（監訳）2007），今後もさまざまの理論と方法が発展していくものと考えられる。

催眠とそこから生まれた療法

　催眠の歴史は古く，心理療法の源流とも言える。古くからあるがゆえに，他の心理療法のように，理論や技法がいまだに明確に定まっておらず，体系化されていない。そのために，催眠誘導法を習得し，心理療法として使うのが難しいという現状がある。けれども，解明されていない曖昧さの中に，催眠は心理療法の「打ち出の小槌」といわれるゆえんがある。

　催眠から生まれた心理療法として，催眠療法の他に，精神分析，自律訓練法，イメージ療法，ブリーフセラピーといったものがある。催眠について概観するとともに，精神分析を除くこれらの心理療法について紹介する。

7.1　催　　眠

7.1.1　心理療法の源流

　心理療法の歴史をひもといてみると，近代におけるその源流は催眠にまでさかのぼることができる（図 7.1）。

　18 世紀後半，メスメル（Mesmer, F. A.）がフランスのパリで動物磁気を用いた治療（動物磁気療法・**メスメリズム**）を行い，多くの患者が集まった（図 7.2）。しかし，フランス科学アカデミーがその科学的な根拠を見出せないことを発表したことにより，彼の治療は急速に廃れていった。しかし，彼の影響はヨーロッパ各地に残り，その一人であるイギリスのブレイドはその現象を睡眠の神の名前から「**催眠**（hypnotism, hypnosis）」と名付けた。

　その後，フランスのパリ大学医学部教授のシャルコー（Charcot, J.M.）は，サルペトリエール病院において，ヒステリー症状は催眠によって発作を誘発できることから，てんかんのような器質性の疾患と区別されることを見出し，

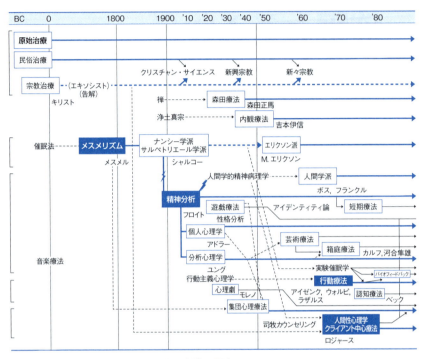

図 7.1 **心理療法の歴史**（福島，1990）

催眠とヒステリーとの関連を主張した（サルペトリエール学派）。一方で，フランスのナンシーで開業医をしていたリエボー（Liebault, A. A.）は，神経症患者を暗示に基づく催眠を用いて治療を行った。それに関心を抱いたナンシー医科大学教授のベルネーム（Bernheim, H.）が共同研究を進め，催眠は暗示によって引き起こされることを主張した（ナンシー学派）。

このような時代状況の中で，若き日のフロイト（Freud, S.）は，神経疾患の臨床医として 1885 年にパリに留学して，シャルコーのもとで学んだ。その際に，ヒステリーという病に関心をもち，それが心理的葛藤によって引き起こされることから，後に発見する無意識について多くのヒントを得た。フ

図 7.2　メスメルの動物磁気療法
メスメルは，ヒステリー疾患が体内にある磁気の流体が原因となって引き起こされると考えていた。患者は蓋のある桶の周りに座った。その桶には，化学物質が入っていて，そこから鉄の棒が出ていた。メスメルが桶から出た棒をつかみ，患者の患部に触れると，動物磁気が伝わって磁気流体が調整されて，ヒステリー症状が改善すると信じられていた。

ロイトは，催眠を用いて神経症の治療を行ったが，その効果がまちまちであったために催眠を放棄し，前額法（額を圧迫して放すと過去の記憶が想起される方法）を経て，精神分析の自由連想法（頭に思い浮かんだことをすべて話す方法）に至った。

　このような経緯から，フロイトの始めた精神分析は，催眠の影響を色濃く受けている。さらに現代の心理療法の多くが精神分析から枝分かれしたり，アンチテーゼとして創始されたりして，何らかの影響を受けている。その意味では，催眠は心理療法の源流ともいえるだろう。

7.1.2　催眠とは何か

1. 定　義

　前項で述べたとおり催眠の歴史は長く，心理療法の一つとして用いられてきただけでなく，心理学が成立した初期からその研究対象となってきた。け

表7.1　催眠の定義（アメリカ心理学会；Green et al., 2005）

1. 催眠には典型的な誘導手続きがあり，被催眠者（subject）はこれからイメージ上での体験が起こると暗示される。催眠誘導は，想像力を働かせて最初の暗示を膨らませ，その誘導をさらに精緻化することもできる。催眠手続きは，暗示への反応を促進したり，評価したりするために用いられる。
2. 催眠を用いる時は，一人の人（被催眠者）がもう一人の人（催眠者 hypnotist）に誘導されて，主観的な体験の変化，つまり知覚・感覚・感情・思考の変容が起きるという暗示に反応する。
3. 自己催眠を学ぶこともできる。それは，自分の力で催眠手続きを実施する行為である。
4. 被催眠者が催眠暗示に反応すると，催眠に誘導されたと一般的に推測される。
5. 催眠反応や体験は，催眠状態の特徴であると多くの人は考えている。「催眠」という言葉を催眠誘導の際に用いる必要はないと考える人もいれば，それを必須のものとみなす人もいる。

れども，催眠そのものの定義はいまだに曖昧である。催眠をどのような立場からとらえるのか，また催眠を引き起こすための手続きをどのように規定するのか，あるいは催眠のどのような側面を心理療法に使うのか，という立場の違いから，研究者・臨床家の間で催眠の定義について合意が得られているわけではない。

　アメリカ心理学会30部門の心理催眠部門（Division 30 of the American Psychological Association：The Society of Psychological Hypnosis, 2003）によれば，催眠は**表7.1**のように表されている。すなわち，催眠とは，暗示を含む誘導手続きを用いて，被催眠者に主観的な体験の変化を起こさせることである。その体験には，知覚・感覚・感情・思考といったものが含まれる。それらの体験に暗示に沿った変化が起きると，催眠に誘導されたと考える。また，催眠というと催眠者によって誘導される他者催眠を想定しやすいが，自分自身で誘導する自己催眠もある（自律訓練法など）。

2. 催眠現象

　催眠誘導に反応していくと，日常とは異なる感覚・知覚・思考・感情など

表 7.2 催 眠 現 象

1. 催眠性トランス or 変性意識状態（ASC）
2. 注意の集中と遮断
3. 現実志向性や論理的思考の低下（トランス論理）
4. 不随意性（自動性・被動性・非意図的体験）の亢進
5. 被暗示性の亢進

の体験が生じる（表7.2）。その状態を催眠性トランスもしくは変性意識状態（Altered States of Consciousness：ASC）と呼ぶ（斎藤，2009）。

　この状態になると，注意が1点に絞られてその部分だけが鮮明になると同時に，それ以外のところに注意が払われなくなり，全体的にはぼんやりとした意識状態になる（注意の集中と遮断）。そうなると，注意が外界から心の内側へ向きやすくなり，現実の情報を正確に取り入れて判断しようとする現実志向性が低下する。さらに論理的思考も低下し，普段の意識状態であれば「おかしい」と気づくようなことでも，そのまま受け入れるようになる（トランス論理）。

　また，自分の感覚や身体の動きが自らの意図とは関係なく，暗示に反応して言われたままの身体の感覚の変化や身体運動が起こり，不随意性が強くなる（解離）。また，簡単な暗示に反応すると，もう少し難しい暗示に反応することができるようになり，それを繰り返しているうちに最終的には難易度の高い暗示にまで反応することが可能となる（被暗示性の亢進）。

7.1.3　催眠状態と催眠感受性

1. 催 眠 状 態

　催眠状態は，通常とは異なる意識状態（変性意識状態（ASC））であり，催眠に特有のトランスを示す（催眠性トランス）。トランスには深さがあり，その程度によって起きる現象が異なる（表7.3）。

表7.3 ウォルバーグの催眠の段階と心理療法（前田，2008）

段階	内容	感受性
覚醒状態	目がうずく，涙ぐむ，目がだるくなる，まばたきがふえる	感受性なし 14.7%
前催眠状態（類催眠状態）	手足がだるくなる，ぼんやりなる 心理療法（保証，説得，再教育，カタルシス） 催眠分析（自由連想法，空想の誘導）	40.34%
軽いトランス	目が閉じる，からだの弛緩，まぶた・手足のカタレプシー 意志運動の禁止，自由運動，心理療法（指導）	
中等度のトランス	皮膚感覚の障害，自己催眠の技法が学べる 部分的な無痛（手袋状の無感覚），指示に服従 催眠分析（夢誘導） 部分的な後催眠性無感覚，パーソナリティの変換	24.92%
深いトランス	催眠分析（自動書字） 簡単な後催眠性暗示 広い範囲の無感覚，情動の変化，幻覚，退行 権威暗示による症状の除去，心理療法（ある種の脱感作療法）	20.04%
夢遊様のトランス	完全な後催眠性健忘，催眠状態のまま目を開く 心理療法（再条件づけ） 催眠分析（水晶玉と鏡凝視法，劇的表出，遊戯療法，実験的葛藤の誘導，退行と復活） 奇妙な後催眠性暗示，後催眠性の陽性・陰性幻覚	

（左表：Wolberg（1948）；右欄%数値：感受性の統計値 Weitzenhoffer（1953））

　催眠は，緊張と弛緩のいずれにも作用するが，心身のリラクセーションに導きやすい（筋肉の弛緩・リラクセーション）。まぶたが重くなり閉眼しやすく，手足を含めた全身の弛緩を起こしやすい。また，不随意性が高まると，まぶたが開かない，手足が動かないという身体の硬直（カタレプシー）が生じる。カタレプシーは，解離が進行している指標ともなり，身体の部分的な無痛（手袋状麻痺）を起こすことが可能である。また，実際にはないものが見えたり（正（陽性）の幻覚），実際にあるものが見えなかったり（負（陰性）の幻覚）するような幻視をはじめとした幻覚が生じる。

　このような感覚の変容と同時に，人格の変容も起きる。年齢的に以前の段

階に退行させて，そのときの体験を実感を伴って体験することができる（年齢退行）。ただし，この場合，過去にあった実際の出来事が再体験されるのではなく，記憶の断片から再構成された場面での体験であることに注意する必要がある。また，記憶を失う健忘という現象をつくり出せる。たとえば，自分の名前や「5」という数字だけを思い出せないようにする健忘の暗示を行う。後催眠性暗示は，催眠中に暗示を与えて，覚醒させた後に何らかの感情や行動を生起させる。この後催眠性暗示と健忘を組み合わせて，後催眠性暗示を与えられたこと自体を忘れる健忘の暗示を与えて，覚醒後にその感情や行動が生じてもそれが催眠中の暗示によるものであることを意識できないようにする後催眠性健忘が可能である。

催眠性トランスの状態は，現実志向性が低下し，意識的論理的な思考が抑制されるため，精神分析でいうところの一次過程が優位になり，イメージが活性化される。無意識が顕在化しやすく，また無意識的な創造性も発揮されやすい。また，通常の面接場面よりも被催眠者の催眠者への転移が容易に生じる。催眠による心理療法を行う際には，このような催眠の特性を十分に熟知した上で用いる必要がある。

2. 催眠感受性

被暗示性（suggestibility）というのは，暗示に対する反応能力全般を指す。**催眠感受性**（hypnotizability）は，そのうちの催眠暗示に対する反応能力を意味する。いわゆる「催眠のかかりやすさ」を表す。この催眠感受性を調べる方法や尺度はいくつか開発されているが，最もよく用いられるのがスタン

表7.4 スタンフォード催眠感受性尺度A型（SHSS : FormA, Weitzenhoffer & Hilgard, 1959）

①体位動揺，②閉眼，③手の下降，④腕の不動，⑤指の組み合わせ，⑥腕の硬直，⑦両手の浮動，⑧言語抑制，⑨幻覚，⑩眼瞼硬直，⑪後催眠暗示，⑫健忘

（注）各項目を通過するか否かで判断し，0～12点の得点により判断される。

フォード催眠感受性尺度A型（SHSS：FormA, Weitzenhoffer & Hilgard, 1959）である（**表7.4**）。

7.1.4 誘導法
1. 被暗示性テスト
　通常，心理臨床で催眠を用いる場合，クライエントの催眠への反応しやすさを簡便に確かめるために，多くの人が反応しやすい課題を**被暗示性テスト**として用いる。

　①重りによる腕下降イメージ……座った姿勢（または立った姿勢）で，片方の腕を前に差し出し，手のひらを上に向ける。そして目を閉じて，その手のひらに大きく重い辞書を1冊載せたところを想像する。さらにもう1冊載せる。そうすると腕が下がる。

　②シュヴリュルの振り子……円に十字を合わせた図と，5円玉に30 cmほどの長さのひもをつけた道具を用意する。ひもの端を親指と人差し指で軽くつまんでもち，5円玉が十字の真ん中になるように止める。そこで5円玉をじっと見ながら「5円玉が前後（左右）に動く」と心の中で思う。そうすると5円玉が思った方向に動き始める。

2. 誘導法
　誘導法は，心理臨床で催眠を用いる際に，その導入に覚醒暗示として用いる。観念運動によることが多い。それは，心の中でそのようになると思う（観念）と実際にそのような身体の動きが起きる（運動）ものをいう。

　①凝視法……（ペンの先，壁の印など）1点をじっと見つめていると，まぶたが重くなり目を閉じる（**図7.3**）。

　②腕下降……片方の腕を前に差し出し，その手に注意を向けると，腕が重たくなり下がる。

　③腕移動……両腕を前方に差し出し，手のひらを内側に向けて，両手の真ん中あたりをぼんやりと見つめていると，両腕が内側に移動して，ついには両手がつく。または，両腕が外側に移動して，どんどん広がる。

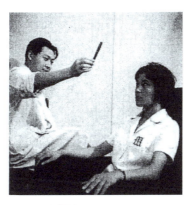

図7.3　凝視法（蔵内・前田，1960）

④腕浮揚……膝の上にのせた手が，少しずつ動き始め，手のひらが浮き上がり，ついには腕全体が浮き上がる。

3. 深化法

覚醒暗示により軽度の催眠状態にして，さらに**深化法**を用いてその催眠性トランスを深める。

①数唱法……「ひとーつ，ふたーつ，みーっつ，……」と1から順に数を数え上げながら，催眠性トランスを深める。数の間に，被催眠者が体験しているであろうことを入れると，より効果的に誘導できる。

②呼吸法……被催眠者の呼吸に注意を向けさせて，呼吸に伴う身体的な変化に気づかせ，さらにそれが心理的変化に結びつくように教示する。誘導時は，呼気に合わせて教示を与えると効果的である。

③弛緩法……上記の数唱法や呼吸法を実施すると，身体の力が抜けて徐々にリラックスする。その力の抜け具合を確かめるように，脚，腰，背中，腹，胸，腕，肩，首，頭と順に注意を向けさせ，全身の弛緩状態をつくり出し，同時に心理的な安静感を体験させる。

④階段法とトンネル法……上記までの誘導法・深化法が主に身体感覚に注

図7.4 階段法とトンネル法

意を向けて誘導するが、これはイメージを用いた深化法である（図7.4）。目を閉じた状態で、目の前に下りの10段の階段を思い浮かべさせる。その階段を数を1から10まで数えながら降りていくと、そこに扉があって、その扉を開けるとトンネルが続いている。トンネルを抜けると、心地よい場所にたどり着くというものである。

これらの被暗示性テスト、誘導法、深化法は、反応しやすい課題から並べており、あとになるほど反応が起こればより深い催眠状態を得られると考えられる。独立した技法ではなく、それらを組み合わせてより効果的に催眠性トランスに誘導できるように工夫する。

7.1.5 催眠療法

1. 従来から行われている催眠を用いた心理療法

他の心理療法とは異なり、「催眠療法」という定式化されたものはない。精神分析や認知行動療法が理論と技法を体系的に発展させてきたのに対して、催眠という現象は古くから存在し、それを科学的な理論に基づかないままにいろいろな立場の人が利用してきた。また、催眠の技法は多岐にわたってい

て，その治療機序に多くの要因が関与し，曖昧なままである（高石・大谷，2012）。

従来から行われている催眠療法は，催眠状態を治療の場として用いる方法である（表7.5の「催眠促進による療法」）。すなわち，精神分析や認知行動療法のように治療効果がすでに確認されている心理療法について，その治療効果を高めることを目的にして，通常，覚醒状態で実施しているところを，催眠状態でそれらの方法を実施する（図7.5の「各種の治療暗示」）。

たとえば，行動療法の脱感作法は，不安・緊張を引き起こす場面をイメージして，リラクセーションによる弛緩反応を拮抗させることにより，不安・緊張を低減させようとする。その際に，不安・緊張をできるだけ活き活きと生起させることが必要であるが，催眠状態を用いることによって，情動を喚起しやすくし，さらに十分に弛緩反応をつくって拮抗させることで，より効果的に不安・緊張を低減することができる。

図7.5　催眠療法の一連の操作（前田，2008）

治療の場としての催眠状態をつくり出すために，覚醒状態で動機づけをして，催眠について十分に説明することで不安・緊張を取り除き，ラポール形成をして準備を行う。その後，被暗示性テスト，誘導法，深化法を用いて催眠トランスを深める。そうして何らかの治療的介入（治療暗示）を実施して，最後に十分に覚醒させて終える（図7.5）。

2. さまざまな催眠療法

　催眠を主体とする療法（表7.5）として，従来から用いられているのが症状除去法である。特に心因性の身体症状（転換性障害）に対して効果的であり，催眠状態で暗示を用いて症状除去もしくは軽減，症状の移動などを行う。被催眠者の自信や対処能力全般を向上させることを目的に，自我強化法を併用するのも効果的である。

　また，これまで催眠それ自体を利用した方法はほとんどみられなかった。催眠現象利用法では，被催眠者の特性や症状に合わせて催眠誘導の際に生じる現象を利用する。たとえば，催眠誘導として腕下降を行っている際に，カタレプシーを起こして揺れながらゆっくりと下がるという現象がみられた場

表7.5　催眠療法（高石・大谷，2012）

催眠を主体とする療法（hypnosis-based therapies）
- (a) 症状除去法（symptom removal methods）
- (b) 自我強化法（ego-strengthening methods）
- (c) 催眠現象利用法（methods utilizing hypnotic phenomena）
- (d) 催眠情動調整法（affect regulation methods）
- (e) 方略的指示療法（strategic therapy）

催眠促進による療法（hypnosis-facilitated therapies：hypnosis as adjunct）
- (a) 催眠投影療法（hypno-projective therapy）
- (b) 催眠精神分析療法（hypno-analytic therapy）
- (c) 自我状態療法（ego-state therapy）
- (d) 催眠認知行動療法（cognitive behavioral hypno-therapy）

合，それをクライエントの抱える心理的問題が象徴的に現れたものとして理解し，腕下降という課題を通して「体験の仕方」を変化させることにより，症状の軽減を図る（松木, 2009）。

7.2 催眠から生まれた療法

7.2.1 自律訓練法

1. 催眠から自律訓練法へ

前節でも述べたように，催眠はその理論が確立されておらず，またその誘導技法についても系統立った方法論がないために，その技法の習得や心理臨床への適用が容易ではない（佐々木, 1976）。

フォークト（Vogt, O.）は，同一人物に何度も催眠誘導をしていると，彼らが心身ともに健康になっていくことに気づいた。このことから，催眠状態そのものに予防的，治療的意義があることを見出した。そこで患者自身に自宅で自己催眠を行わせることによって，疲労回復や病気の予防に用い，「予防的休息法」と名付けた。

シュルツ（Schultz, J.H.）は，催眠状態に治療効果があるならば，必要なときに自分で催眠状態に入ること（自己催眠）ができれば心身の健康増進に役立つだろうと考えた。催眠状態の共通項を探し出したところ，気持ちが良く，腕や脚を中心に重く感じられることが分かった。それを言語暗示としてそれに対応した状態を段階的につくる自己弛緩法を体系化し，1932 年に『自律訓練法（*Das Autogene Training : Autogenic Training*）』という本に著した。その中で「**自律訓練法**とは，催眠をかけられたときと同じ状態になるように合理的に組みたてられている生理学的訓練法である」と述べている。

2. 標準練習の手順

練習を行うのは，できるだけ静かでリラックスしやすい場所を選ぶ。また身体を締めつけるようなネクタイや腕時計をはずし，ベルトを緩める（練習前の準備）。椅子に腰掛けた姿勢（単純椅子姿勢）で，両脚を肩幅程度に開

き，両手を軽く腿の上にのせて，身体の力を緩めても安定していられる姿勢をつくる（練習姿勢）。目を閉じて（閉眼），深呼吸をし，リラックスしたイメージを思い浮かべることができる場合には，その場面をイメージする（補助イメージ）（表7.6）。

　標準練習は，背景公式と6つの言語公式から構成されていて，それを段階的に習得する（表7.7）。第1公式であれば，「気持ちが落ち着いている……右腕が重たい……右腕が重たい……気持ちが落ち着いている……右腕が重たい……」と心の中で公式を唱えながら，右腕全体にぼんやりと注意を向ける。筋肉が緩んだだらんとした感じなどに気づく。右腕→左腕→両腕→右脚→左脚→両脚→両腕両脚という順で進める。重感練習がだいたい習得できたら，温感練習に移る。このようなあらかじめ決められた身体感覚についての言葉

表7.6　**練習の手順**

---
(1) 練習前の準備……外界からの刺激・内部からの刺激の除去
(2) 練習姿勢……単純椅子姿勢，安楽椅子姿勢，仰臥姿勢
(3) 閉眼・深呼吸・補助イメージ
(4) 公式言語の復唱とその身体部位への受動的注意集中
(5) 消去動作……掌の開閉・肘の屈伸・背伸び
(6) 練習記録

表7.7　**標準練習の言語公式**

背景公式（安静練習）	「気持ちが（とても）落ち着いている」
第1公式（重感練習）	「両腕両脚が重たい」
第2公式（温感練習）	「両腕両脚が温かい」
第3公式（心臓調整練習）	「心臓が静かに規則正しく打っている」
第4公式（呼吸調整練習）	「楽に呼吸をしている（呼吸が楽だ）」
第5公式（腹部温感練習）	「お腹が温かい」
第6公式（額部涼感練習）	「額が涼しい」

を繰り返しながら（公式言語の復唱），その身体部位にぼんやりとした注意を向ける（受動的注意集中）。このとき，能動的意図的に重くしようと思わず，その身体の感じが自然に生じるのを待つことが大切である。

　1回1～2分の練習を行った後，消去動作を行い目を開ける。そして再度目を閉じて練習を繰り返す。これを2～3回繰り返して1セッションとして，1日に朝，昼，晩の3セッションの練習をする。また，セッション後には練習記録をつける。面接では，この記録を見ながら練習指導を行う（笠井，2000）。

3. 特殊練習

　特殊練習には，標準練習がある程度習得できた後，症状や性格に合わせた特殊公式を用いる自律性修正法（特定器官公式・意志訓練公式），練習中に生じる反応を利用して治療を行う自律性中和法（自律性除反応・自律性言語化），また標準練習によって得られる自律状態で浮かびやすくなったイメージを用いて洞察をはかる黙想練習などがある（松岡・松岡，2009）。

7.2.2　ブリーフセラピー

1. エリクソン催眠

　前節で取り上げた技法は，19世紀頃から使われてきた。それが1950年代以降，エリクソン（Erickson, M.H.）の出現により大きく変わり，以前からの催眠を伝統的催眠，エリクソン以降の催眠を現代催眠と呼ぶこともある。**エリクソン催眠**の特徴は，利用法や間接暗示にあり，伝統的催眠の方法論から催眠をより自然な方法論として再構築した（中島，2008）。

　彼は，クライエントが面接室にもち込むすべてのものを治療的に利用した（利用法：utilization）。問題となる行動や症状，不合理で矛盾するような価値観，さらには治療に対する抵抗までも利用した。このような個人の内在要素だけでなく，家族や友人といった環境要素，セラピストの無意識も利用した。このようにして，クライエントが変化を生み出す過程に積極的に関与する（窪田，1994）。

　暗示は，直接暗示と間接暗示に大別される。直接暗示では，痛みの問題を

例にすると「その痛みが取れていく」となるが，間接暗示では，求める状態が得られるように，話しかける言葉の中に暗示的な要素を埋め込んだり，比喩表現を用いたりする。クライエントは暗示に気づくことがなく，変化の過程に対する意識の干渉を避けることができ，効果が持続しやすい（門前，2005）。

2. ブリーフセラピー

エリクソンは，自身の催眠や心理臨床について体系化・理論化することはなかったが，1970年代以降その弟子たちがエリクソンの心理療法について，それぞれがその一部を受け継ぎ，さらに発展させ理論化していった。こうして生まれたのが，戦略的心理療法，MRI，解決志向アプローチなどのグループであり，ブリーフセラピー（brief therapy）はそれらの総称である（宮田，1994）。この心理療法は，ブリーフ（brief）の意味から「短期，効果的，効率的の三つの特徴」を備えている（白木，1994a）。

戦略的心理療法は，ヘイリー（Haley, J.）とマダネス（Madanes, C.）により進められた（Haley, 1963）。これは，症状に焦点を当てて，それをいかに変化させるか，そのための戦略を考える。問題としての症状だけではなく，家族などの組織を変えることを目指している。その際に，現在に焦点を当て，今起きている問題を扱い，2人あるいは3人以上の単位を扱い階層を考慮するといった特徴がある。課題の提示方法を工夫し，ちょっとした言葉で状況の意味づけ（コンテクスト）を変え，逆説的あるいはアナロジー的アプローチを用いた。

MRI（Mental Research Institute）には，ウィークランド（Weakland, J. H.），フィッシュ（Fisch, R.），ワツラウィック（Watzlawick, P.）らが集まり，エリクソンだけでなく，家族療法の影響も受けた（Watzlawick, Weakland, & Fisch, 1974）。ある困難が問題としてみられると，その問題がクライエントと彼らと相互作用している人たちの継続中の現在の行動によって維持されるので，その維持行動が変化すれば，問題は解決すると考えた。

解決志向アプローチは，ドゥ・シェイザー（de Shazer, S.）とキム・バー

表7.8 セントラル・フィロソフィー（白木，1994b）

ルール1　もしうまくいってるのなら，それを直そうとするな。
ルール2　もし一度うまくいったのなら，またそれをせよ。
ルール3　もしうまくいかないのなら，なにか違ったことをせよ。

表7.9 解決を導き出す5つの有効な質問（白木，1994b）

(1) **ミラクル・クエスチョン**：「今晩，眠りについた後に奇跡が起きて，問題が解決したと考えてみてください。明日の朝，どんなことから問題が解決したことがわかるのでしょうか」
(2) **例外を見つける質問**：問題が起きていない時のことから，現在すでに起こっている解決の一部を考える。
(3) **スケーリング・クエスチョン**：何かある事柄の状態や判断，印象などを，1から10までのスケールで数値に置き換えて表現してもらう。
(4) **治療前の変化を見つける質問**：クライエントが治療の予約をしてから実際に面接に訪れるまでの間に起こった変化や改善を見つける。クライエントの3分の2がその間に事態が好転したことを報告している。
(5) **コーピング・クエスチョン**：問題があまりに大きかったり，状況が非常に深刻でポジティブな話を引き出せない場合，クライエントの状況の困難さを受け止めながら，問題がさらに悪化してゆくのを食い止めている何かを探す。

グ（Kim Berg, I.）により開発され，問題解決に焦点を合わせた短期療法を発展させた（de Shazer, 1985）。3つの核となる考え方（表7.8）を基礎に，解決に焦点を合わせ，未来へと目を向けること，いつもなら問題が起きるはずなのに問題が起こらなかったような例外を探すこと，クライエント自身が解決のエキスパートであるということを基本的な治療理念としている。また，解決を導き出す方策としての有効な5つの質問がある（表7.9）。

7.2.3　イメージ療法

1. イメージ療法とは

この場合のイメージとは，閉眼安静状態で人が心の中に思い描く絵のよう

なもので，視覚だけでなく，聴覚，嗅覚，味覚，触覚の五感や身体・運動感覚などを伴う。イメージ過程が深まるほどにそれらの感覚が統合されてより体験的になる。この体験を治療的に利用した心理療法が**イメージ療法**である。

イメージが心理療法として注目されるようになったのは，19世紀の催眠による治療に端を発している。必ずしも催眠に誘導しなくても，閉眼安静状態でイメージを継続的に体験し続けると，催眠に近い状態（類催眠状態）に至ることが可能である。催眠状態・瞑想性注意集中状態では，イメージが生じやすく（成瀬，1968），治癒力のある自律性の高いイメージが起きやすい（福留，2009）。また，言語に比べてイメージは，情動的に活性化しやすく，知的内省力が低くても可能であり，象徴的置き換えにより傷つきが少なくてすむ（Frétigny & Virel, 1968）。こういった中で，抑圧された感情や想念が表出され，それらが再体制化される。このような特徴をもつイメージは，さまざまな志向性の心理療法に取り入れられた。精神分析，分析心理学，行動療法，体験理論など，セラピストのよって立つ理論と立場によって，アプローチの仕方や技法が異なる（Sheikh, 2002　福留，2005）。

2. イメージ療法の諸技法と進め方

イメージ療法は，指定イメージを基本とした構造化されたイメージ法と自由イメージ法に大別される。構造化されたイメージ法の多くは，ヨーロッパで発展した。その代表的なものとして，ロイナー（Leuner, H., 1969）の誘導感情イメージ，フレティニとヴィレル（Frétigny & Virel, 1968）の夢療法などがある。また，日本においては，自由イメージ法として水島（1967/1984）のイメージ面接法，成瀬（1959/1968）の催眠面接法の中のイメージ面接法，藤原（1980/2001）の三角形イメージ体験法，田嶌（1983/1987）の壺イメージ療法，柴田（柴田・坂上，1976；柴田，1999）のイメージ分析療法などが考案されている。

表7.10にあるように，イメージ療法の進め方は，展開の部分がそれぞれの心理療法で異なるが，その前後の部分は比較的共通している。

表7.10 イメージ療法の進め方（1セッションの流れ）（福留（2005）を参考に作成）

①準　　備
- イメージ導入の説明
「自分や物事について考える時は意識的レベルですが，もう少し深い心のレベルでどのように感じているのか体験する方法としてイメージがあります。このイメージを体験することで，普段の意識レベルでは気づかないさまざまな心のメッセージや生きるためのヒントに気づくことができます」
- イメージ練習
リラックスした姿勢をとり「目を開けたままでも閉じても構いません。練習としてイメージを思い浮かべてみましょう。では，『海』が思い浮かびますよ」。イメージが浮かんできたという合図があったら「どんな海ですか。教えてください」といってその様子について語らせる。さらに，「海の音，潮の臭い，風が身体に当たる感覚など視覚以外の感じるものも教えてください」と，視覚のみでなく，五感を通して全体の体験を感じ取る練習をする。

②導　　入
- 身体の弛緩，閉眼，深呼吸，リラクセーション
「身体の緊張をほぐします。全身に力を入れて伸びをして，力を抜きます。目を閉じて，ゆっくりと深呼吸を繰り返します。呼吸に合わせて胸やお腹が上下して，次第に力が抜けていく感じがわかります。身体の力が抜けると，気持ちがゆったりとしてきます」
- イメージへの誘導
それまでのイメージ練習やリラクセーションが十分にできていれば，「〇〇が見えてきます（自由イメージの場合，「何かが見えてきます」）」と教示してもイメージ力が高い人はイメージを思い浮かべることが可能である。
補助的な方法として，例えば「あなたは映画館の中に座っていて，目の前にスクリーンがあります。ブザーがなって映画館の中が少しずつ暗くなっていきます。すっかり暗くなると映像がスクリーンに映し出されます。そこに〇〇が見えてきます（何かが見えてきます）」

③展　　開
- 明確化と感情
何らイメージが語られたら，セラピストもそれに合わせてイメージできるように，質問をする。その際に，できるだけクライエントのペースにあわせてイメージがより豊かになるように配慮する。また，そのイメージに対する感情やその場面での気分など，イメージに伴う感情を取り上げる。
- 介　　入
イメージ療法によって，思い浮かべたイメージやそれに伴う感情をどのように扱い，展開させていくのかが異なる。

④終　　了
- 覚醒と開眼
「では，イメージの世界から現実に戻りましょう。2，3度，大きく背伸びをしながら深呼吸をします。気持ちよく目が覚めます。自分のペースで目を開けます」
- 振り返り
イメージ中の体験について，振り返って言語化させて，イメージ体験と現実の問題をつなぐことができるように援助することもある。けれども，基本的にはイメージの解釈をしない。意識的な期待や操作を離れて，自律的な流れが起きることにより，イメージの治療的な働きが生まれる。

多様な心理療法
——対人関係をキーワードとして

　言うまでもなく，私たちは多くの人とかかわりながら社会生活を送っている。したがって，私たちを取り巻くさまざまな対人関係を良好に営むことは，社会生活に適応する上で重要な要素である。逆に適応上の問題の多くには何らかの形で対人関係の問題が関与している。

　ここで対人関係を良好に営むということは，必ずしも周囲の人の言いなりになることで軋轢を生まないようにするという意味ではない。相手を尊重し，思いやりをもちながら，自分の意志や欲求を的確なやり方で相手に伝え，お互いに自分らしい生き方をしていくという意味である。

　臨床家が対人関係を問題にするとき，まさに今，取り組んでいる問題として対人関係を中核に据えるとともに，そうした問題の起源として幼少期の，主として養育者との関係が取り上げられる。

　そこで，本章では，対人関係をキーワードとして，まず家族療法とそこから派生したものとしてナラティブ・セラピーを紹介し，その後，交流分析，対人関係療法について触れることとする。

8.1　家族療法

8.1.1　歴史的背景

　従来の個人療法による心理療法の考え方では，親子の問題は主として患者やクライエント自身の未処理な問題として扱われ，その解決のための介入に焦点が当てられていた。

　1950年代，アメリカにおいて家族の構成員間の病理に関心がもたれるようになった。1959年にはジャクソン（Jackson, D.）によってMRI（Mental Research Institute；メンタル・リサーチ研究所）が設立され，以後の家族研究の拠点の一つとなった。

当初は統合失調症などの精神疾患の原因が生育環境に求められた。とりわけ母親の育て方が悪いと子どもを統合失調症にするという母原病説が唱えられ、統合失調症患者がいる家族の家族関係が調べられ、その特徴とされるいくつかの問題が指摘された。たとえば、ベイトソン（Bateson, G.）らは、統合失調症患者の家族内で二重拘束メッセージ（double-bind message）がよく使われることを見出した。二重拘束メッセージは、いずれにも従わないと罰を与えられるような2つの矛盾したメッセージに、その場から逃れられない状況が加わるようなコミュニケーションのことである。

しかし1960年代には、こうした問題が必ずしも統合失調症患者のいる家族に限ってみられるものではなく、他の疾患や心理的、行動的な問題をもつ人々の家族においてもよくみられるものであることが指摘されるようになった。母原病説は否定されたが、家族関係や家族内の問題に焦点を当てた心理療法、すなわち家族療法は、リッズ（Lidz, T.）、ボウエン（Bowen, M.）、アッカーマン（Ackerman, N.）などの先駆者たちによって、さまざまな理論や技法が提案された。これらは、精神力動論、システム論、学習理論、コミュニケーション理論などの影響を受け、その着眼点の違いによって精神分析学派、行動学派、構造派、コミュニケーション派などのような学派が生じている。家族療法としてこれらに共通する点は、個人の問題は家族の機能や構造の問題が表面化したものと考えるため、介入の対象は個人ではなく家族であることである。

8.1.2 システム論

たとえば、自動車は、エンジンを中心とした車を駆動させるシステム、ブレーキなど車を制動するシステム、ステアリングのような方向を制御するシステムなど、いくつものシステムがまとまって1台の自動車という大きなシステムを形成している。またその自動車は、その町の交通システムの一部でもある。このような、部分がどのような関係性をもって全体を形作るかを説明する理論としてフォン・ベルタランフィ（von Bertalanffy, L.）は、一般シ

ステム論を提唱した（von Bertalanffy, 1968）。ここではシステムは「互いに影響しあう要素の複合体」と定義される。一般システム論は対象を限定しないので，生物，社会，機械などあらゆるシステムについて適用できる。

これを家族について援用してみよう。通常，家族の中ではするが，家族以外の人とはしない話題やみせない行動，表さない感情などがあるものである。つまり私たちは家族と家族以外の人との間にみえない境界をつくっている。境界をもつことはシステムの特徴の一つであり，家族は1つのシステムとして機能する。同じように夫婦の間ではなされるが子どもの前ではしない会話や，子ども同士ではするが親に対してはしない行動などがあり，家族システムの中にはさらに小さなシステムが存在する。これをサブシステムといい，家族システムは，夫婦，子ども，親子のようなサブシステムによって構成される。また，家族システム自体が，祖父母やおじ，おばなどを含む拡大家族のような，大きなシステムの部分を構成している（スプラ・システム）。

システムには周囲の環境と何の相互作用ももたない閉じたシステムと，システムの境界を越えて環境がシステムを変化させたり，システムが環境に影響を及ぼしたりする開いたシステムとがある。家族システムはこのうちの開いたシステムといえる（図8.1）。

システムの中あるいはシステムの間で起こっている出来事は，直線的な因果関係よりも円環的な因果関係のほうが説明しやすい。直線的な因果関係とは，「雨が降る」という原因が「傘をさす」という結果をもたらすが，「傘をさす」ことが「雨が降る」ことの原因とはなりえないような，原因と結果が一方向の直線的な関係で結ばれる関係のことである。これに対して家族システムの中で起こる出来事は，たとえば母親が過干渉だから子どもが反抗するともいえるし，子どもが反抗的だから母親がますます干渉的になるともいえる。また母親の過干渉は父親の無関心の結果であるとも，父親が無関心になるのは母子のいさかいが絶えないからかもしれない。このようにシステム内の要素が相互に影響し合い，互いに原因となっていると同時に結果にもなっているような関係を円環的な因果関係という。家族システム内で生じている

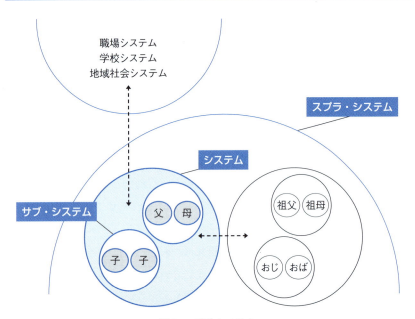

図 8.1 家族システム
両親と子どもたちで構成される家族は 1 つのシステムを形作っており，内部には夫婦，子どもたちのようなサブ・システムが存在する。また家族システムは，親類の家族システムとともに拡大家族としてスプラ・システムを構成する。家族システムは開放システムであり，構成員は他の家族システムや職場，学校，地域社会といった外部のシステムとの出入りがあり，これらと影響し合う。

問題を円環的な因果関係で考えるとすれば，その問題の原因を探すことにはあまり意味がない。そのかわりシステム内にいる問題を感じた人すべてが自分の問題を修正することによって問題の解決に対して影響を与えることができる（図 8.2）。

8.1.3 コミュニケーション理論

誰かに机の上にあるはさみをとってほしいと頼む場面を想像してみよう。直接的な言い方でも「はさみをとってください」とお願いするような言い方

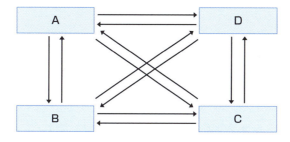

図 8.2　直線的因果関係と円環的因果関係
1. 出来事 A は常に出来事 B の原因である（直線的因果関係）。
2. 出来事 A は出来事 B の原因であると同時に出来事 B は出来事 A に影響する（円環的因果関係）。
3. 家族メンバー A, B, C, D の 4 人がいる場合，すべての組み合わせにおいて円環的因果関係が成立する。したがってこの円環の中で生じた出来事にはすべてのメンバーが直接，間接の影響を受けるとともに，すべてのメンバーはこの出来事に対して直接，間接の影響を与える。

もあれば，「はさみをとってくれ」と命令調で言うこともできる。また，直接はさみのことを言わなくても，「この紙を切りたいのだけれども……」と言って困った顔をみせれば相手ははさみをとってくれるだろう。もっと遠まわしな言い方だと，皮肉な口調で「気が利かないね」と言えば相手のほうが察してはさみをとってくれるかもしれない。さらには直接相手に言わず，誰かを介してはさみがほしいことを伝えてもらうこともあるだろう。

　このようにコミュニケーションの方法にはさまざまなバリエーションが存

在し，どのようなコミュニケーションがなされるかには両者間の関係性が反映される。ワツラヴィック（Watzlawick, P.）とジャクソン（Jackson, D.）ら（1967）は，コミュニケーションに構文論，意味論，語用論の3つの側面があることを指摘した。**構文論**とは言葉が文章として意味をもつためのつながりのことであり，文法的規則のことである。**意味論**とは言葉のもつ意味のことであり，家族の中で使われる言葉の中には，必ずしも辞書に載っているような意味だけではなく，しばしばその家族でだけしか通用しないような意味で使われることもある。**語用論**とは文脈や非言語的な側面からその言葉が何を伝えているかということである。

また家族の中には，ある話題について母親と子どもが話をするときは父親のいないところでするようにしていたり，父親と子どもが直接会話をすることがなくお互いに母親を介してコミュニケーションをとっていたりするように，コミュニケーションについてその家族独特のルールをもっていることがある。

コミュニケーション学派と呼ばれる家族療法家たちは，こうした**コミュニケーション理論**に基づいて，問題をはらむ家族のコミュニケーションの修正をはかる。

8.2　ナラティブ・セラピー

科学者としてのセラピストが，客観的，中立的な立場からクライエントやその家族を観察し，学説や理論に則って理解し，問題解決のための方策を提案したり，指示を送ったりするとき，その理解がいつも「正しく」，セラピストが選択した方策が「最善である」という確証はどこにあるのだろうか。

ポストモダニズムや社会構成主義の思想的な影響を受けて，このような疑問をもったグーリシャン（Goolishian, H.）やアンダーソン（Anderson, H.）などの家族療法家たちは，1980年代に**ナラティブ・セラピー**を提唱した。

彼らによれば，人は自分の置かれた境遇や生き方について語るとき，その人なりの文脈の中で語られ，「物語」が構成される。人は自分を取り巻く

人々とともにその「物語」の登場人物を演じているというように例えられる。「物語」の内容は，その人がそれまでにどのような環境の中で，どのような出来事に遭遇してきたかによって影響されるとともに，「物語」が過去の出来事の意味づけやこれからの生き方，アイデンティティなどに影響する。問題を抱えるクライエントは，その問題をはらむような物語（ドミナント・ストーリー）に支配されている。そこでセラピストは，クライエントの語りに耳を傾け，対話を通して，クライエントがどのような物語の中に生きており，どのような役割を演じているのかをクライエントと共同して探る。この際，セラピストはクライエントより優位な立場に立って，自らが支持する理論の枠組みに当てはめるのではなく，クライエントやその問題については無知であるという姿勢を守り，対等な関係を築く。こうした作業の中で，それまでとは違う新しい視点が発見されたり，出来事についての別の意味が見出されたりするなどして，別の物語（オルタナティブ・ストーリー）をつくることができ，ドミナント・ストーリーを書き換えることによって，新しい生き方が選択できれば，問題からの解放がはかれるとするものである。

8.3 交流分析

アメリカの精神科医バーン（Berne, E.）は1950年代に交流分析を提唱した。ここでは，交流分析理論の中のいくつかの主要な概念を紹介する。

8.3.1 自我状態

交流分析の理論では心理的な状態を，自分のものとして取り込んだ，親など幼少期の養育過程において影響を受けた人物の振る舞い方や考え方をしているとき，幼少期の反応と同じような行動，思考，感情を再演しているとき，および，これらのような幼少期の影響を受けずに現実についての冷静で客観的な分析に基づいた行動，思考，感情を体験しているとき，の3つの自我状態に区分し，それらをそれぞれ，「親の自我状態（Parent；P）」「子どもの自

我状態（Child；C）」および「成人の自我状態（Adult；A）」と呼んでいる。親の自我状態はさらに，価値観や道徳観などにかかわる「批判的な（もしくは支配的な）親（Critical Parent もしくは，Control Parent；CP）」とやさしさや思いやりなどにかかわる「養育的な親（Nurturing Parent；NP）」とに区分される。また，子どもの自我状態は，生理的なものを含む欲求や自然な感情，直観などを体験しているときの「自由な子ども（Free Child；FC）」と，周囲の人の期待や要求に対する反応を体験しているときの「順応した子ども（Adapted Child；AC）」とに区分される（図 8.3）。人は，通常これらのうちのいずれかの自我状態にあり，適応上の問題は，その内容に偏りや問題（自我状態の構造の問題）や，使われ方の問題（自我状態の機能の問題）として説明される。デュセイ（Dusay, J.M., 1972）は自我状態に配分される心的エネルギーの量を図示する方法として，エゴグラムを開発した。

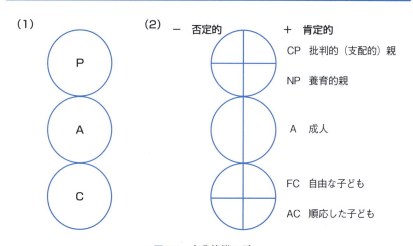

図 8.3 **自我状態モデル**
(1) 自我状態は P（親），A（成人），C（子ども）の 3 つの自我状態からなる。
(2) P は CP（批判的親）と NP（養育的親）とに，C は FC（自由な子ども）と AC（順応した子ども）とに分けられる。いずれの自我状態にも肯定的な側面と否定的な側面とがある。

8.3.2 対人コミュニケーションの分析——平行交流，交叉交流，裏面交流

対人コミュニケーションにおいて，発信者のいずれかの自我状態から受信者のいずれかの自我状態に向けてメッセージが発信される（図8.4）。受信者がメッセージを受け取った自我状態から発信元の自我状態に向けて応答した場合を平行交流といい，コミュニケーションは良くも悪くも長続きする。一方，受信者がメッセージを受け取った自我状態以外の自我状態から応答したり，発信元の自我状態とは違う自我状態に向けてメッセージを返したりするパターンは交叉交流といい，コミュニケーションはいったん途絶える。さらに，表面的な（言語レベルの）コミュニケーションと異なる非言語レベルのコミュニケーションが同時になされているパターンがあり，これを裏面交

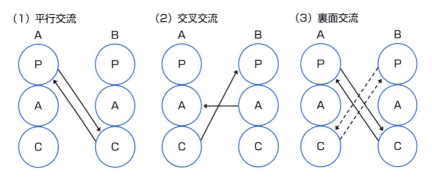

図8.4 自我状態モデルを使ったコミュニケーションの分析
(1) 平行交流 A：「きれいに部屋を掃除しなさい」(P→C)，B：「はい，その通りにします」(C→A)
(2) 交叉交流 A：「ママ，抱っこして！」(C→P)，B：「あなたは不安なときにそう言うのね」(A→A)。
(3) 裏面交流 言語的レベル A：「あなたにはまだ難しそうだからママが手伝ってあげましょう」(P→C)，B：「ママに手伝ってもらえて嬉しい！」(C→P)
心理的レベル A：「あなたがずっと私のそばにいてくれないとママは不安なのよ」(C→P)，B：「ママを安心させるためにずっとママのそばにいてあげるよ」(P→C)

流という。対人コミュニケーションに問題が生じている場合は，ここで交わされている交流がこれら3つのいずれのパターンにあたるかを分析し，より適応的な別の交流パターンへの変容をはかる。

8.3.3　ストローク

　他者と言葉を交わしたり，視線を合わせたりすることは相手の存在を認めるサインであり，これを**ストローク**という。ストロークには言語的ストロークと非言語的ストローク，肯定的なストローク（プラスのストローク）と否定的なストローク（マイナスのストローク），無条件のストロークと条件付きのストロークといった分類がある。無条件のストロークとは相手の存在そのものに対してなされるストロークであり，条件付きのストロークとは相手の一部分，つまり能力や特性，行動などに対してなされるストロークである。恋人に対して「あなたは素敵だ」とささやくことは，言語的で，プラスの，無条件のストロークであり，いたずらをした子どもをにらみつけることは非言語的で，マイナスの，条件付きのストロークということになる。他者からストロークを得ることは対人交流の重要な動機の一つとして位置づけられる。そのため適応的でない，すなわち否定的な結果を招くような対人交流が繰り返されるのは，たとえそれが否定的なものであっても，そうした交流を通してストロークが得られるからだと解釈される。

8.3.4　基本的構え

　幼少期，子どもは養育者から言語的，非言語的，あるいは意識的，無意識的なさまざまなメッセージを受け取る。子どもはこれらのメッセージを通して自分と他者について，肯定的あるいは否定的な構えを形成する。これらは「I'm OK, you are OK」「I'm OK, you are not OK」「I'm not OK, you are OK」「I'm not OK, you are not OK」の4パターンに分類され，これを**基本的構え**という。どのような基本的構えをもっているかは，その後の対人場面での行動や態度に影響するとともに，対人交流を通じて自分のもっている基本的構

えを確認することは対人交流のもう一つの主要な動機となる。

8.3.5　ラケット感情

　何かうれしいことがあって無邪気にはしゃいでいるとそれを制止させられたり，悲しいときに泣くことを禁じられたりすることがあるように，幼少期に養育者から受け取るメッセージの中には，特定の感情を抱くことを禁じるものもある。このようなメッセージを受け取ると，子どもは，喜びのかわりに罪悪感を抱いたり，悲しさのかわりに怒りを感じたりするように，本物の感情とは別の感情によって代用する。これを**ラケット感情**という。ラケット感情を抱くことによって養育者からの何らかの対応が引き出せると，子どもは本物の感情に気づかないうちにラケット感情によって周囲の人を操作することを学習する。しかし，ラケット感情は，本物の感情とは異なり問題の建設的な解決策をもたらさない。しかし，幼児期の養育者との関係においてラケット感情を抱くことは適応的でもあるので，成長後の他者との関係においても最終的にラケット感情を抱くことになるように行動する。それが適応的でない対人交流を招くことになる。

8.3.6　ゲーム

　繰り返され，否定的な結果を招くような対人交流のパターンを**ゲーム**という。ゲームには，バーンがゲームの方程式として示したような定式化されたパターンがあり，何がしか似た傾向をもった人を相手に，当事者同士が気づかないうちに開始され，役割の交替や混乱を伴いながら進行し，最終的にはお互いがラケット感情を経験して否定的な結末に終わる（図 8.5）。にもかかわらず，ゲームの進行中にはたくさんのストロークが交換されること，それぞれがもっている基本的構えが確認されること，ラケット感情を経験することなどが心理的な報酬として働くために，ゲームはその人によって繰り返し演じられる。

　対人関係に問題を抱えている人が，その問題をゲームの観点から分析し，

図 8.5　ゲームの方程式

ゲームはゲームの方程式に従って進行する。
【「はい，でも」のゲームの例】
わ　　な：自分では何も決められないという素振りを見せる人（A）
弱　　み：困っている人を見ると黙っていられない人（B）
反　　応：A が B に相談をもちかける。B は A のために解決策を考えて A に提示する。A は B が提示した解決策を拒絶する。B は別の解決策を考えるが A はこれも拒絶する。これが何度か繰り返される。
切り換え：業を煮やした B が A を攻撃する。
混　　乱：A は反撃し，B を責める。
報　　酬：両者とも嫌な気持ち（ラケット感情）を経験して終わる。
　　　　　A……誰も自分を助けてくれない。
　　　　　B……A を助けられなかった自分は無力だ。

自分が演じているゲームから脱却すること（ゲーム分析）は交流分析の主要な要素の一つである。

8.3.7　禁止令とドライバー

　幼少期に養育者から「この子を産まなければよかった」とか「（成長せずに）ずっとかわいい子どものままでいてくれたら」というようなメッセージを受け取ることがある。こうしたメッセージは言語的に明白になされるかもしれないし，非言語的に漠然と伝えられるかもしれない。こうした人生の早期に伝えられる「存在するな」「成長するな」のような，「〜するな」という否定的な内容のメッセージを禁止令という。禁止令は，養育者の C の自我状態から子どもの C の自我状態に向けて発せられる。ゲールディングとゲールディング（Goulding, M., & Goulding, R., 1979）は他に「お前であるな」「子どもであるな」「成功するな」など 12 の禁止令を分類している。

　一方，養育者の P の自我状態から子どもの P の自我状態に向けては，しつけという形で「〜しなさい」という内容のメッセージが送られる。このう

ち「完全であれ」「強くあれ」「もっと努力せよ」「他人を喜ばせよ」「急げ」の5つのメッセージは特に重要なものとされ，ドライバーと呼ばれる。

禁止令とドライバーが組み合わさると，たとえば「存在するな」と「努力せよ」であれば「努力している限り存在してよい」ということになるが，これに拘束されると，体を壊すまで働き続けるとか，何らかの事情で努力を続けられなくなったときに自暴自棄になってしまうなど，結果として禁止令を強化する方向に働く。

8.3.8 人生脚本

家庭的にも仕事の上でも成功し，順風満帆だったにもかかわらず，自ら墓穴を掘って転落の人生を送ったり，結婚と離婚を繰り返すように人生の中で同じような失敗を何度も繰り返したりする人がいる。交流分析ではこうした生き方を人生脚本という概念で説明している。

人生脚本とは人生全般についての筋書きのようなものであって，子どものころに子ども自身が「このように生きよう」と決断し，それにしたがって人生を過ごしていくというものである。人生脚本の内容には基本的構えや禁止令が影響しており，モデルとしての養育者も影響を与える（図8.6）。人生脚本はその内容の観点から，勝者の脚本，敗者の脚本，勝てない脚本の3つに分類される。勝者の脚本とは，自分が設定した目標を最終的に成し遂げるというものであり，敗者の脚本とは，目標を成し遂げられないという内容のものである。勝てない脚本とは目標を設定しない生き方のことである。人生脚本の内容が適応的でないものであるとしたら，脚本を決断した時点にさかのぼり，脚本を書きかえるという作業を行う。

8.4 対人関係療法

対人関係療法（Interpersonal Psychotherapy；IPT）は，クラーマン（Klerman, G.L.），ワイスマン（Weissman, M.M.）らによって創始されたうつ病に対す

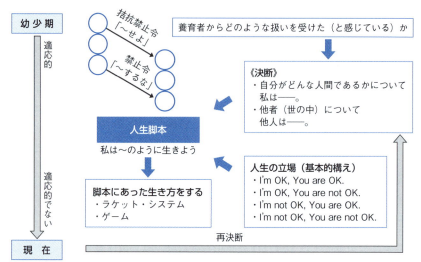

図 8.6 人生脚本の形成過程
人生脚本は，人生早期に養育者から受け取った禁止令や拮抗禁止令などのメッセージをもとに下した決断や基本的構えをもとに下された「私は〜のように生きよう」という内容の決断である。これらは養育者とのかかわりの中では適応的であったかもしれないが，現在では適応的でなくなっているかもしれない。人生脚本の内容は，ラケット・システム（ラケット感情を味わうために進行する一連の言動）やゲームに反映される。

る心理療法である。彼らは，サリヴァン（Sullivan, H.S.）やマイヤーの対人関係に焦点を当てたアプローチに影響を受けて，「重要な他者（significant other(s)）との『現在の』関係に焦点を当て，症状と対人関係問題の関連を理解し，対人関係問題に対処する方法を見つけることで症状に対処できるようになることを目指す」（水島，2009）ものである。ワイスマンらは IPT を実践するための詳細なマニュアルを表しており（Weissman et al., 2000），IPT による治療はこのマニュアルに従って進められる。

8.4.1　IPT の治療段階

治療段階は初期，中期，終結期の 3 期に分けられる。

初期には，診断とIPTへの適合性の判断，おもな問題領域の決定，治療契約がなされる。IPTではうつ病に関連する主な問題領域として「悲哀」「対人関係上の役割をめぐる不和」「役割の変化」「対人関係の欠如」の4つをあげており，このうちの1つ，多くとも2つの問題領域が選択される。

中期の治療段階では，選択された問題領域への取組みがなされる。マニュアルでは問題領域ごとの治療目標やそのための戦略が示されており，そこで用いられる技法には，探索的技法，感情の励まし，明確化，コミュニケーション分析，治療関係の利用，行動変化技法，および補助的技法があげられている（表8.1）。

初期段階の治療契約において取り決められた治療期間のうち最後の数セッションは終結期に当てられる。終結期にはこれまでの治療期間において生じた抑うつ症状や対人関係の変化についてのまとめがなされるとともに，治療者による援助がなくなることや，喪失体験として治療者との対人関係の解消が経験されることなど，治療の終了に伴う問題が扱われる。

8.4.2　IPTで扱われる主要な問題領域

IPTで扱われる，うつ病の発症にかかわる対人関係の問題領域のうち，「悲哀」は重要な他者を死により喪失した後の喪の作業がうまく進まないことである。

「対人関係上の役割をめぐる不和」とは，対人関係において，互いに自分が果たしたい，あるいは果たそうとしている役割と相手から求められている役割との間にずれが生じていることにより生じる問題である。これには再交渉（お互いがずれに気づいており，積極的に努力している），行き詰まり（お互いにずれについての交渉をやめてしまっている），離別（お互いの関係はすでに修復不能なところまできている）の3つの段階がある。

「役割の変化」とは，進学，就職，昇進，引退，転居，結婚，出産，加齢による身体的変化など生物学的，社会的な役割変化にうまく対応できないことからうつ病の発症につながる場合である。

表 8.1　IPT の技法（ワイスマン，M. M. ら 水島広子（訳），2009 より作成）

探索的技法		
	非指示的探索	一般的でイエス・ノー式でない質問
	支持的承認	うなずき，相槌など患者を励まして話し続けさせる
	話し合われている話題の拡張	
	受容的沈黙	関心を持って熱心に話を聞く態度を維持して患者に話し続ける気にさせる
	題材の直接的引き出し	イエス・ノー式で答えられるような指示的質問。抑うつ症状の評価，対人関係質問項目など
	感情の励まし	患者が感情を表現し，理解し，コントロールするのを助ける
	苦しい感情を受容する	
	対人関係の中で感情を利用する	
	抑制されている感情を育てられるよう患者を援助する	
明確化		患者が話したことを再構築してフィードバックする
	患者が言ったことを患者に繰り返してもらうか，言い換えてもらう	
	治療者が，患者が言ったことを言い換える	
	治療者が，患者が述べたことの論理的な拡張に注意を向けたり，言ったことの裏にある仮説を指摘したりする	
	患者が言ったことの違いや矛盾に患者の注意を促す	
	患者の役に立たない信念や考えをほのめかすような言葉を，治療者が明らかな形に言い直す	
コミュニケーション分析		コミュニケーションの問題を分析する
	コミュニケーションの問題	
	率直に向き合う代わりに行われる，曖昧で間接的な非言語コミュニケーション	
	自分がコミュニケーションしたという間違った憶測	
	自分が理解したという間違った憶測	
	不必要に間接的な言語的コミュニケーション	
	沈黙――コミュニケーションの打ち切り	
治療関係の利用		「役割をめぐる不和」「喪失」「対人関係の欠如」を扱う際に患者の対人関係の 1 つとして治療者との関係を利用
行動変化技法		
	指示的技法	助言や提案，限界設定，教育，直接的援助，モデリング
	決定分析	与えられた問題を解決するために患者が取りうる広範囲な行動とその結果を検討することを援助する。
		「どんなことが起こって欲しいですか？」（目標設定）
		「今は他にどんな選択肢があると感じますか？」（取りうる選択肢の検討）
	ロールプレイ	治療者が患者の生活の中のある人物の役割をする
	他人に対する患者の気持ちやコミュニケーションスタイルの検討	
	他人に対する患者の新しいふるまい方のリハーサル	
付加技法		
	契約設定	**初期のセッションでの一連の課題**
	IPT の原理の説明	
	IPT の技法の説明	
	患者がなぜ治療を受けに来たかについての治療者の理解を患者に伝える	
	セッションの時間と頻度，治療期間，予約時間，キャンセルの取り扱い，料金など	
	管理上の詳細	予約時間や休暇の予定

そして「対人関係の欠如」とは，満足すべき対人関係が築けなかったり，維持できなかったりすることからうつ病にいたるケースである。

8.4.3 IPTのその他の特徴

IPTは，適用対象を限定し，詳細なマニュアルに従って進められることによって，有効性の客観的な検証を可能にしている。こうした検証結果に基づき，当初，気分障害（うつ病）に対する心理療法として開発されたIPTであるが，その適用対象は物質使用障害，摂食障害，気分障害など気分障害以外の問題に広げられている。また，薬物療法との併用に対して積極的である点もIPTの特徴の一つとなっている。

教育・子育て領域における心理支援 9

近年，子どもをめぐる心の健康問題に関心が集まっている。特に，教育および子育て支援の領域において，心理的支援へのニーズは高まりつつある。本章では，小・中・高等学校における学校教育，大学教育における学生支援，そして子育ての支援を中心に，それぞれの実情や課題，それに対する臨床心理学的支援のあり方について考えていく。

9.1 学校教育における心理支援

9.1.1 学校の支援体制

　学校は，授業，課外活動，行事などのさまざまな営みを通して，子どもの学力や身体能力，社会性などを育む場である。子どもたちは，日々の学校生活の中で達成感や一体感を経験して成長していくが，その一方で時に挫折やトラブルを抱え，苦しむこともある。特に近年では，子どもが抱える問題は多様化しつつあり，子どもたちの心の成長や健康をいかに維持・促進していくかは，重要な課題である。

　こうした子どもに対する心理的な支援は，特定の心理専門職によってのみ行われるわけではない。学校で，子どもにかかわる教員，職員，関係者すべてが，子どもたちの心の成長・発達支援を担っている。実際の学校組織においては，多くの場合，生徒指導部，教育相談部などの校務分掌が設けられ，特に不登校・非行・いじめなどの問題を抱えた子どもなどを対象に，支援や指導が行われている。また，養護教諭や特別支援教育の担当教員が，校内の心理的支援体制のキーパーソンとなっていることも少なくないであろう。

　そうした学校の基本的な支援体制に加えて，わが国では近年**スクールカウ**

ンセラーが学校に設置されるようになっている。公的な制度としては，1995（平成7）年度から文部省による活用調査研究が開始され，2001（平成13）年度からは全中学校への配置が計画されて現在も拡充が進められている。その役割としては，①児童生徒へのカウンセリングの他に，②教職員に対する助言・援助，③保護者に対する助言・援助などが求められている。

また，学校組織の外側にも，心理的支援サービスを行う組織や機関は存在しうる。地域によっては，教育委員会などによる公的機関として教育相談室，教育支援センター（適応指導教室）などが設置されている。子どもの学習・発達や心理的問題についての相談援助が行われる他，学級に入ることが難しい子どもたちが，集団での活動や学習をしたり，時には再登校を目指すための準備が行われる場となっている。その他にも，医療機関や相談機関，児童相談所，警察，保健所など，医療・福祉・司法・保健などの他領域の専門家と連携することも少なくない。

臨床心理学的な知識や技能はこうした多様な領域において活用されている。知能や発達，心理面・生活面のアセスメントによる的確な子どもの理解や，そのニーズに応じた心理的支援の実践などが，広く用いられつつある。またそれぞれの関連機関に，臨床心理学に関する素養や資格をもった心理士や相談員がいることも多い。

9.1.2 支援の多層性

石隈（1999）は，学校の中で子どもに対して行われる援助サービスを3つに分けて整理している（図9.1）。**一次的援助サービス**とは，「すべての子ども」を対象とし，学業や対人関係などの課題に取り組んでいくことを支える援助サービスである。おもに教師がその担い手であり，基本的な授業，部活動などの課外活動における指導など，日常的な教育的かかわりがここに含まれる。また，すべての子どもが入学時の環境変化に適応できるよう，オリエンテーションなどを行う学校は多いであろうが，それも一次的援助サービスと呼べる。

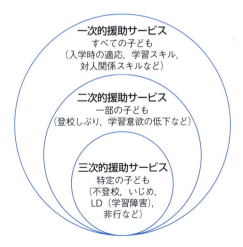

図 9.1　3 段階の援助サービス——対象と問題の例 (石隈, 1999)

二次的援助サービスは，学校に行きづらさを感じたり，学習に困難を抱えた子どもへの援助サービスである。転校生や帰国子女など，生活に大きな変化を抱えている子どもや，家庭に問題を抱えた子どもなど，今後学校生活上で大きな問題を抱えるリスクが大きいと予測される「気になる子ども」がその対象である。重要であるのは早期発見と早期対応であり，学級担任だけではなく，教科担当教員や養護教諭，そして保護者などが担い手となる。注意深い観察を行い，気になる子には声かけを多くする，宿題を丁寧にみる，授業で自尊心が過度に傷つかないように配慮する，などの対応が行われる。

三次的援助サービスは，長期欠席，いじめ，非行，障害など，具体的な大きな困難を抱えた「特定の子ども」への支援である。特別支援教室や保健室での対応の他，カウンセラーや相談員が在籍する学内外の相談室での対応など，個々の問題に応じたかかわりが重要となる。こうした多層的な支援を柔軟かつ継続的に行っていくことが，子どもの心の健康を守る上では有効といえる。

9.1.3 学校教育における問題とその支援

1. 不登校

学校において心理的支援が求められる主要な問題の一つが，不登校の問題であろう。不登校は，文部科学省の学校基本調査においては，"「病気」や「経済的理由」以外の何かしらの理由で，登校しない（できない）ことによる長期欠席（年度間に30日間以上欠席）"と定義される。不登校は，かつては「学校恐怖症」「登校拒否」とも呼ばれていたが，「恐怖」という要因ではその状態像を説明しきれないこと，実際の臨床像が多様化し"拒否"という言葉が当てはまらない事例が増えたことなどから，現在は"不登校"という呼称が広く用いられるようになっている（滝川，2005）。

不登校の全国の実数については，文部科学省初等中等教育局（2013）の調査によると，2012（平成24）年度において小学校で約2万1,000人（全生徒の0.31％），中学生で約9万1,000人（全生徒の2.56％），高等学校では約5万7,000人（全生徒の1.72％）とされている。小中学校における近年の時代

(注) 調査対象：国公私立小・中学校（平成18年度より中学校には中等教育学校前期課程を含む）

図9.2 **不登校児童生徒の割合の推移（1,000人あたりの不登校児童生徒数）**（文部科学省初等中等教育局，2013）

的推移は, 図9.2に示すとおりである。この20年間でその数が増加し, 近年はやや減少の傾向もあるが, なお高止まりの状態にあることがみてとれる。

また, 不登校児童の人数は, 小学校1年から中学校3年まで, 年代が上がるにつれて増加する傾向がある。上記と同じ2012（平成24）年度の調査では, 小学校期は1年生で948人, 6年生でも6,920人と1万人を大きく下回る。しかし中学期に至ると, 1年生では2万1,194人, 中学3年生では3万6,897人と, 大きく増加を見せる。小学校から中学校に移行する際に, 学校生活の様式が大きく変わることや, 身体の成熟や自意識の高まり, 対人関係の変化など, 心身の発達的変化も著しくなることなどがその一因であると考えられよう。

不登校がなぜ起こるのか, ということについては実に多様な仮説が想定できる。図9.3は, 不登校の原因や背景として想定しうる要因を, 植山（2011）が例として模式図にしたものである。これはあくまでも一つの模式的な図例であるが, 不登校という一つの状態像は, このようにさまざまな要因が錯綜する中でつくり上げられているといえる。そのため, 支援に当たる側は, 幅広い視野をもってこれら多様な要因を的確にアセスメントし, 包括的支援の

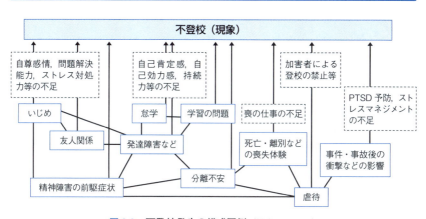

図9.3 不登校発生の模式図例（植山, 2011）

ためのプランが策定できなければいけない。

一方で，子ども本人がどのような困難を抱えているのかを明らかにすることは，支援の糸口になりうる。田上（1999）は不登校を，子どもと学校環境との相互作用，つまり「折り合い」の問題として理解し，行動療法的な観点から，表9.1のような7つのタイプを提起している。いずれにおいても，子どもにとって登校するという行動が，不安や徒労感ばかりを伴うものではなく，楽しさや達成感によって報われるような，学校環境・支援体制を組むことの重要性がみてとれる。

子どもが実際に学校に来なくなってからの支援について，単一の最善の方法というものを提案することは難しい。すべての子どもに対して個別の支援策が検討されるべきであるが，その基本的な指針として，田嶌（2005）は，①誰かが本人と非侵入的な（脅かさない）つながりを創り，支えること，②本人の周囲との関係と活動範囲を広げること，③できれば，本人の主体的自助努力を引き出し，さらに試行錯誤を通してその精度を上げる援助を行うことをあげている。

1点目については，担任教師が非侵入的で安全なかかわりを目指す他，他の教員やカウンセラーなどがかかわることでつながりがつくれることも多いであろう。また時には，本人が興味をもっているマンガや小説，テレビゲームなどを介したプレイセラピーのような柔軟なかかわりが奏功することもあるであろう（田上，1999）。

第2点目については，家庭外に居場所をつくれることが子どもの元気や自信を取り戻す上で効果が大きい。適応指導教室や学校内の別室登校・保健室登校などをはじめ，塾やフリースクールなどの活用も有益になりうる。そうした居場所となる遊びや交流の場所を立ち上げ，運営すること自体が大きな支えとなることもある（田嶌，2005）。

3点目に関連して，青木（2001）は，子ども自身が"学校を自分の何かのために「利用する」という発想を持つこと"が，子どもの気持ちをいくらか自由にする場合があると述べている。「学校に行けていない」という閉塞感

表9.1 不登校のタイプとその状態像および支援策の例 （田上,1999を基に作成）

	状態像	支援策の例
a. 登校行動に罰が随伴したもの		
①新しい環境に入れなかったタイプ	入学や転校などの新しい場面で過度の不安を起こし，迎える側も受け入れがうまくいかなかった場合。	母親と登校した際に，はじめは母親と雑談し，徐々に近づいたり，ボールを用いて遊びを提示するなど，子どもの不安の低下と学校への接近を段階的に図る。
②勉強や規則を苦手とするタイプ	勉強や学校生活に耐えることを苦痛とする。小学1・2年生に多い。遊びには活発であるが，中学では怠学・非行に近づく。	学校内の好きな活動を話して提示したり，目立つ役割等で周囲に認められる機会を提供する。
③環境への応えすぎタイプ	まじめで学業成績が良く，教師の指示にも従うが，周囲の期待に応えるため精神的な疲労を密にため，突然休む。小学校6年生頃以降に多い。	子どもが自分の感情を大事にできるよう支援する。「登校しなければ」と言う考えが「必要があれば休んでよい」になるよう，休むことを周囲がポジティブに受け止める。「つらかったね」など子ども自身の感情に注意を向ける。
④トラブルによるタイプ	友人間のいじめやグループ間の争い，教師からの不当な関わりをきっかけとする。	トラブルの解決と対人関係づくり。
b. 登校行動に強化が随伴しないもの		
⑤友だちができなかったタイプ	まじめに学校生活には参加していても，友人との関わり・遊びが楽しめない場合。小学校3，4年ころから増える。	教師との関わりを確かにし，声かけをする。友達との遊びの仲介をする。
⑥登校の意味を失ったタイプ	高校生などが勉強が苦痛や無駄に感じられるような場合。自身の進路について考えを持っている場合が多い。	本人の希望や意思を聞き，進路変更等も含めて学校や家庭との話し合いを調整する。
⑦家族の危機によるタイプ	両親の不和や親の暴力など，家庭に気がかりで重大な問題があり，学校生活を楽しめない状態のもの。	子どもへの影響を話し合う。何かを指図するよりは，良く話を聞き，家族内コミュニケーションを促す。

の中で自分を責める心境から，「学校を自分のためにどう利用できるか」という主体的な選択の感覚をわずかでももつようになれれば，心身にいくらかの余裕が生まれるかもしれない。不登校が続いた生徒の中にも，卒業が近づいた時期に自発的に教室復帰を考え始めたり，自分の特性を考えて将来の選択肢を考え始めたりする者もいる。彼ら／彼女ら自身が，"自分はどうしたいのか"，という主体的な意思に基づいて今後のことを考え，決定できる余地を大切にするよう心掛けることは重要であろう。

2. いじめ

　学校教育における，もう一つの大きな問題がいじめである。いじめは，文部科学省においては，「当該児童生徒が，一定の人間関係のある者から，心理的，物理的な攻撃を受けたことにより，精神的な苦痛を感じているもの」と定義される。すべてのいじめを学校側が把握することは事実上不可能であり，その実数を把握することは難しいといわれる。しかしながら，国立教育政策研究所（2013）が小学生・中学生を3年間にわたり計6回追跡調査した結果（図9.4）からは，調査対象の小学生の約86％が，小学校4年から6年の間でいじめの被害に1回以上あっていることが示されている。また同時に，同じ小学生の約86％が，いじめの加害を1回以上行っていることも報告されている。中学生ではいじめ被害・加害ともに約71％が1回以上体験しており，子どもたちの誰もがいじめの被害者にも，加害者にもなりうるという実態がみてとれる。

　いじめは，それを行う加害者，受ける被害者の二者関係だけの問題ではない。いじめの構造は，加害者・被害者・観衆・傍観者（または仲裁者）の四層構造で理解される（図9.5；森田・清永，1986）。観衆は，いじめを見ておもしろがる者，傍観者は見て見ぬふりをする者たちである。観衆は，加害者のいじめ行動を直接的に維持・エスカレートさせうるし，そうした状態を知りながら対応しない傍観者もまた，いじめの維持に寄与していることになる。すべての事例がこの構造に当てはまるわけではないが，この観衆と傍観者に当たる層の子どもまで含めて，学級や集団全体が，どのような動きをし

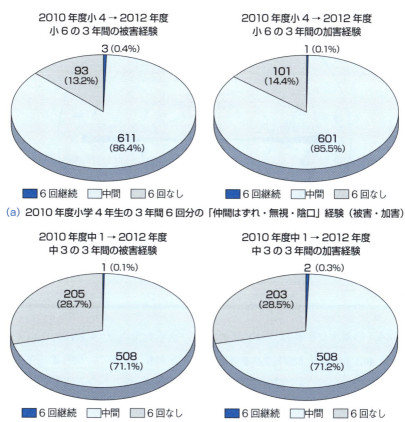

図9.4 小学6年生・中学3年生の過去3年間のいじめ被害体験（2010年から2012年における計6回の調査から；国立教育政策研究所, 2013）

ているのか，見極めることは重要である。

　最も憂慮すべきは，いじめが被害者にもたらす影響の甚大さである。いじめられた当人の自尊心は著しく傷つき，気分の落ち込みや不安が強まり，不登校に至ったり，身体症状が出る場合も多くなるといわれる。そして，事態が特に深刻化した場合には，自殺に至ることもある。しかし，森田ら

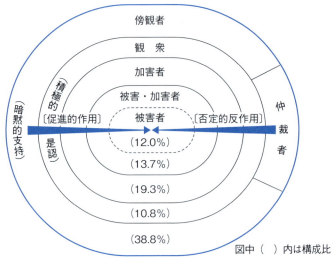

図 9.5　いじめ集団の構造（森田・清永，1986）

(1999) の調査によれば，いじめの被害にあった当人は，「気にしないふり（男子 40.1％，女子 58.7％）」で対応することがもっとも多く，反対に「先生に助けを求める」という対応は男子 9.8％，女子 17.4％とかなり少ない。いじめられる側は，自らの苦境を他者に知らせることに必ずしも積極的ではないのも実情である。

　いじめの予防や介入に，①学級内の対人関係をよく保つこと，②学校・学級運営上でいじめを許さないという雰囲気の醸成することはもちろん，③学校内に死角をつくらず，教師らによる早期発見が行われることなどが求められるのが現状である。

　また実際にいじめ被害にあった子どもにかかわる場合について，早川 (2007) は以下のような対応を提案している。

(1) 相談に来たことを承認する：「よく話に来てくれたね」と労い，ゆったりと受け入れるようにする。

(2) 不快な感情の言語化：「つらかったね」「それは悔しかったろう」など，子どもが感じている悲しみや怒りが，正当で自然であることを伝える。
(3) 全面的に味方になる：「あなたは悪くない」ということを伝え続ける。「あなたにも悪いところがあったのではないか」というかかわりは決してしない。被害者は，自分が悪いと考えてしまう傾向があることに留意する。
(4) 安全を確保する：子どもの安全と安心を確保するため，保健室・相談室等への別室登校も含めた対応をする。不利益がないよう連絡などは継続する。
(5) 問題解決の手順は確認しながら行う：いじめる側へのかかわりを開始するにあたっては「そうしたいのだけれど，どうか」と具体的な計画を伝え，意向を確認しながら行う。
(6) 対人関係の不安を支える：人に対する不安や怖さを感じ，人を避けがちになることもある。安心できる人（当人が信頼している教員など）とのかかわりを十分にもつ。「よくがんばっているね」と努力を認め，自己肯定感を支える。
(7) エネルギーを取り戻す：安心できる友人や教師，家族との遊びなどを通して，不快な感情を表現し，活動性が高まることを支援する。遊びの中で怒りなどの感情が表現できるかなどをよくみて，エネルギーの状態を把握する。

なお，いじめが陰湿化・苛烈化した場合には，警察・司法の介入が求められる事態も存在する。本人の人権・尊厳を守り，支える視点と，加害者や傍観者らも含めた学級や集団のダイナミズムを整える視点との双方が求められる。

9.1.4 学校教育における心理的支援の特徴

上記のような個別の問題に加えて，学校教育領域における心理的支援のあり方について，特徴的な点をいくつかあげる。

1. コミュニティ的視点

たとえば，スクールカウンセラーとして学校の中で心理的な支援が行われる場合であれば，学校という組織の一員として，その学校が掲げている教育目標や教育体制について十分理解した上で，業務にあたることが求められる。これは，個人の発達・心理状態を，個別に支援することが多い従来型の心理療法のスタンスとは，若干異なるところがあるかもしれない。カウンセリング室が密室となってしまうような，個人のみを対象とした支援の視点では，多くの時間を学校の校舎の中で送る子どもに対する支援は難しい。子どもを取り巻く環境そのものを，学校・地域・そして自分自身を含めて1つの**コミュニティ**として考える視点が求められる（図9.6）。

そのため，支援者と支援者の相互の連絡・連携を密にしたかかわりが重要になってくる。他の領域に比して，学校領域では心理職者が，学校の教員や保護者に対して行う**コンサルテーション**の重要度が高いかもしれない。コンサルテーションとは，「子どもの援助についての相談（石隈，1999）」のことである。援助サービスの専門家（コンサルタント）が，子どもに直接かかわる教師・保護者・学校組織（コンサルティ）を援助することで，①子どもを

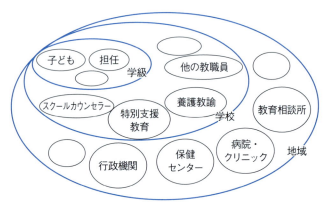

図9.6 子どもを取り巻くコミュニティとしての学級・学校・地域

間接的に援護し，②コンサルティの援助能力を向上することを目的としている。たとえば，対人関係で問題をよく起こす生徒の対応について，担任がカウンセラーに助言を求めたり，学校を休んでいる子どもへの対応について母親が教育相談員に相談をしたり，といったかかわりである。子どもと最も多くの時間を過ごす教員や保護者が，その対応を工夫することは，週に数十分しか対応できないカウンセラーらが直接対応するより，意義が大きいことが多い。

2. 予防的視点

また，学校領域に限らないが，子どもが抱える問題が大きくなる前に，早い段階からリスクを緩和させるようなかかわりも重要となる。これは一般に**予防**といわれるかかわりである。先述の，石隈（1999）の一次・二次・三次的援助サービスの枠組みも，こうした予防的介入のいくつかの段階を表したものとしても理解される。

特に，一次的援助サービスにおける予防的かかわりとしては，心理教育の重要性があげられる。スクールカウンセラーであれば，「お便り」を介して心の健康についての小さな知識を伝えたり，自分の心身の健康状態を考えるきっかけをつくったりできる可能性もあるであろう。また，**ストレス・マネジメント教育**などによって，子どもが自分自身のストレスにより早く的確に気づくことを促したり，自信が抱えたストレスにより適切に対処することを援助することも有効となりうる。

3. 解決志向的視点

学校における心理的支援においては，子どもの問題の「原因探し」をするような視点ではなく，**解決志向**的な視点をもつことが大切であると言われる。上述のように，不登校もいじめも，子どもを取り巻く問題は，さまざまな要因が多面的・多層的にからんでおり，その原因をすべて突き止めて取り除くことはほぼ不可能である。「子どもの意志の弱さの問題である」「家庭に問題がある」「過去のトラウマ経験に問題がある」と単一の原因に固執していくと，かえって支援がうまくいかない場合も多いであろう。

むしろ，当人の現状を，本人なりの精いっぱいの工夫と努力の結果としてとらえ，当人の自尊心を支えつつ，現状がもう少し本人にとって良い状況になるためにはどんなことをしていけばよいか，建設的・未来志向的に考えることが有効な場合は多いであろう。過去にあった問題の原因を探求するだけのかかわりよりも，毎日の生活の質をいかに上げるか，対人経験や社会経験をいかに積むかといったことに焦点を当てていくほうが，子どもも支援者も，建設的な心持ちになりやすいであろう。

9.2　学生相談——高等教育における学生支援

　18歳人口の減少と大学進学率の上昇により，現在は，きわめて多様な学生が大学に進学してきており，学生相談や学生支援が注目されるようになってきている。日本の学生相談は，戦後の新制大学の発足とともに始まり，Student Personnel Service（SPS；厚生補導）の考え方をもとに，文部省大学学術局学生課編『学生助育総論』(1953) を基本理念として，その後多くの変遷をたどりながら現在に至っている（日本学生相談学会50周年記念誌編集委員会，2010）。学生相談はもともと学生部での取組みであったが，現在では，広くサービスとして学生支援の中に位置づけられることも多いが，学生相談の活動そのものは，高等教育機関としての教育活動の一環として位置付けられる（文部科学省高等教育局，2000）。

9.2.1　学生相談とは

　学生相談は，大学などの高等教育機関で行われている相談活動であり，青年期という発達の重要な時期にある学生を対象に，対話を通して，その人間的な成長を援助するという個別の教育活動といえる。学生相談の基本的なスタンスとしては，来談した学生に個別に会い，ゆったりと時間をとって，学生が語ることを「大学人」としてきちんと聴き，心理臨床の専門家として必要な支援を行っていくことである。そして，そこには，学生が自己を語り，

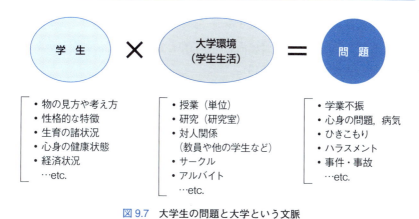

図 9.7 大学生の問題と大学という文脈

自己を理解し，自己をまとめていくというカウンセリングのプロセスも含まれている。問題の改善や治療という視点だけではなく，個々の学生の発達や成長という視点をもちながら，適宜必要な心理教育的なかかわりを行っていくという教育機関ならではの特徴がある。緊急な場合を除いて，原則としてカウンセラーが直接動いて問題解決を図ろうとはしない。学生本人が自ら解決できるよう援助していく。これは，学生が成長するチャンスをカウンセラーが奪ってしまうような，肩代わりはしないという意味でもある。問題の多くは，大学という環境・文脈の中で起こっており，その大学の教職員が「話を聴く」ことにも意味がある（図 9.7）。

9.2.2 学生相談の特徴

1. 活動内容

　学生相談は，学生が当該の高等教育機関において本来の学習や成長を十分享受できるように支援していく活動である。それゆえ，活動内容としては，カウンセリングなどの個別あるいはグループでの心理的支援だけでなく，発達や成長を促すような予防・啓発活動である各種授業や心理教育プログラム

（グループ活動など）や保護者に対するコンサルテーション（助言）・ガイダンス，教職員を対象としたコンサルテーション・研修，全学コミュニティを対象とした大学運営や危機管理活動への貢献，調査・研究活動などがあげられる（日本学生相談学会，2013）。

2. 連携と協働

活動の仕方としては，教育の一環として広く学生支援・学生相談を充実させていくという理念から，「すべての教職員」と「学生相談の専門家であるカウンセラー」が互いに連携・協働しながら行われるところに特徴がある。独立行政法人日本学生支援機構（2007）の『大学における学生相談体制の充実方策について――「総合的な学生支援」と「専門的な学生相談」の「連携・協働」――』では，教職員が学習指導や窓口業務などにおいて行う「日常的学生支援」とクラス担任やアカデミック・アドバイザーなど特定の役割や機能を担った「制度化された学生支援」，より専門的な支援である学生相談やキャリア支援，保健管理，学習支援などの「専門的な学生支援」という

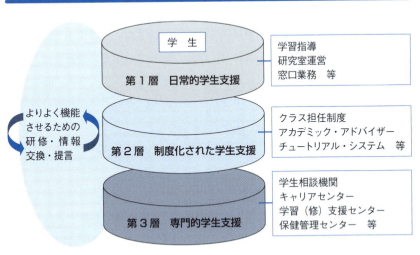

図9.8 学生支援の3層モデル（独立行政法人日本学生支援機構，2007）

3層によって構成される「学生支援の3層モデル」が示され，連携や協働のモデルが提唱されている（図9.8）。

3. 学生生活サイクル

「学生生活サイクル」とは，大学生の学年の移行という時間軸をもとに，その折々の時期にある程度共通してみられる学生の語りや課題，心理的特徴の変化を俯瞰し，個々の大学生と大学生全体を理解していく視点である（鶴田（編），2001）。大学1年生の「入学期」では，高校から大学への移行に伴う問題やより自由な新しい生活などに関することがテーマとしてみられやすい。また大学の2年生，3年生（留年）は「中間期」で，学生生活の中でさ

表9.2 学生生活サイクルの特徴（鶴田（編），2001）

	入学期	中間期	卒業期	大学院学生期
来談学生が語った主題	・移行に伴う問題 ・入学以前から抱えてきた問題	・無気力，スランプ ・生きがい ・対人関係をめぐる問題	・卒業を前に未解決な問題に取り組む ・卒業前の混乱	・研究生活への違和感 ・能力への疑問 ・研究室での対人関係 ・指導教官との関係
学生の課題	・学生生活への移行 ・今までの生活からの分離 ・新しい生活の開始	・学生生活の展開 ・自分らしさの探求 ・中だるみ ・現実生活と内面の統合	・学生生活の終了 ・社会生活への移行 ・青年期後期の節目 ・現実生活の課題を通して内面を整理	・研究者・技術者としての自己形成
心理学的特徴	・自由の中での自己決定 ・学生の側からの学生生活へのオリエンテーション ・高揚と落ち込み	・あいまいさの中での深まり ・親密な横関係	・もうひとつの卒業論文 ・将来への準備	・職業人への移行 ・自信と不安

まざまな喜怒哀楽を体験していく。4年生の「卒業期」では、学生生活での未解決の問題に取り組んだり、社会人としての生活への移行の準備などを行っていく。そして大学院に進学した場合には、「大学院学生期」で、研究者や専門家としての自己確立が課題となる。このように、学年の進行に沿って心理的な課題が変化してくという視点も、大学における学生相談の特徴である（表9.2）。

9.2.3 学生相談と臨床心理学

　学生相談は、大学などの高等教育機関をそのフィールドとし、おもに青年期の学生やその関係者を対象とした活動である。方法論としては、カウンセリングや心理療法、各種心理支援の方法などがその中心となってくるが、実際に求められるスキルや知識はきわめて多岐にわたってくる。青年期にある大学生に関する知見や心理社会的な発達成長に関する知識、高等教育や大学・当該のキャンパスコミュニティに関する理解、そして、さまざまな問題や病理に関する知識などが必要になってくる。また、スキルとしては、カウンセリングや心理療法、コンサルテーションやケースマネージメントなどの技術や大学コミュニティの中で同じ大学人として他の職種と連携し協働していく術などが求められる。したがって、臨床心理学において学ぶ知識やスキルだけではなく、広く心理学全般や精神医学、教育学、社会学などさまざまな学問と関連する諸領域の知識などが必要となってくる。学生相談は心理臨床の一つの実践の場である。それゆえ、その実践の場で求められる知識や技術を身に付けながら「大学カウンセラー」としてキャリアを開発していくことが大切である。

9.3　子育てへの心理支援

　人間の心身の成長や発達を支える上で、最も基本的な単位となりうるのが家庭における子育てである。この子育てについては、従来は心理的支援の対

象と考えられることはなかった。しかし，社会の変化に伴い，親たちが広く**子育て不安**を覚えること，そして不安や困難が極まった家庭において虐待という事態が起きていることなどから，臨床心理学の新しい課題となっている。

9.3.1　子育てにまつわる不安や悩みとは

現在の親たちは，子育てにどのような不安を抱えているのであろうか。こども未来財団（2004）の調査（図 9.9）によると，最も多いのは，子どもの

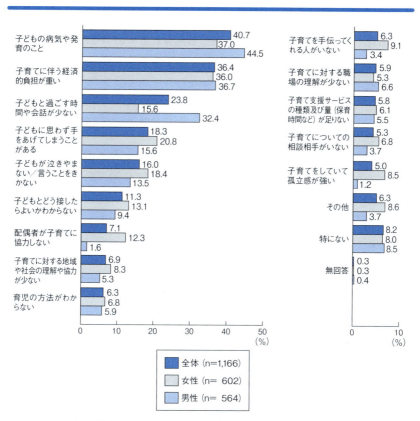

図 9.9　**子育てにおける親の不安や悩み**（こども未来財団，2004）

9.3　子育てへの心理支援

「病気や発育」，第2に「経済的負担」があがっている。一方で，「思わず手をあげてしまう」「泣きやまない／言うことを聞かない」など，子どもに対する接し方やそこにまつわる苦しさも少なからずあげられており，多くの親たちが不安や迷いの中で子育てをしていることがみてとれる。

9.3.2 現代の子育て環境

　一方で，年長世代ではこうした子育てへの不安はほとんど感じられていなかったともいわれる（大日向，1988）。かつては，子育ては母親だけが担うものではなく，父親や親せき，近隣も含めたより自然な子育てが行われていた。子育ての不安や困難は，母親だけに負わされるものではなく，多世代の家族や地域によって，担われていたのである。しかし，現代のわが国にはいくつかの子育てに関する時代的変化がある。

　1つが，女性の社会進出と共働き家庭の増加である。わが国では，「夫は仕事，妻は家事・子育てを行って，豊かな家族生活を目指す」という「戦後家族モデル」と呼ばれる伝統的な家族観がもたれていた（山田，2005）。しかし，こうした家族観は現代においてはすでに機能不全に陥っている。現代では，女性の社会進出が進み，1998年に至っては国内世帯の半数以上が共働き世帯（非正規雇用を含む）となっている。こうした母親のライフスタイルの変化と，伝統的な家族観でつくられた社会とのミスマッチが，子育てに悩みや困難をもたらしている。

　2点目が，核家族化である。かつて子どもは，祖父母や兄弟までも含めた大規模な家庭の中で育っていた。育児は，母親らが独りで行うものではなく，多くの支援が自然に受けられた。しかし，都市部への人口集中や，多世代同居生活の敬遠から，核家族化が進行し，そうした当たり前に受けられていた子育て支援の層が薄くなり，家庭が負う子育ての負担が募っているといえる。

　3点目が，少子化と"子どもの価値"の変化である。柏木（2002）によると，かつて子どもは「授かる」ものであり，その命そのものが絶対的な価値をもつとしてとらえられていた。しかし現代では，子どもは親たちの自由意

思・選択の結果で「作る」ものになり，その結果子どもの価値が絶対的なものから，相対的なものへと変化しつつある。子どもはますます「私物」としてみなされ，子どもに相対的な価値をもたせることへの焦りや，その教育や投資をすべて担う存在として，親（特に母親）の重圧は大きくなっている面もあろう。

また，世帯によって差はあるものの，不況や経済の格差の拡大から，貧困そのものが家庭の経済状況を難しくし，それが副次的な心理社会的な問題につながることが少なくないことも留意が必要である。

9.3.3 子育ての心理的支援

本来，子育ての支援は母親を対象としてだけではなく，子ども，父親その他家族全体に対して行われるべきである。しかし一方で，実際に家族内の困難を相談して支援を受けるのはやはり母親が多い。以下では，家族全体への支援も視野に入れつつ，母親の子育て支援を行う上で重要とされることをあげる。

上述のように，実際の母親がもつ不安で顕著なものは，発育や病気にかかわるものや，経済的な問題である。こうした医療や保健，福祉にかかわる問題などを実際に抱えることもあろう。そうした場合に重要なのは，適切な機関との連携である。子育て支援センターや児童相談所など育児に直接かかわる機関のほか，保健所・医療機関・自治体役所・教育機関などの専門機関に，必要があれば紹介や連携を図る必要がある。

一方，臨床心理学的な子育て支援は，①状況と来談者に関するアセスメントと対応策の助言，②養育者への援助，③乳幼児への援助，④保育，保健，医療など他職種への援助に大別される。特に，1点目に関連する親子関係のアセスメントについて，吉田（2010）は，図 9.10 のように表している。子どもの発達状態や気質の理解はもちろんのこと，"子どもが自分自身をどう捉えているか" "子どもが親をどう捉えているか" など，心理的発達の基盤となる子どもの自己―親イメージについても見据えた助言・援助が必要とな

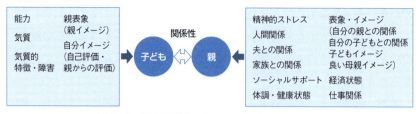

図 9.10　親子関係のアセスメント（吉田，2010）

るであろう。また母親についても，心理面だけではなく，それと深く関与するであろう身体的・社会・経済的状態についても包括的にアセスメントした対応が求められる。

　実際の対応は個別の事例によるであろうが，一例として，安藤（2008）による母親への対応の視点を以下に示す。

- 妊娠前からの予防・介入：産後のうつなどのリスクについて知識を伝えることや，リスクが高い母親をスクリーニングして早期対応をはかる。
- ソーシャルサポートの活用：家族や親族，友人などのサポートを活用する。家族のみでは共倒れの可能性もあるため，子育てサポーターや保育所との連絡も行う。
- 子どもの否定的な感情を扱うためのサポート：子どもの泣きによって「責められている」「母親としてきちんとできていない」と感じることが多い。泣きの意味を理解したり対応したりするための知恵を，祖父母や友人や専門家から学ぶ機会をもつことが有効である。
- 親の気分転換を助ける：親子が外に出る機会や，子どもを預けて母親が気分転換をする時間をつくり，悪循環を避ける。
- 子どもが2人になったときのサポート：新しい子どもが生まれ，赤ちゃんがえりなどを見せる下の子どもも含めて，より多くのサポートが必要である。

　子どもと親の，生理・心理・社会生活的状態をバランス良く見据えた具体

的な支援を，家族のライフステージに即した形で実施していくことが求められているといえよう。

医療領域における心理支援 10

本章では，医療現場で働く臨床心理士の活動について取り上げる。10.1 では医療現場における臨床心理士の位置づけと役割について述べた後に，臨床心理士の具体的な活動について主に精神科領域を中心に述べる。10.2 ではコンサルテーション・リエゾン活動について取り上げる。

10.1 医療現場における臨床心理士の活動 ——精神科領域を中心に

10.1.1 医療現場における臨床心理士の役割

1. 臨床心理士の位置づけと役割

医療現場ではメディカル（medical）と呼ばれる医師を中心に，コ・メディカル（co-medical），あるいはパラ・メディカル（paramedical）と呼ばれる看護師，薬剤師，管理栄養士，理学療法士，作業療法士，診療放射線技師，社会福祉士，精神保健福祉士などさまざま職種の医療スタッフが連携をとりながら働いているが，このコ・メディカルの中に臨床心理士も含まれる。医師を中心に，その指示のもとに他職種が働いているというのが現在の一般的な医療の形態である。

医療現場において，臨床心理士と医師との仕事の差は何かと問われることがしばしばある。投薬ができるか否かは一つの違いではあるが，大きな違いは，医師が主として医学的な知識を基盤として仕事をしているのに対して，臨床心理士は主として心理学的な知識を基盤として仕事をしているということである。ただし，医師（特に精神科医・心療内科医など）の中には心理学的な知識・技能を日常業務の中に取り入れている者もおり，また，臨床心理

士においても，医療現場で働く以上，基本的な医学・医療知識を持つことが原則であることは付け加えておく。

2. 臨床心理士の働く分野

臨床心理士が働く医療領域は病院（総合病院，大学病院，単科病院，クリニックなど）の他にも，保健所，精神保健福祉センター，リハビリテーションセンターなど多々ある。本節では主に病院における臨床心理士の仕事について述べる。

病院における臨床心理士の働く診療科として，多くの人のイメージにあるのは精神神経科，心療内科であるかもしれない。実際，精神神経科や心療内科に所属している臨床心理士は多いが，その他の診療科（たとえば，小児科，神経内科，脳外科，内科，外科，産婦人科，精神科救急，リハビリテーション分野，コンサルテーション・リエゾン分野など）でも多くの臨床心理士が働いており，近年，活動の場はますます広がっている。精神神経科で，患者の病態・状態を把握するために心理検査を行うこともあれば，症状コントロールやパーソナリティの成長を促す目的で心理面接を行うこともある。また，小児科で発達の遅れが疑われる子どもに対して発達検査を行い，その結果所見から支援プランを立て療育実践することや，子育てに悩む母親の支援を行うことも仕事の一つである。あるいは，糖尿病患者の「食生活がうまくコントロールできない」「人前でインスリン注射をするのに抵抗がある」などのさまざまな生活ストレスに対して，ストレス緩和や生活支援目的で心理面接を行う場合もある。

臨床心理士の仕事は，臨床心理士資格審査規定第11条に「臨床心理査定」「臨床心理面接」「臨床心理的地域援助」「臨床心理領域における調査研究」と定められているが，これらをどう使い分けるかは，医療現場の状況，患者とその家族の求める内容などによって異なる。各々の状況とその必要性に合わせた仕事をするべくさまざまな工夫が必要となる。

3. 支援の対象

病院において，支援の対象者は主には病を患っている当事者であるが，当

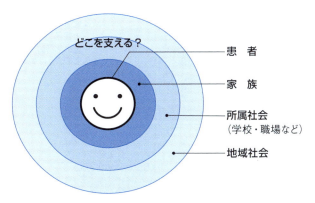

図 10.1　個人と取り巻く環境を支える

事者を取り巻く人々――家族やその社会環境に属する人――に対しても支援を行うことがある（図 10.1）。たとえば，治療が長期化する場合には，それに伴い家族の介護期間も長期にわたり，介護者の疲労が蓄積していくことも多くある。このような場合，介護者である家族の悩みや苦悩の軽減をはかることも臨床心理士の仕事の一つである。また，介護者が休息をとりやすいように生活上の工夫を考えたり環境調整を行うこと，リラクゼーション法などを加えることにより介護疲労の緩和を試みることなどが行われることもある。また，言語発達が一般平均よりも緩やかな子どもに対して「なぜ，あんただけできないの！」とつらく当たってしまう母親も少なくはない。このような時，母親の多くは自分の子どもだけ発達が遅れているという不安に駆られたり，子どもを不憫に感じたり，あるいは自分の育て方が悪いからだと自責感に駆られ，追い詰められて子どもに当たっていることも多くある。このような場合には，現在，子どもがどのような状態で，何を行うことが子どもにとってより良いかなど面接や検査から知り得た結果を踏まえ説明をすることで，具体的，現実的にとるべき方法がわかり落ち着いていく家族も多くある。患者の重要な支援者である家族を支えることは患者を支えることにもつながる。

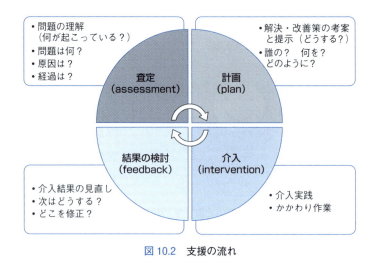

図 10.2　支援の流れ

4. 支援の流れ

　病院に来院する人は病をもった人であり，多くはその病の治癒を求めてやってくる（ただし，本人は自覚的には困っておらず，本人の症状に家族や周囲が困って本人を連れてくる場合もある）。いずれにしても，病を治療するためには，まず，その人に何が生じているかを把握する必要がある。図10.2は心理学的な支援を行う際の大きな支援の流れである。

　これに従って治療・支援の流れをみていくと，まず行うべきはこの患者さんに何が起こっているのかの把握である。「アセスメント（assessment）」「見立て」「診断」といわれる段階がこれに当たる。そして，その「アセスメント」に応じて，実際に「治療」「支援」が組み立てられ実行される。治療・支援をしつつ，それが有効に機能しているのかどうか，その経過・結果を振り返り，その結果によっては治療・支援のやり方を微修正したり，方法を変更したり，他の方法を加えるなどして，新たな治療・支援の枠組みを作っていく必要がある。以下，「アセスメント」と「支援」の実際について具

体的にみていく。

10.1.2 アセスメント・見立て・査定
1. アセスメントとは

　アセスメント（assessment）は「見立て」「評価」「査定」と訳されるが，その語源は，「そばに座る」「見る・見張る」という意味のラテン語"assidate"に由来する。もともとの意味は「誰か（何か）の傍らに座って，じっとよく見る」であるという。『広辞苑』で「見立て」を引いてみると，(a) しっかり見定めている，(b) 見て，適当なものを選び出す。見込みをつけて，良い悪いを見定める，(c) 世話をする，(d) 診断する，とある。これに基づいて，アセスメントを考えるならば，「横に座って，じっと見て，何が起こっているかを把握し，その支援をしていく」ということになるであろう。心理支援におけるアセスメント・診断の目的は，患者を何らかの疾患に振り分け，ラベリングをすることではない。当事者の病気の治癒や症状の緩和，問題の解決をはじめ，より生活しやすくなるためにどのような介入が必要か，その介入方針を立てるための行いである。

　また，アセスメントとは医療者が患者の状況を一方的に把握するだけの行為ではない。土居（1977）は「アセスメント」「見立て」について，精神医療の見地から「個々のケースについて診断に基づいて治療的見通しを立てることであるとともに，具体的に患者にどのように語りかけるかを含むもの」と説明している。また，神田橋（1984）も精神医学的診断という言葉を用いているが，「①医師が経過を見通し処理法を決定するための指針，②専門家間の共通言語，③患者に病状を説明するための道具」と説明している。つまり「アセスメント」には，治療者が「患者の状態を把握し治療の見通しを立てる」ことのみならず，その内容を「患者に伝え，患者自身に理解してもらうこと」という意味が含まれている。

2. アセスメントの流れ

　それでは，アセスメント・見立てはどのように行われるのであろうか。さ

まざまなやり方はあるであろうが，以下に一例をあげる。

①問題A（主訴・本人の訴え——主観的な，当事者側から見た問題）

②問題B（何が起こっているか。何が問題か。——第三者から見ての問題，あるいは，客観的事実から推測される問題）

③問題の経過（問題はいつから起こったか。どのような経過をたどっているか）

④原因（何によって問題が生じたと考えられるのか・問題の背景に何があるのか）

⑤問題に対しての本人や周囲の反応（問題に対してどう思っているか）

⑥問題に対して本人や周囲が現在までに行った対処（どのような対応を今まで行ってきたか，その効果はどうか）

⑦本人の要望（本人はどうしたい，どうなりたいと望んでいるのか。家族についても尋ねる場合も多い）

⑧支援体制（日常生活において，誰かどのような支援ができそうか）

　病院に来院された人の症状，問題が何であり，いつから，どのように生じているのか，問題（症状）は場所を問わずどこででも生じているのか，あるいは限定されているのかなど（What-When-How-Where）をみていく必要がある。また，その問題（症状）に対して，本人および周囲の人間がどう対処してきたのか，それはどのような効果を生んだのかなども介入に際しては重要な情報となる。たとえば，「電車に乗ると不安で心臓がバクバクする。呼吸が苦しい」という主訴は同じであっても，その症状ゆえに倒れる，外出できないなど生活に支障が出ている場合と，気にはなるけれども電車には乗れるし，降りたら症状が気にならないという場合では重症度は異なるであろうし，治療や支援の仕方も違ってくるであろう。また，「抑うつ的な気分がひどい」場合でも，昨日，就職活動で大失敗した後から生じているのなら，それは大多数に生じる一般的な反応となるが，ここ2年間断続的に生じているとなると個別的な・治療の対象となりうる反応ということになろう。また，症状が学校のみで生じる場合と，場所は問わずどこででも生じる場合とでは，

やはり，その原因も支援の方法も異なるであろう。患者に何が起こっているのかを具体的に把握することは，より実際的な介入計画を立てる上で必要なことである。この把握が見立て（assessment）であり，支援の第一歩となる。

3. アセスメントの方法

アセスメントにはいくつかの方法がある。①面接法（言葉のやり取り，対話を通して行うもの），②観察法（行動観察を通して行うもの），そして，③心理検査法（心理検査を使って行うもの）がよく知られている。

面接法は，2. であげた内容を言葉で直接尋ねていく手続きをとる。ただし，小さな子どもや知的・発達的な障害をもつ人の場合など，十分に自分の状況を把握し，語るのが難しいこともある。そのような場合は，当事者の家族など身近な人からその患者の様子を聞くことが多いが，観察法を用いて，患者の実際の行動や態度をみることによって情報を得ることもある。たとえばコミュニケーションの障害を抱えた子どもの場合を例にとると，実際どの程度のコミュニケーションが可能か，障害を抱えているとはいえ現在はどのようなやり方でコミュニケーションをとっているのかなどを具体的に把握するのに観察法は有効である。面接法と観察法は，前者が言葉を媒介として情報を手に入れるのに対し，後者が非言語を媒介として情報を得るともいえるが，実際の患者とのかかわりの中では同時並行的に行われることが多い。面接法を行い，言葉で患者と 2. の内容について話をしながら，話している患者の表情，行動を観察し，情報を得るというのが一般的である。あるいは患者が第三者（たとえば親）とどう接するのかを観察することもある。どのような表情で，どのような態度でその話をするかはその患者を理解する上で重要な情報となる。

一方，心理検査はどのようなときに使うか，あるいはどのようなときに依頼されるであろうか。心理検査が多く使われる状況は以下の通りである。

①患者の示す病像が，ある疾患の典型例ではない場合である。たとえば，幻聴など統合失調症の主要な症状を示しており，統合失調症の可能性はあるけれども，しかし，統合失調症らしくない部分が多々あるなど，典

型的な病像は示しておらず，診断が確定できない場合などがこれに当たる。

②複数の疾患の可能性がある場合である。統合失調症か解離性障害か判断が難しい場合や，パーソナリティ障害なのかストレスによる一過性の問題行動なのか判断が難しい場合などがこれに当たる。

③2つ以上の情報が大きく食い違い，患者の理解が難しい場合である。その患者と会ったときの印象と事前に得ていた情報——たとえば生活歴から得られる情報が大きく食い違う場合などがこれに当たる。一見，人当たりよく社会的な印象を受ける患者だが，転職を2年間に20回以上している，あるいは恋人を1カ月おきに替えているなど対人関係上の不安定さをうかがわせるエピソードが多くあるなどがこれに当たる。

④支援方法の選択に迷う場合である。この患者に内省型の精神療法を適用して大丈夫かなどと迷う場合や自殺の可能性が気になる場合などがこれに当たる。

⑤普通学級か特別支援学級への進学・進級かの判断や，障害者手帳の申請などでIQ値が必要な場合にも心理検査法は使われる。

⑥さらには，一概にはいえないにしても，面接，観察を通してのアセスメントだけでは十分でないとき（心もとないとき）に使われる印象がある。

臨床心理士は面接法，観察法，心理検査法などのいずれかあるいは複数を用いて「アセスメント」を行うが，これらは，医師の見立てやその他の所見と併せて総合的な見立てとして活用される。そして，その見立てに応じて，実際に「治療行為」「支援」「介入」が行われるのである。

10.1.3 個人への支援（心理面接・カウンセリング）

臨床心理士の仕事として，最も多くの人がイメージをするのは「個別カウンセリング」「一対一で行われる心理面接」ではないだろうか。この個別カウンセリングにはさまざまな方法がある。その詳細については前章までに述べられているため，ここでは具体的には触れないが，すべての方法に共通す

る点についてのみ触れる。

　医療領域で行われる心理面接（カウンセリング）は，病気や何らかの症状を有していたり，あるいは何らかの困難を感じている個人とその家族などに対して行われることはすでに述べた。患者とその家族が病院に求める治療・支援は病気を治したいということであろう。風邪をひいて病院にかかれば風邪の完治を求めるであろうし，骨折して歩けない事態が生じればふたたび歩けるための治療を求めるであろう。精神科領域でもこの点は同様である。しかし，対象としているものが「身体」のように見えるものばかりではなく，「心」のように目には見えないものを扱うことがこの「治療」＝「病気の完治」の理解を若干難しいものにしている。「不安」や「抑うつ」などの心性は健康な人の心の中にも少なからずあるものでそれ自体を完全に消してしまうことはできない。どこまでこの不安や抑うつを減少させれば治癒になるのかというのは難しい問題である。また，「白血球」「赤血球」など具体的な数値で把握されるようには心の中，たとえば「不安」や「恐怖」を測定はできない。むろん，心理検査などである程度把握は可能であるが，心を数値化するには限界がある。

　このため，精神科領域における治療は，病気治癒を直接的な目的にする場合と，病気を有しつつも充実した生活ができるように支える場合（療養生活を支える場合），また，病気を有した個人を支える場合などいくつかの形がある。以下，思いつくままにいくつか挙げる。

①症状緩和目的。不安を和らげる，緊張を緩める，不眠を改善させるなどさまざまな場合がある。自律訓練法，バイオフィードバックなどリラクゼーション法はこのような場合に有効に機能する。また，臨床心理士の仕事ではないが，投薬はこれに当たるであろう。

②行動変容目的。リスト・カットをやめたいのにやめられない，食べ吐きを繰り返してしまう（摂食障害・症状），手洗いがやめられない，物に触れられない（強迫性障害・症状）など，主にその人の問題が行動面に出ている場合，その行動によって日常生活が妨げられている場合に必要とされる。

たとえば，摂食の障害により体重が著しく減ってしまい生命維持に危険が生じているとか，体重の増減のみに気持ちが囚われて社会生活が営めない場合，また，不潔恐怖症により，手洗いに一日の大半を費やし学校に行けない場合，このような場合，その問題行動自体を軽減させることで生活が多少なりとも安定することがある。行動療法や認知行動療法などのアプローチはこれらの目的で使用される場合がある。

③生活維持・安定目的。病気をもちながらの生活において物理的ないし心理的負担の軽減を目的とする場合。病気や症状に直接働きかけるというよりも，病気を有しつつもできるだけ充実した日常を送れるように支援することを指す。

④病気・症状の改善よりも病気を有している個人の感情，考え方，対人関係のもち方など生き方全般に焦点を当て，その個人の人生の充実感，生きやすさを高めることを目的とする場合。あるいは，個人をエンパワメントしたり，個人の気づき（内省）を促すことにより，病気を有している自分自身を肯定し，生きやすさを増進させていく場合もある。

その他にも多々あるが，1つの支援の中に複数の要素が含まれ，相補的に働くこともある。

10.1.4 集団を活用した支援（デイケア・精神科リハビリテーション・復職支援プログラム）

疾患やその状態，個人的要因にもよるが，個別面接よりも集団精神療法のほうが有効な場合もある。集団を対象とした医療支援は，デイケア・プログラム，ナイトケア・プログラム，心理教育グループ，集団認知行動療法，復職支援グループ（リワーク）など当事者を対象にしたものの他，家族会など家族を対象としたもの，医療者を対象としたものなど多々ある。ここでは，精神科デイケア・プログラムおよび復職支援プログラム（リワーク）について取りあげる。

1. 精神科デイケア

　デイケア・プログラムは病院のみならず，保健所などでも行われるリハビリテーションの一形態である。医師の他，看護師，作業療法士，精神保健福祉士，臨床心理士など多職種がチームを組み，精神疾患を有する個人に対して，さまざまなプログラムを通して日常生活や社会生活の能力，対人関係能力の改善を図ることを目的としている。デイケアは高齢者を対象としたものや精神疾患を有する者を対象としたものが多くあるが，ここでは後者について主に述べる。

　たとえば，何らかの精神疾患で入院をした場合，退院後すぐに復職や復学が難しいことは多くある。病気が完治したというよりも，外来治療で何とかやっていけそうであるといった時点で退院の決定がなされることも多い。退院後，即，復職，復学などの社会復帰をする場合もあるがまれである。当事者とその家族の中には「入院していた間，休んでいたのだから（あるいは，周りに迷惑をかけているから）」と即，入院前と同じような社会生活をしようとされる人も多いが，入院生活中に患者は「治療」という大仕事をしていたわけであるから無理は禁物である。退院後には入院疲れがでるものだと中井（2007）が指摘するように，まず入院疲れをとるべく休養し，徐々に日常生活に慣れるところから始め，社会生活に戻っていくといったプロセスは必要であろう。

　デイケア・プログラムの一例は**表 10.1** の通りである。デイケアごとにプ

表 10.1　デイケア・プログラム（例）

	月	火	水	木	金
AM	朝の会 個別プログラム	朝の会 料理	朝の会 個別プログラム	朝の会 散歩	朝の会 個別プログラム
PM	手芸・絵画 帰りの会	スポーツ 帰りの会	就労・SST 帰りの会	スポーツ 帰りの会	心理教育 帰りの会

ログラムの内容は異なるが，ある程度，固定のプログラムがある場合が多い。カラオケやゲームのようなレクリエーション要素の多いプログラムもあれば，スポーツ，散歩など体を使うプログラムもある。また，料理や手芸，絵画など作業療法的な要素が大きいもの——生活機能を取り戻したり，日常生活を充実させるために必要なスキルを身につけるのに役立つプログラムもある。その他，心理教育的なプログラムは，自らの病気の特徴を知り，前駆症状に気がつきやすくすること，疾患に特有の症状が生じても手を打ちやすくすることなど予防・対処を学ぶのに役立つ。精神科領域の疾患の場合，長期にわたって疾患と付き合っていくこともある。また，一度完治しても再発予防を行うことは重要である。この際，ソーシャル・スキル・トレーニング（SST）や認知行動療法などが活用されることもある。さらに就労準備のためのプログラムもある。就労する際に，どのような準備が必要か，あるいはどのような点に注意して働くとよいかなどを学んだり，メンバー同士で就労経験を話したり，不安な点を話したりすることもある。実際，軽作業体験を行う場合もある。デイケア・プログラムの目的は上述したとおり，社会復帰の際に必要なスキル，生活態度を身につけることであるが，当事者同士で支え合う関係をつくること（ピア・カウンセリング的な要素）も重要な要素であるといえよう。

　また，近年，うつや適応障害などで休職する人が増加傾向にある状況を踏まえ，「復職支援プログラム（リワーク）」に携わる病院やクリニックも増えてきた。2004（平成16）年に厚生労働省は，心の健康問題で休職した労働者が円滑に職場復帰し，業務が継続できるようにすることを目指し，その支援の指針として「心の健康問題により休業した労働者の職場復帰支援の手引き」を発表した。その後，2009（平成21）年3月に新たな知見や経験を踏まえて中央労働災害防止協会に設けられた検討委員会において手引きの改訂がなされている。この中で，企業側（雇用者）は産業医などの助言を受けながら，業務の実態に即した形での職場復帰支援プログラムを策定することが示されている。手引書における職場復帰支援の流れは図10.3のようになっ

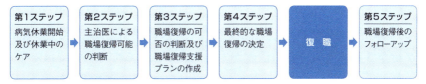

図 10.3　**復職支援の流れ**（平成 21 年「心の健康問題により休業した労働者の職場復帰支援の手引き」改訂版 より）

ている。この支援に臨床心理士がかかわることも多くある。「復職支援プログラム（リワーク）」の内容としては，ストレス・マネージメント，アサーション・トレーニング，生活習慣チェック，グループ・ディスカッション，認知行動療法，ワークエクササイズなどさまざまである。しかし，現在の状況を自分で把握しやすくするためのプログラム，ストレス・マネージメントのためのプログラム，自己主張を適度に行い，周囲から支援を得やすくするためのプログラムは，多くの場合，取り入れられているようである。

10.2 コンサルテーション・リエゾンにおける臨床心理士の活動

10.2.1　コンサルテーション・リエゾン活動とは？

1．コンサルテーション・リエゾン精神医学の歴史

コンサルテーション・リエゾン精神医学（consultation-liaison psychiatry）とは，「臨床精神医学の一領域で，臨床，教育，研究のすべての活動を含む」と定義されている（土居，1977）。この概念の源は，アメリカ，ニューヨーク州のアルバニー総合病院において，総合病院として初めて精神科が併設され，精神科以外のすべての科にかかわったことにさかのぼるとされている（神田橋，1984）。しかしこのときは，まだコンサルテーション・リエゾン（以下，リエゾンと略記）精神医学という用語は使われておらず，この用語が最初に使用されたのは，1939（昭和 14）年のコロラド総合病院のビリン

グス（Billings）による論文とされている。

　日本でのリエゾン精神医学の導入はさらに遅く，1977（昭和52）年に京都で開催された国際心身医学会議で，アメリカの精神科医によってその概念が紹介されてから，その活動が本格化したといっても過言ではない。1980年代に入ってから，日本各地でリエゾン精神医学の活動が普及し，1988（昭和63）年「日本総合病院精神医学会」が設立されることで，広くリエゾン精神医学が認知されたといえる。

　したがって，コンサルテーション・リエゾン精神医学はまだまだ歴史の浅い専門領域であり，今後さらなる発展が期待される領域でもある。

2. コンサルテーション・リエゾンとは？

　リエゾン活動とは，身体疾患の治療中に現れてくるさまざまな精神医学的問題，心理社会的問題に対処し，もともとの身体疾患の治療をスムーズに進めようとする活動の一つである。その対象は多様であるが，主には以下の患者に焦点が当てられる。

①身体疾患やその治療に伴って生じた反応性の心理的問題を有する場合。
②身体疾患の治療経過中に生じた精神疾患患者（器質性精神障害や症状性精神障害など）
③身体疾患を合併した精神疾患患者
④身体疾患の経過に心理社会的因子が大きな影響を与えていると考えられる身体疾患患者（心身症）
⑤身体症状を訴えるが，それを説明し得る身体疾患が発見されない患者で，身体化の検査・治療が繰返し行われている場合（身体表現性障害など）

　さらにリエゾン活動の対象は，患者本人のみではなく，患者−家族の問題，患者−医療者関係，時には患者にかかわる医療スタッフのメンタルヘルスへの介入，身体科の医療スタッフに対し，精神医学，心理学に関する基本的な知識や技術を教育し，患者の心理や行動への正しい認識を図る，など幅広い活動が含まれる。

　またリエゾン活動は，ただ単に身体科の医療スタッフから求められたとき

に相談に応ずることではなく，その科のチームの一員として構造的に活動することが求められる。つまり，身体科の病棟に常駐したり，身体科病棟を定期的に回診したり，定期的にカンファレンスに出席し，医療チームの一員として機能していく。そのことによって，精神科的問題，心理社会的問題をより早期に的確に評価し，治療が可能となり，患者の心理的苦痛を未然に防ぐ，あるいは最小限に抑えることにも貢献できる。

10.2.2　医療システムの理解とチーム医療の理解
1. 医療システムの理解

医療という領域で仕事を行っていく上では，医療のさまざまな基礎知識や規則・慣習を最低限身につけなくてはいけない。具体的には，その科で扱う身体疾患の症状・治療・経過と予後などに関する一般的な知識，薬剤や治療の効果と副作用に関する知識，医療保険制度に関する知識，感染症に関する知識，カルテなど医療情報の管理規則，医療および社会保険制度にかかわる法規，患者の人権・プライバシー保護・生命倫理に関する知識など，多岐にわたっている。これらの知識は，医療関連国家資格（看護師，薬剤師，理学療法士，作業療法士など）養成課程の中で，医療関連基礎科目として，職種によって内容や量は多少違っても必ず設定されており必須で学ぶ主要な科目である。

心理士は他のコ・メディカルスタッフと違い，大学・大学院でこれらの医療関連基礎科目を学ぶ機会はまれである。だが，心理士も医療スタッフの一員になる以上は，医療チーム全体が共通基盤として理解している医療の基礎知識を習得し，チームで足並みをそろえて対応が行えることが必要である。したがって医療心理士を志す人は，これらの科目を学習する機会を得ることが大切である。

2. チーム医療の理解

医療現場では，1人の患者に対して従来の医師と看護師に加えて，薬剤師，栄養士，理学療法士，作業療法士，言語聴覚士，医療ソーシャルワーカー，

臨床心理士など，さまざまなコ・メディカルスタッフが共同して治療目標達成のためにかかわっている。近年このチーム医療の必要性が，特に重要視されている。

　このように1人の患者に多職種が同時期にかかわっていく場合，当然治療方針を統一し，同じ方向へ患者を導いていく共同歩調と，専門職ならではのかかわりを矛盾なく発揮していく力量が必要となる。チームの一員として心理士が力を発揮するためには，自分の専門性に応じた仕事の範囲と限界およびその責任を十分に認識する必要がある。加えて，他スタッフの専門性も十分に理解し，尊重し合えることが必要である。問題の内容によっては，複数の職種が共同して専門性に応じたアプローチを重ねることで成果が得られることが多々あり，最適な支援とは何か，他職種と話し合いながら考えていく力量が必要となる。そうしたチームミーティングでは，心理学の専門用語を用いず，誰でもが理解しやすい日常用語を用いて議論ができることが必要であり，スタッフ間での共通言語を用いるように心がけることが大切である。

　以上をまとめると，リエゾン活動を行う心理士がチームの一員として機能していくためには，臨床心理学の専門的技能を有していることに加えて，①他の医療チームメンバー全員が共通基盤として有している医療の基礎知識を習得していること，②リエゾン活動を行う領域の疾患や治療法などに関する医学的基礎知識を有していること，③他スタッフの専門性・仕事内容を十分理解し尊重し合えること，④心理学の専門用語を用いず誰でもが理解しやすい日常用語を用いて，心理学的視点からの意見を伝えられるコミュニケーション技能を有していること，が必要である。

　チームで対応している患者に心理的問題が生じた場合，他の医療スタッフもその問題を認知し，各職種なりの心理的問題に対する対処を開始している場合もある。身体科の医療スタッフも，決して心の問題を無視して身体治療のみを進めているわけではない。したがって，"心の専門家は心理士だけ""患者や家族の心理に関心を寄せているのは心理士だけ"とは考えず，他の医療スタッフから得られる情報を大切にし，他の医療スタッフから学ぶ姿勢

も欠かせない。

10.2.3　心理的評価

　リエゾン活動において心理的介入を始める際にも，一般的な臨床心理学的評価や見立てが必要である。患者の心理社会的問題を評価し，精神症状，パーソナリティ，知的能力などの評価を面接，心理査定，行動観察などによって行い，見立てやその後の対処方針を決定していく。一般的な臨床心理学的評価に関しては前節で述べているので，本節では，一般的な臨床心理的評価に加えて必要な，リエゾン活動における心理的評価について述べる。

1. 身体疾患に伴う精神症状の評価

　身体疾患に伴って，体の疾患が原因で精神症状が生じることは意外に多い。したがってまず，身体疾患に伴う精神症状の評価が必要になる。これは，頭部外傷，脳血管疾患，脳腫瘍など中枢神経疾患に伴って生じるさまざまな機能障害（記憶障害，遂行機能障害，失語など）や症状（情動障害，せん妄など）の評価，身体疾患によって生じるホルモンの異常，電解質異常，呼吸不全や肝機能不全など身体の生化学的バランスの乱れから生じる精神症状の評価，治療薬の副作用によって生じる精神症状の評価などが必要である。これは，身体科医師や精神科医と連携を取り，家族や介護者から身体疾患が生じる以前の患者の状態の情報収集を行い，他のコ・メディカルスタッフから病棟や訓練室での言動の情報を得ながら，総合的な評価を行っていく。

2. 患者心理の理解

(1) 疾患受容のプロセス

　次に，患者心理を踏まえた評価が大切になる。重症身体疾患，特に生命の危機を伴う疾患，完治は難しく障害が残り社会生活上の変化を余儀なくされる疾患，慢性進行性の疾患に罹患するということは，それまでの身体的な健康や，それによって支えられていた自信を失うことである。さらに社会的立場や家庭での役割に変化が生じ，こうした変化は患者にとって重大な喪失体験となる。疾患によって身体機能の低下が生じることで，今まで当然のよう

に行えていた日常生活動作が行えず，他者の手助けを要する状態は，患者の自尊感情を著しく低下させる。この自尊感情の低下は，対象喪失克服の妨げになるともいわれている。

対象喪失を乗り越え，疾患を仕方がないものとして受け入れていくには，一定の心理過程をたどる。それは，基本的には「ショック」→「否認」→「直面化」→「適応」という経過をたどる（堀川，2003）。

「ショック」の時期は，「頭が真っ白になって言われたことをよく覚えていない」「混乱していてどうしたらいいか判断できない」などと訴える患者も多く，動揺のため現実に対処する機能が一時的に停止してしまった状態である。

「否認」の時期は，患者にとって受け入れがたい現実（重症の身体疾患を罹ったという事実など）を意識的・無意識的に否定しようとする心の働きである。否認は，現実を否定することで，自分の心の安定を保とうとする自己防衛の役割を担っている。しかし，否認しても，疾患に関連して生じる不安が患者の心の中で完全に消えてしまうわけではなく，さまざまな不安症状が出現しやすい。時には，呼吸苦，冷汗，動悸などの自律神経症状や，頭痛，吐気，腹痛など不定の身体症状に置き換わって訴えられることもある。この否認は，患者の心理を考える上で，非常に大切な概念である。否認は，程度や現れ方の相違はあっても，ほとんどすべての患者に生じる。一時的で反応性のときには本人の気持ちの中だけに止められた否認，疾患そのものを否認するわけではなく疾患の重大さを部分的に否認する場合，検査や治療の妨げとなる強固で長引く否認などさまざまである。一過性反応性の否認は，誰にでも起こり得る，ある意味適応のための反応であり，基本的な対応は患者が受け入れるのを待つことである。しかし，強固で長引く否認で治療や日常ケアの支障となる否認は，病的否認と呼ばれ，その修正のための介入が必要である。したがって，患者の否認が適応のための否認か，病的な否認かを評価することが非常に大切である。

否認が長く続くことはまれであり，多くの患者は疾患を受け入れるために

「直面化」の時期に向かう。疾患を受け入れるには多くの苦痛を伴い，抑うつや不安，そして「なぜ私がこんな病気にならなくてはいけないのか」という怒りが加わり，精神的に不安定になる。また，この「ショック」「否認」「直面化」の過程は，一直線に進んでいくのではなく，直面化しようとしては否認に転じ，また直面化に向かうといった，行きつ戻りつしながら進んでいくことが多い。したがって，患者が今どのプロセスにいて，何を苦痛に感じているかを，適宜評価し，把握しておくことが大切である。

(2) 患者という役割を担うことの負担

患者は，特に入院した場合，患者としての立場を受け入れ，病院の都合によって決められたたくさんの規則（食事の時間，面会の制限，入浴時間，起床・消灯時間，外出制限，ベッド上安静などの行動制限など）に従うよう指示され，自分の身体についてのプライバシーは失われた状態になる。それまでの生活や社会的立場はあまり考慮されず，個人としては尊重されず，単に"患者"として扱われる。さらに，一方的に医療スタッフからの援助を受けざるを得ない状況に追い込まれる。これは，本来自立性や能動性の高い人にとっては，非常に抵抗を感じ，時には屈辱的な体験となる。その反面入院生活は，さまざまな社会的役割，責任，日常生活上の負担から一時的に解放されるため，退行を促進するともいわれる。患者の中には，社会生活上ではまったくみられなかった過剰な依存や退行を示す場合がある。リエゾン活動における患者の心理的評価は，こうした患者役割の中で生じていることを加味して見立てていく必要がある。

3. チームの評価

最後に，自分が参加している医療チームが，どの程度患者の心理的問題に対して関心を抱き，どの程度正確に精神症状や心理的問題を理解し，どの程度日常的な介入に協力が得られるかを評価しておくことが大切である。身体科医療スタッフの精神医学や心理学に対する認識は個人差が大きく，同じ病院の中でも，病棟ごとに大きく違うことはまれではない。同じ病棟の看護スタッフの中でも，的確に患者の心理を把握しているのは誰かをつかんでおく

ことが大切である。それは，患者への介入時の協力者を得るために必要なだけではなく，チームに対して精神医学・心理学に関する基本的な知識や技術を教育し，患者心理への正しい認識を図る際にも必要な評価となる。

10.2.4 心理的アプローチ
1. 支持的心理法
　最初に行う基本的アプローチは，支持的な対応である。最も重要なことは，患者の苦痛や困惑をよく理解することであり，共感的・非審判的姿勢で理解しようとすることが，支持的対応の基本である。まず患者の気持ちに関心を寄せ，疾患が患者の心理や生活に与えた影響について患者が抱えている感情の表出を促し，それらを支持的，共感的に聴くことが大切である。

　その中で，疾患の治療経過の体験を聴く，患者がこれまで受けてきた医療の振返りを行うことも有効である。患者は，疾患にかかわる症状を自覚し，病院を受診し，種々の検査を受け，自分の病名を知り，治療を受けるという一連の経過の中で，さまざまな苦痛を体験している。重症疾患に罹患したことへの衝撃，医療スタッフの対応への怒り，検査結果に対する失望，治療にかかわる不安や苦痛など，時には聞き手に対して理不尽な怒りがぶつけられることもある。しかし，その怒りや不安をしっかり受け止めることが，支持的対応を行う者の大切な役割である。患者と過去の苦しい体験を共有することで，患者は自分の気持ちの一部が医療者に通じたと感じることができ，患者-医療者の治療同盟の形成の手助けとなる。さらに他者に怒りや不安を受け止められる体験は，患者の疾患受容を促進する作用がある。

　また，支持的対応の中で，患者が疾患にかかわる困難にどのように対応してきたか，そして現在の苦痛にどのように対処しているか，何が患者を支えているか，といった患者の疾患に対するコーピング方略を傾聴しながら把握することが大切である。さらに，患者のコーピングを支える方向で支持し，援助を検討することが必要である。

2. 心理教育的アプローチ

　心理教育的アプローチの目標は，疾患や治療に関する正しい医学的知識・情報を提供することと，不確実な知識や理解から生じた誤解や思い込みを訂正し，誤解から起因している不安や心配を軽減することである。たとえば末期がん患者が，「痛み止めのモルヒネを使用すると薬の副作用で余命が短くなる」と思い込み，激痛に耐えながら療養しており，その心配について他の医療スタッフには伝えず，単に「モルヒネは使いたくない」と強く主張している場合がある。心理教育的アプローチでその誤解を解き，安心してモルヒネを使用することが可能となり，身体的苦痛が軽減できれば，患者の不安を軽減する一助にもなる。このように，誤解や思い込みから，疾患や治療に対して過度な不安や恐怖心を抱いている患者はまれではない。丁寧に正しい医学的知識を提供することは非常に大切であり，それが適切な治療にもつながっていく。また，心理教育的アプローチは，他の医療スタッフと共同して，課題を統一して進めていくとさらに効果的である。

3. その他の心理療法と精神科への紹介

　支持的対応と心理教育的アプローチを行っても，さまざまな心理学的問題が継続していると評価された場合，さらなる心理的アプローチが追加される。その内容は，患者の身体的・精神的状態，その病院・その科の状況，心理士のマンパワーなどによって，アプローチの方法は決定される。一般的な臨床心理学的アプローチの基本は前節を参照してほしい。

　さらに心理士がかかわっていく中で，患者の精神医学的問題がみつかり，新たに精神科への紹介受診が必要になった場合はどうしたらよいか。精神科への紹介に抵抗を感じたり，拒否する患者は珍しくなく，中には「体の病気で入院したのに，精神科へ行けとはどういうことだ！」と怒り出す患者もいる。まず精神科に患者を紹介しようとするとき，基本は率直な態度で精神科受診を打診してみることである。その際は，患者自身が苦痛に感じ困っている症状，たとえば不眠や食欲低下，不安で動悸がする，などを上げて，専門の先生に相談してみてはどうか？　何か援助が得られる，ということを説明

して勧めてみる。「精神科なんて受診したくない」という回答が出された場合，もう一歩踏み込んで，受診したくないと思う理由を尋ねておくことが大切である。理由を聞くと，「精神科は異常な人が行くところ」「精神科の薬を飲んだら一生止められない」など，いろいろな誤解をもっている人は少なくない。特に高齢者の中には，独特な精神科へのイメージをもっている人が多い。そうした誤解も，心理教育的アプローチで修正することが大切である。重篤な疾患の経過では，心配が高じて眠れなくなったりストレスがたまる人は多く，決して自分だけが特別ではないこと，精神科を受診して気持ちが楽になった人も多いことを伝えていく。このように，精神科受診が必要な患者と精神科の間にある壁を取り除き，両者の架け橋になるのも医療心理士の大切な役割の一つである。

　心理教育を行っても，精神科拒否の気持ちが変わらない患者も少なからず存在する。そのような場合は，患者の気持ちを尊重し，しばらく心理療法を続けて対応してみることを保証し，提案を拒否したことで患者に不利益はないことをあえて付け加えることも大切である。一方チームカンファレンスでその経過を報告し，チームカンファレンスの中で精神科医からコンサルテーションを受けたり，精神科医がチームメンバーに入っていない場合は，カルテ診を行ってアドバイスを受けるのも一つの方法である。

10.2.5　家族への援助

　患者の家族は，患者の援助者であると同時に，患者とともにさまざまな心理社会的苦痛を抱えており，十分に配慮が必要な存在である。それは，患者家族としてのケアの時期と，患者が不幸にして亡くなった場合の遺族ケアの時期とに分けられる。

1. 患者家族のケア

　患者家族の担う役割は，外来通院時の付き添い，病状説明の同席や治療方針決定に伴う同意，患者の看病，入院になるとお見舞いや洗濯物の片付け，医療費の支払い，患者以外の家族の世話など，多岐にわたっている。さらに，

家族が重篤な疾患に罹患したという精神的なショック，「なぜもっと早く病気の徴候に気づいてやれなかったのか」という後悔や自責感，患者が家族の中心的存在であった場合依存対象を失う不安，など家族の負担は非常に大きい。さらに，患者家族も重篤な身体疾患や精神疾患に罹患している場合もある。しかし，家族の呈する苦悩は過小評価され，看過される傾向にあった。

がん患者を対象とした調査では，家族の20％は看病のために仕事を辞めるか人生の方向転換を余儀なくされ，介護が主たる職業のようになってしまうという報告（厚生労働省，2004）や，3割の家族は，家族の主な収入源が患者であり，収入源を失ったという報告（Lipowski, 1971）など，家族は患者の疾患を機に，経済的負担が増え，社会経済面での問題が大きくなっていることが分かる。白血病の子どもをもつ親に関する調査では，36％が神経症性抑うつ状態にあるという報告（山脇（編），2009）があり，がん患者家族全体のシステムレヴューの調査でも，10～30％の家族に何らかの精神医学的な疾患が認められるとされている（Billings, 1939）。

したがって，介護にあたる家族の心理に関しても注意を払い，家族を第2の患者と考えて，治療や援助の対象として認識することが大切である。

2. 遺族ケア

患者が亡くなった場合，医療機関での医学的治療は終了するが，家族は，家族の一員を亡くしたことでの悲しみや苦しみが新たに始まる。大切な家族との死別は，精神的にも身体的にもさまざまな影響を及ぼす。配偶者を亡くした54歳以上の男性は，配偶者のいる同年齢の男性に比較し，死別後6カ月以内の死亡率が約40％上昇するという報告（Schullz & Breach, 1999）がある。また，女性では，死別後1年以内にうつ状態を呈する未亡人は47％とする報告（大西ら，2007）がある。このような遺族に対する援助の必要性をシュナイドマン（Shneidman）は後治療（postvention）「つらい出来事の後になされる適切な援助」の必要性として指摘している。

遺族ケアは，大西ら（2007）によれば，すべての人に行うよりも，必要性を感じている人に対して行うほうがより効果的であるといわれている。遺族

会という形式で，定期的にお知らせを出し，自由参加のオープングループで支援を行う病院が増え始めている。遺族会の中で，同じ体験をもつ家族同士の体験の共有が，グリーフ・ケアにつながることが多い。

また，遺族が病棟を訪問することも多く，その際に，看病の労をねぎらい，会話をする時間を設定することが，遺族ケアの第一歩であることを念頭に入れておきたい。

10.2.6 チーム医療における心理士の役割

チーム医療における心理士の役割は多岐に渡っている。

1. チームの一員としてその専門性を発揮する役割

それは，①患者の心理社会的問題，精神症状を評価し，②チーム全員に患者の心のメカニズムを解説し，③対処方針を検討し，④心の問題を緩和させるための介入などである。

2. 患者と医療スタッフの橋渡しをする役割

これは，医療スタッフの疾患や治療法に関する説明を十分理解できない，または受け止めきれない患者に対して，患者の理解度や疑問，不安や要望を把握し，丁寧な説明を追加する。場合によっては，医療スタッフに患者の疑問や要望をフィードバックし，新たな対応をチームで検討することである。また，前述したような，精神科受診の橋渡しをする役割もある。

3. 患者の心理を解説し，どのような点に配慮して対応したらよいかなど解説するコンサルテーションの役割

これは患者の心理の理解だけではなく，医療スタッフの言動がどのように患者に受け止められているかについても解説し，誰がどのような対処を行っていくのがより有効であるかについても具体的に提案し，チームで話し合うことが必要である。こうした問題解決のアドバイザーとしての役割は，時に医療スタッフのメンタルケアの役割を担うこともあり，そうした配慮も必要である。

以上のように心理士は，チーム医療の中で，複数の役割を柔軟に遂行して

いく必要がある。その際,自分が今,どのポジションで(チームのメンバーとしてか,患者の代弁者としてか,コンサルタントとしてかなど)発言しているかを常に意識し,対処していくことが大切である。

10.2.7 がん医療における医療心理的アプローチの実際

本邦では,2人に1人が生涯でがんに罹患し,3人に1人ががんで亡くなる現状にあり,がんは非常に頻度の高い疾患である。がんの診断を受け治療を進めていくことは,患者にとっても家族にとっても大きなストレスであり,その過程でさまざまな心理社会的問題が生じてくる。したがって,がん医療の中で,心理学的問題の理解や対応の仕方について考えていくことは重要である。

また,2007(平成19)年4月に「がん対策基本法」が施行され,厚生労働省が定めた「がん診療連携拠点病院の整備」の中で提示している,がん診療連携拠点病院の指定要件の中には,「緩和ケアチームに協力する薬剤師および医療心理に携わる者をそれぞれ1人以上配置することが望ましい」と記されている。つまり,がん診療の医療チームの中に,心理学の専門家を配置することが望ましいと記述されているのである。

医療心理の中で,がん医療の問題は重要なテーマの一つである。ここでは症例を提示して,がん医療における医療心理学的支援の実際について述べる。

1. 症 例
①患 者　70歳代,女性,娘と2人暮し
②診断名　直腸がん術後(人工肛門),多発性肝転移,骨転移
③主 訴　#1　不安で1人でいられない
　　　　　#2　早く終わりにしたい
④現病歴
　X-2年10月,血便,下血が出現し,A病院で直腸がんの診断を受け,切除術・人工肛門設置を勧められた。同年11月,セカンドオピニオンを求めB病院を受診したが,同様の説明を受けた。再度C病院で精査を受け,

結局C病院で直腸切除，人工肛門設置術を受けた。X－1年6月，腰痛，腹満感が出現し，C病院で精査を受けた。直腸がん再発，多発性肝転移，骨転移，軽度の腹水を認め，C病院で化学療法を2クール受けた。しかし腫瘍縮小効果は乏しく，上肢のしびれ，吐気，肝機能障害などの副作用のため積極的な治療を中止した。

X－1年9月より，在宅療養を行っていた。退院当初は，人工肛門のパウチ交換を自分で行い，簡単な家事を行うことも可能だった。しかし，徐々に両上肢のしびれのためパウチ交換が難しくなり，11月，D病院外科病棟に入院した。入院後，上肢のしびれについて精査を行い，脳転移などの器質的異常は認められず，化学療法の副作用による末梢神経障害の診断を受けた。人工肛門管理の指導を受け，自己管理が可能となり，同年12月に退院した。

X年1月頃より，ふたたび上肢のしびれ，腰痛が強くなり，パウチ交換への不安を訴えるようになった。X年1月28日，娘が仕事から帰ると，トイレの中で便まみれになって泣いている患者を発見し，在宅療養の限界を感じ，X年2月D病院緩和ケア病棟に入院した。入院時は，「もう死ぬんだから早く終わりにさせたい」といった訴えが聞かれた。

2. チームメンバーと初回カンファレンス

まず，主治医である内科医より患者の概要について説明があった。腰痛に対して，モルヒネの増量・調整を行うこと，痛みの評価を看護師が行っていくことが提示された。また，吐気や倦怠感(けんたい)に対して，ステロイドの点滴も開始されていた。さらに，手のしびれから歯磨きができておらず，歯科衛生士に口腔ケアを依頼するとの報告があった。

担当看護師からは，人工肛門の管理について，患者参加型で進めていくこと，夜間の行動観察や転倒リスクの評価を行っていくと報告された。そして，患者の不安を傾聴し，病棟生活への適応を促す方針が語られた。

精神科医からは，不眠と不安焦燥など精神症状の評価を行い，薬物療法を検討することと，心理士の介入が提案され，心理士と共同して心理的サポートを開始することとなった。

3. 医療心理士の介入

(1) 支持的傾聴を行いながらの心理的評価

初回面接時は，1人になることの不安や，手がしびれて人工肛門のパウチ交換ができないことを繰返し訴えていた。今まで受けてきた医療体験の振返りの中で，「本当は，人工肛門をつくるくらいなら手術をしたくなかった」こと，「人工肛門にせずに手術をしてくれる病院を探して入院したのに，手術の前夜になって急に，人工肛門にしないと手術はできないといわれた。だまされて手術した」「人工肛門なんてもう人間の体じゃない」など，受けてきた医療に対する後悔の念が語られ，十分に傾聴し，患者の医療体験を共有することに努めた。患者は，手術による身体機能の喪失体験と，がんという疾患を受け入れる「直面化」の過程で，不安や怒りを強く示していると評価された。

また，がん患者の精神症状のスクリーニング法であるつらさと支障の寒暖計（Pitceathly & Maguire, 2003）（図10.4）を施行し評価を行った。これは，気持ちのつらさが4点以上かつ，生活支障度が3点以上で陽性とし，心理的援助が必要とされている。患者は，気持ちのつらさ，生活支障度ともに10点と回答し，高い値を示していた。

(2) 患者と他医療スタッフとの橋渡しと心理教育

患者は，主治医から指示されたモルヒネの増量について不安を感じていた。しかしその不安は，「モルヒネを増やしていくとだんだん効果がなくなってきて，最後の最後に効かなくて痛みに苦しみながら死ぬんだ」や「モルヒネが増えるのはがんが大きくなっていて，もう終わりということ？」といった誤解に基づいた不安であることが分かった。不安の内容について十分傾聴した上で，主治医，薬剤師，看護師とも歩調を合わせ，モルヒネ使用の正しい知識の提供を行った。患者は，「先生も同じようなことを言ってたけど，みんなそう言うなら大丈夫なのかしらね」とモルヒネの増量を受け入れていった。

さらに，睡眠導入剤は「使用するとよく眠れる」と効果を自覚していたが，

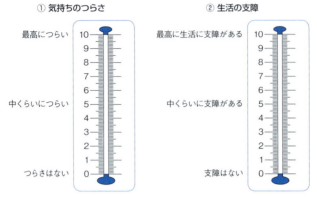

図10.4 つらさと支障の寒暖計（Pitceathly & Maguire, 2003）

「抗不安薬は飲みたくない。モルヒネも眠剤も，点滴も始まって，これ以上薬ばっかりはね……」と抗不安薬服用への抵抗を示していた。患者の現在の心理状態や抗不安薬の効果について話し合った結果，不安が強い状態にあるという自覚は得られたが，やはり抗不安薬は使用したくないという意向が強かった。そのため，不安への対処法として自律訓練法を開始することとし，抗不安薬に関しては，もう一度チームで検討してみることとした。

(3) チームカンファレンス

主治医からは，モルヒネの増量で痛みの訴えが軽減していること，ステロイドの点滴で吐き気がなくなり，食欲が出てきていること，しかし倦怠感は続いているなどの報告があった。看護師からは，夜間眠剤使用により良眠していること，トイレのときはナースコールを押せており転倒の心配は少ないこと，人工肛門のパウチ交換は，患者参加型にしているが，手のしびれを理由に患者自身は手を出さず，看護師におまかせ状態であるとのこと，また，病棟生活には慣れてきたが，不安焦燥感が強く，些細なことでナースコール

を頻回に押し，1人になることへの不安がある様子であると報告があった。
　心理士からは，患者の心理的評価について報告し，抗不安薬への抵抗が強いことを伝えた。抗不安薬についてチームで話し合い，患者の意向を尊重し，ひとまず抗不安薬の服用を中止し，不安焦燥感に対して自律訓練法を進めていくことになった。チームメンバーに対して簡単に自律訓練法の練習手順と練習を行っていく上で配慮する点などについて説明した。また，毎日の練習に関して，担当看護師数人の協力を依頼した。

(4) 自律訓練法の導入

　患者は痛みの症状があるため，練習姿勢は，患者にとって一番楽な姿勢である半座位に設定した。また，不安焦燥感が強いため，練習時間を短めに設定した。手のしびれのため，練習記録を書くことが困難なため，看護師に協力を得て，毎回口述筆記してもらうこととした。また，毎回看護師の声かけによる，他律的自律訓練の形式で開始した。

　以上の練習方法の設定を行い，毎日自律訓練の練習を重ね，練習が進むに従って，徐々に不安焦燥感が軽減していった。1カ月後には，初回に行ったつらさと支障の寒暖計が，気持ちのつらさ6点，生活支障度5点に低下した。

産業・司法領域における心理支援

本章では，産業領域と司法領域で働く臨床心理士の活動について取り上げる。

11.1 では，産業領域いわゆる職場のメンタルヘルスにおける臨床心理士がどこでどのような活動をしているのかを概説する。

11.2 では，司法領域での心理臨床活動について，少年司法における活動と刑事司法における活動に分けて解説する。

11.1 産業領域における心理支援

11.1.1 産業領域——働く人のメンタルヘルスの現状

日本で仕事に就いている人の数は 6,300 万人（男性 3,606 万人，女性 2,694 万人）いるが，そのうちのどれくらいの人がストレスを感じているのだろうか。現在の仕事や職業生活に関することで強い不安，悩み，ストレスとなっていると感じる事柄がある労働者の割合は 2012（平成 24）年時点で，60.9％となっている（厚生労働省，2012a）。1982（昭和 57）年の調査以降，割合は増加傾向にあったが，2002（平成 14）年以降減少していた。しかし，2012（平成 24）年の調査ではふたたび増加傾向に転じている。また，代表的なストレス関連疾患である気分障害（うつ病や躁うつ病）の患者数は，2011（平成 23）年時点で 100 万人近くおり，1999（平成 11）年時に比べると，2 倍以上に増えている。特に，男女ともに 30 代，40 代のうつ病の患者数が急増している（厚生労働省，2012b）。

では，働く人のストレスの原因にはどのようなものがあるのだろうか。厚生労働省の調査によると，仕事や職業生活に関する強い不安や悩み，ストレスの原因としては，「職場の人間関係の問題」（41.3％）が一番多く，その次

表 11.1 仕事や職業生活での強い不安等の有無と内容別労働者の割合
(厚生労働省, 2012a)

(単位%)

		1992年	1997年	2002年	2007年	2012年
	強い不安, 悩み, ストレスあり	57.3	62.8	61.5	58.0	60.9
強い不安、悩み、ストレスの内容（3つまでの複数回答）	仕事の質の問題	41.2	33.5	30.4	34.8	33.1
	仕事の量の問題	33.9	33.3	32.3	30.6	30.3
	仕事への適性の問題	25.8	22.8	20.2	22.5	20.3
	情報化・技術革新への対応の問題	—	—	8.9	—	—
	職場の人間関係の問題	47.9	46.2	35.1	38.4	41.3
	昇進, 昇給の問題	18.9	19.8	14.5	21.2	18.9
	配置転換の問題	5.8	7.5	6.4	8.1	8.6
	単身赴任の問題	1.2	1.3	—	—	—
	転勤に伴う転居の問題	1.9	1.7	3.9	—	—
	雇用の安定性の問題	—	13.1	17.7	12.8	15.5
	会社の将来性の問題	—	—	29.1	22.7	22.8
	定年後の仕事, 老後問題	15.8	17.3	17.2	21.2	21.1
	職場の喫煙の問題	—	13.1	—	—	—
	事故や災害の経験	—	—	—	2.3	2.1
	その他	11.5	10.4	7.7	9.3	8.2
	不明	—	—	0.0	0.1	—

仕事に関する強い不安, 悩み, ストレスがある, と答えた労働者に, どのような事柄に対して感じるか聞いた調査結果（3つ以内で複数回答可）。

に,「仕事の質の問題」(33.1%),「仕事の量の問題」(30.3%）へと続いている（厚生労働省, 2012a）(**表 11.1**)。

11.1.2 働く人のメンタルヘルス対策のこれまで

日本で働く人のメンタルヘルスが注目されるようになったのは, 昭和30年代のことである。戦後になり, アメリカから人事管理のノウハウが伝わるようになる中で, 企業の中に精神的なケアを行うクリニックを置こうとする

流れが強まった。この流れを受けて，産業医（企業などで労働者の健康管理を行う）や精神科医，産業看護職（産業領域で働く看護職）などが参加する「職場不適応研究会」が発足した。職業関連でのカウンセリング，いわゆる産業カウンセリングが始められたのもこの頃であった。1954（昭和 29）年に，日本電信電話公社（現在の NTT）がカウンセラー制度を試行的に導入したことをかわきりに，1956（昭和 31）年には国際電信電話株式会社（現在の KDDI）にカウンセラーが置かれ，1957（昭和 32）年には松下電器産業，明電舎，神戸製鋼などの会社が制度を設けた。当時，相談に対応していたカウンセラーは，カウンセリングの講習を受けた人事・労務部門の者や定年の近い者，専門のカウンセラーなどであった。高度経済成長と重なり，産業カウンセリングは急速に発展したが，1960 年代後半の学生運動や 1970 年代のオイルショックなどの影響を受けて，メンタルヘルスに関する活動は一時停滞した。

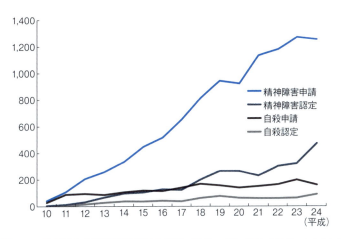

図 11.1　**精神障害の労災補償状況の推移（単位：件）**（厚生労働省，2012c）
精神障害の労災申請は増加の一途である。一方で，申請から認定までにかかる時間や，認定の仕方などが新たな問題となりつつある。

その後，1984（昭和59）年に，民間で初めてのうつ病の労災認定（労働者の病気や負傷，死亡などについて，労働災害として労働基準監督署に認定されること）がなされた。旧労働省が，仕事がうつ病の原因になったことを認めたことで，企業における精神疾患への対策の必要性が示唆された。その後，1999（平成11）年に旧労働省が出した「心理的負荷による精神障害等に係る業務上外の判断指針」により労働災害の認定基準が緩和されてからは，精神障害や自殺に係る労災申請数，労災認定数が急増している（図11.1）。また，1998（平成10）年以来毎年自殺者が3万人を下らず，大きな社会問題となり，メンタルヘルスに対する行政施策が立てられる中，企業にも充実したメンタルヘルス対策が求められるようになった（図11.2）。2000（平成12）年に旧労働省から出された「事業場における労働者の心の健康づくりのための指針」では，事業場のメンタルヘルス対策の進め方として，「心の健康づくり計画」を立てて，本人，管理者（いわゆる上司），事業場内産業保

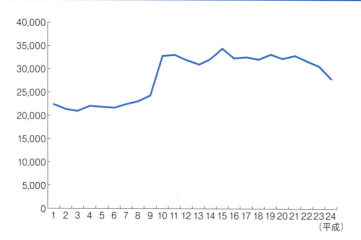

　図11.2　**自殺者数の推移（単位：人）**（平成26年版自殺対策白書）
平成10年以降，自殺者は3万人を超えて推移している。平成24年は14年ぶりに自殺者が3万人以下となったが，他の先進国と比較すると依然として高い水準となっている。

健スタッフ，事業場外資源（医療機関，産業保健推進センター，民間のメンタルヘルスサービス提供機関など）がそれぞれの立場からメンタルヘルス対策を推進すること（4つのケア）が勧められている。

11.1.3 職場のメンタルヘルスにかかわる制度

　職場のメンタルヘルスの対策には，さまざまや法律や国が定めた指針がかかわっている。その中でも特に重要な，労働安全衛生法と，厚生労働省の「労働者の心の健康の保持増進のための指針」の2つを紹介する。

　労働安全衛生法は，産業領域の心理臨床と大きくかかわる法律的位置づけである。もともと，労働基準法の中に安全衛生にかかわる規定があったが，産業の発展や技術の進歩に伴い，新しい労働災害の危険が増大し，改定が追いつかなくなった。こういった状況に対応するために，1972（昭和47）年，安全衛生にかかわる部分が独立する形で労働安全衛生法が施行された。労働安全衛生法には，労働者の健康確保に関する基本的な事柄が定められている。

　厚生労働省の「**労働者の心の健康の保持増進のための指針**」は，2006（平成18）年に労働者のメンタルヘルス対策の推進を目的として策定された。指針の中では，事業場におけるメンタルヘルス対策推進の基本的な考え方が示されている。おもな内容は，①事業者は，メンタルヘルスケアの推進にあたって，衛生委員会（常時50人以上の従業員のいる事業場で設置が義務づけられている衛生に関することを調査審議して事業者に意見を述べるための会議）などで十分な調査審議を行うこと，②事業者は，メンタルヘルスケアに関する事業場の現状と問題点を明確にし，その問題点を解決する具体的な取組みの計画（「心の健康づくり計画」）を策定すること，③メンタルヘルスケアは，「セルフケア」「ライン（管理監督者いわゆる上司）によるケア」「事業場内産業保健スタッフ等によるケア」および「事業場外資源によるケア」の「4つのケア」が継続的かつ計画的に行われること（図11.3），の3点である。また，この他に，メンタルヘルスケアの具体的な進め方や個人情報の保護への配慮，小規模事業場での取組みの留意事項についても触れられ

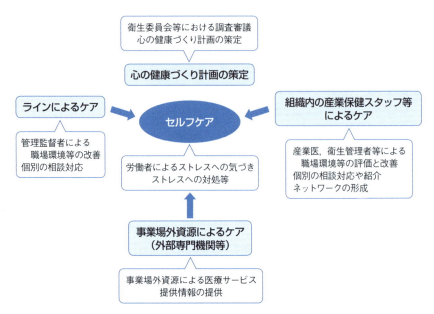

図11.3 事業場における労働者の心の健康づくりのための指針（旧労働省, 2000；改訂　厚生労働省, 2006）より

ている。

11.1.4　産業心理臨床の現場——どこで働くのか

　産業心理臨床に携わる者は，どこで働いているのだろうか。事業場内の健康管理部門以外にも，健康保険組合や労働組合，人事労務部門など，さまざまな可能性があるが，ここでは，主だった現場を紹介したい。

　まずは，一番イメージしやすい企業内の健康管理部門である。ここでは，メンタルヘルス不調者の個別支援だけでなく，セルフケア研修（労働者全員向けの研修）やラインケア研修（上司向けの研修）などの一次予防的な活動や，社内の心の健康づくり計画の立案など体制づくりに参加することも重要な業務であり，産業心理臨床の知識を活かすことのできる場である。

> **コラム 11.1　職場におけるメンタルヘルスの対策**
>
> 　職場におけるメンタルヘルスの対策は，よく3つの段階に分類される。それぞれ，一次予防，二次予防，三次予防と呼ばれている。
> 　一次予防とは，メンタルヘルス不調の発生を未然に防ぐための取組みである。これは病気が発症する前の予防を中心とする。個人向けには，労働者が自分自身でストレス状態に気づくことができるように，ストレスやメンタルヘルスに関する教育研修や情報提供を行う。組織に対しては，物理的な環境から仕事の進め方や対人関係など広い意味での職場環境の様子を観察して，心身ともに働きやすい職場づくりをする職場環境改善活動を行う。
> 　二次予防は，メンタルヘルスの不調を早めに発見して，適切な対応をとるための取組みである。不調になりはじめの段階でサインに気づき，適切な治療や対策が受けられるように，ストレス調査を実施したり，相談窓口の体制を整えて周知するなどの対策がとられる。
> 　三次予防は，労働者が精神疾患を発症した場合に，病状を適切に把握・管理し，病気の重症化や再発を防ぐための取組みである。病気が発症したあとの取組みが中心となり，休職した人に対する職場復帰の支援などが代表的な対策である。
> 　職場のメンタルヘルス対策では，一次・二次・三次予防の対策がバランスよく体系的に実施されることが求められている。

　次に，事業場の外からかかわる外部 EAP（Employee Assistance Program；従業員援助制度）である。EAP とは，企業の社員や家族の個人的な問題を解決するために専門的なサポートを提供し，職場でのパフォーマンスを向上または維持するためのプログラムである。いわゆる外部 EAP は，企業から委託されて，心の健康づくりの部分を代わりに担う機関である。中小規模の事業場で，事業場の中に健康管理部門を置くことができない場合には，こうした外部の資源が活用される。EAP で，産業心理臨床の専門職として働くには，臨床心理士や産業カウンセラーなどの資格に加え，企業での勤務経験が求められることが多い。

　最後に，労働者を対象に，休職者が職場復帰することを支援するためのリ

ワークプログラムを専門に提供する医療機関，リワーククリニックを紹介する。リワークプログラムとは，休業中の従業員の職場復帰を支援するための，各個人の回復に合わせた段階的なプログラムのことで，通常の服薬治療に加え，職場復帰後の業務を想定したパソコンなどを使用した軽作業や，心理療法を用いたセルフケアプログラム，休業中には体験しにくいグループでのディスカッションなども組み込まれている。休業中の従業員の支援が主業務となるため，産業心理臨床の知識を活かせる場ではあるが，医療機関のため，就労には臨床心理士などの専門資格が求められる。

11.1.5　産業心理臨床の実際――どのような仕事をするのか

産業心理臨床の現場で実際には，どのような仕事をするのか，対個人向けの個別対応と，対組織向けの組織対応に分けて紹介する（表11.2）。

まず，個別対応についてまとめる。

うつ病などのメンタルヘルス不調になり，就労の継続ができなくなった場合は，一定期間会社を休んで療養し，体調の回復に努めることになる。しかし，このような「休職」に関する制度は，労働基準法には規定がなく，各企業によって規定はそれぞれ異なるため，詳細については各企業の就業規則を確認する必要がある。メンタルヘルス不調で休業となった従業員への支援を考える上では，①各企業が定める休職期間（およそ半年～1年程度）の間に，②もとの職場で仕事ができる程度まで回復を支援していく，ことが求められる。

表11.2　産業心理臨床の実際――個別対応と組織対応

対応の種類	内　容
個別対応	不調者への対応，休職・復職時の支援，上司や関係部門へのコンサルテーション，キャリアカウンセリング
組織対応	セルフケア教育研修，管理監督者教育研修，ストレス調査，職場環境改善，緊急事態や災害時のこころのケア

メンタルヘルス不調の従業員から相談を受けた場合，まずは専門の医療機関への受診につなげることが事業場内の心理臨床家の役割となる。企業内の健康相談窓口は治療の場ではなく，社内での治療的カウンセリング（週1回60分程度の心理療法を中心とした心理面談が数カ月続くような枠組みでのカウンセリング）は社内の産業保健専門職が最優先で果たすべき役割ではない。社内カウンセラーに求められる役割とは，従業員の体調を正しく把握し（心理学的，精神医学的なアセスメント），他の産業保健スタッフ（産業医や保健師，看護師）や職場の上司，人事労務担当者と連携して，その従業員の職場適応の向上やメンタルヘルス不調の回復を支援する（ケースマネジメント）ことである。アセスメントの結果，カウンセリングを実施することで，短期的に職場適応が期待できると判断された場合には，事業場内の健康管理室などでも，認知行動療法やブリーフセラピーなど，短期解決を目指す心理療法の手法を用いて，職場適応を援助することはあるが，長期にわたるカウンセリングが必要である場合には，外部医療機関を紹介することが望ましい。以上を念頭に置いた対応が事業場内の心理臨床家には求められる。

　休業直後の時期は，ゆっくりと療養できる環境を用意することが重要となる。従業員本人や職場の上司などに，メンタルヘルス不調に関する心理教育を行い，まずはとにかくしっかり休むよう留意してもらう。加えて，月1回程度の頻度で面談（体調が悪く出社が難しいい場合は電話でも可）を実施し，治療状況や回復具合などを確認する。休業中も従業員は自身の健康や現在の職場の状況，復職後の業務や今後のキャリアについてなど，さまざまなことに対して不安を感じやすくなる。そのような不安についても，定期の面談の中で丁寧に対応することが大切である。休業中の生活の様子は面談時のヒアリングに加えて，生活記録表などを用いて確認しながら復職に向けた生活リズムづくりを支援する。合わせて，体調が安定してきたところで，メンタルヘルス不調に影響している要因について，仕事や職場のことを中心に面談の中で整理していくことも重要となる。

　メンタルヘルス不調による休業からの職場復帰後は，以前のようなパフォ

ーマンスを発揮できない，ちょっとした環境の変化やストレスで顕著に体調に影響が出るなど，体調面で不安定な状態が一定期間続くことが多い。その期間に無理をしたり，適切なケアができないことが続くと，一気に体調が悪化し，病気の再発や再休職の危険性が高まるため，職場復帰後の継続的なフォローはとても重要になる。復職後も定期的に面談を行い（週1回〜月1回程度），メンタルヘルス不調の再発再休職の未然防止と職場再適応の促進を支援することが社内カウンセラーの役割として求められる。

この他に，職場の関係者（上司や人事・労務担当者）を対象とするコンサルテーションも行う。特に，従業員に日頃から接する直属の上司は，部下の不調にも気づきやすいため，上司へのコンサルテーションは重要な意味をもつ。コンサルテーションでは，問題や悩みを抱える部下への対応方法に対して助言を行うほか，関係者間に葛藤がある場合には，相互理解を促すための調整も行う。

また，企業環境の変化が激しい今日，自らの生き方，あり方に対して職業生活の見直しを含めるキャリアの問題にかかわる個別職業相談，キャリアカウンセリングも重要視されている。米国 NCDA（National Career Development Association）は，キャリアカウンセリングを「個人がキャリアに関して持つ問題や葛藤の解決ともに，ライフキャリア上の役割と責任の明確化，キャリア計画，決定，その他のキャリア開発行動に関する問題解決を個人またはグループカウンセリングによって支援することである」と定義している。つまり，キャリアカウンセリングとはよりよい職業生活を送るための支援だけでなく，ライフキャリア（＝仕事以外の側面も含めた，生涯を通しての人の生き方そのものの意味）も対象とした支援だといえる。近年，キャリアという概念が狭義の「職業，職務，職歴，職位，業績，進路」などの意味から，広義の「人生，生き方，働き方」を含むライフキャリアという概念に拡大されてきたことから，キャリアカウンセリングはライフキャリアカウンセリングとも呼ばれるようになってきている。キャリアカウンセリングは従来の治療的なカウンセリングとは異なり，育成・開発的な支援が中心となる。宮城

(2002) は，現代社会においてキャリアに関する悩みやストレスは多くの労働者に共通する課題であり，メンタルヘルスに与える影響も大きいことから，キャリアカウンセリングの果たす役割は大きいと述べている。

次に，組織対応についてまとめる。

まずは，教育研修である。教育研修には，一般従業員を対象としたセルフケア研修と，管理監督者（いわゆる上司）を対象とした管理監督者研修がある。一般従業員向けには，従業員が自分で不調に気づき，適切な対処をとることができるよう，職場で起こりやすい精神疾患や，不調の初期のサイン，リラクゼーションや問題解決の方法などの対処法，事業場のメンタルヘルス対策や相談窓口についての知識や技術，情報提供が行われる。管理監督者研修では，部下の不調に気づくこと，部下への相談対応の方法などについての知識や技術，情報提供が行われる。

次に，事業場全体でのストレスチェックがある。2014年に労働安全衛生法が改正され，従業員数50人以上のすべての事業場にストレスチェックが義務づけられることとなった（2015年12月施行）。ストレスチェックを実施して，組織全体のストレス状態を把握し，組織としての対策を決めるために役立てることが求められる。また，同時に，従業員個人のストレス状態を評価することで，不調者の早期発見につなげることもできる。

職場環境改善活動も組織的な対応である。物理的な環境から，仕事の進め方や対人関係など広い意味での職場環境の様子を観察して，心身ともに働きやすい職場づくりを進める。職場環境改善活動はストレスチェックの事後措置としても有効である。

緊急事態や災害時のこころのケアとしては，ポストベンションの対策がある。事業場での自殺や災害発生のように従業員が危機事態に直面した場合，強い不安や恐怖，不眠，動悸，落ち込み，パフォーマンスの低下など，心身にさまざまな症状が生じる可能性がある。これらの症状は通常は時間が経てば薄れていくが，場合によっては症状が遷延化・重症化することがあるため，危機事態の後には従業員への適切なフォローとケアが必要となる。危機事態

に関係する人々が受ける心理的影響を可能な限り小さくする，危機事態をなるべく早く解決し，人々の心を危機事態以前の状態に戻す，そのための対策を**ポストベンション**という。関係する人々の複雑な感情を，ありのままに表現する場を用意することが重要な目的となる。危機事態のメンタルケアは早期の対応が重要であり，産業医や産業保健スタッフ，人事労務担当者との連携が重要となる。

11.1.6 産業心理臨床の独自性

　ここまで，産業領域の心理臨床に関する基本的なことをまとめたが，医療領域や学校領域など，他の心理臨床の現場と比較したときに，産業領域における心理臨床の独自性とはどのような点かまとめたい。

　まず，すでに述べたように，働く場所が多様である点がある。事業場内の健康管理室で働くのか，事業場の外からEAP企業としてかかわるのか，産業保健推進センターのスタッフとしてかかわるのかによって，役割も，必要な技能も変わってくる。

　次に，かかわる事業場ごとに，守るべき法律や規則が変わってくる点である。紹介した労働安全衛生法や厚生労働省の「労働者の心の健康の保持増進のための指針」のように，国として決められた共通した制度はあるが，これも，事業場の規模（従業員数）によって，守るべき基準が変わってくる。さらに，会社ごとでメンタルヘルスの対策のあり方や就業規則も異なる。そのため，自分が対象とする事業場ごとに柔軟な対応が求められる。

　仕事の内容として，個別対応だけでなく組織的な対応をする技術が求められる点も，産業領域ならではである。組織的な対応をする上では，心理臨床の視点に限らず，幅広い視点から対応することが求められる。

　個別対応の中でも，産業心理臨床では，多様な相談内容を扱うことになる。10〜60代までと幅広い年代が対象となることもあり，相談内容は仕事のことに限らず，家庭，友人関係，恋愛関係，子育てのこと，介護のこと，自身の健康問題のことなど多岐にわたる。多様な相談内容を扱うためには，幅広

い知識が必要となり，他機関との連携も考えながら，柔軟に対応する必要がある。

また，多様な職種と連携して働くという点も，特徴だといえる。職場のメンタルヘルスにかかわる職種には，産業医，産業看護職，精神科医，人事労務担当者などがあり，心理臨床とは異なるバックグラウンドをもったさまざまな職種と連携する必要がある。産業医は，労働安全衛生法に基づいて助言をするなど，産業医特有の業務が存在する。産業看護職は，より労働者に近い立場で労働者を支援する技術がある。精神科医は，精神疾患の診断および治療，薬物治療について専門的な技術をもっている。人事労務担当者は，事業場の人的資源を最適化する立場から労働者にかかわる。このように多様な立場が携わる領域であるため，他の職種がもつ知識や技術について理解を深め，チームの一員として共通の目的をもって働くことが必要になる。

11.1.7　産業心理臨床における倫理

産業心理臨床においては，法律と，それぞれの資格に規定されている倫理綱領に従うことが基本となる。それぞれの資格に規定されている倫理綱領については，日本臨床心理士会の倫理綱領，産業カウンセリング学会監修の産業カウンセラー倫理綱領，キャリア・コンサルティング協議会の倫理綱領などがある。また，関連する法規としては，健康診断に関する秘密の保持について定められた「労働安全衛生法第104条」や，秘密漏示について定められた「刑法第134条」などがある。その他に，厚生労働省が出している「労働者の健康情報の保護に関する検討会」の報告書には，産業保健専門職の倫理指針が示されているので，ぜひ参考にされたい。

11.2　司法領域における心理支援

11.2.1　はじめに

犯罪や非行は，第一義的には司法の手に委ねられ，適正な手続によってし

かるべき措置などが講じられる。犯罪や非行の領域における心理臨床は，こうした司法手続の中で実施されるものであり，他の心理臨床領域とは枠組みを異にする部分が少なくない。その最大の特徴は，法の決定に基づく強力な枠組みが設定されることであり，特に，筆者が勤務する矯正においては，施設収容という強制力のある枠組みのもとで心理臨床が展開される。

この節においては，こうした司法領域における心理臨床の実情について，司法関係機関それぞれの役割や処遇内容などを交えながら概説することにする。

11.2.2 少年司法における心理臨床

わが国における非行少年に対する司法手続の流れは，図 11.4 のとおりであり，主たる根拠法令は少年法である。少年法の目的は，「少年の健全な育成を期し，非行ある少年に対して性格の矯正及び環境の調整に関する保護処分を行うとともに，少年の刑事事件について特別の措置を講ずること」（少年法第 1 条）であり，成人犯罪者とは異なり，健全育成が優先されることが重要なポイントである。

少年法では，「非行のある少年（審判に付すべき少年）」として 3 つの類型が定義されている（少年法第 3 条）。3 つの類型とは，①「犯罪少年」（14 歳以上の罪を犯した少年），②「触法少年」（14 歳未満で刑罰法令に触れる行為をした少年），③「ぐ犯少年」（保護者の正当な監督に服しない性癖等の事由があり，少年の性格又は環境に照らして，将来，罪を犯し，又は刑罰法令に触れる行為をするおそれのある少年）のことであり，いずれも家庭裁判所における審判の対象となる。

これらの少年が家庭裁判所に受理されるまでの流れについては，今一度，図 11.4 を参照していただきたい。①については，捜査機関（警察または検察庁）からの送致により，家庭裁判所に受理される。②および③については，

2015（平成 27）年 6 月 1 日に新少年院法および少年鑑別所法が施行されたため，現在，少年院および少年鑑別所では，本節における説明とは一部異なる運用がなされている。

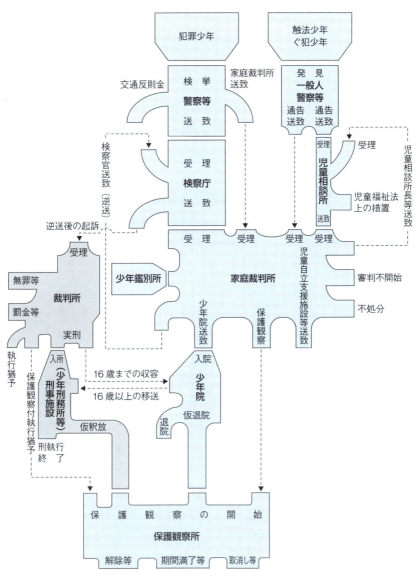

図 11.4　非行少年に対する司法手続の流れ（平成 25 年度版犯罪白書）

一般人からの通告，警察からの送致，都道府県知事または児童相談所長からの送致などにより，家庭裁判所に受理される（ただし，14歳未満の少年については，児童福祉法上の措置が優先されるため，都道府県知事または児童相談所長からの送致のみに限られる）。

家庭裁判所は，受理した少年について，家庭裁判所調査官の社会調査の後，審判に付し，「保護観察」や「少年院送致」などの保護処分を決定することになる。また，家庭裁判所が受理した少年のうち，一定の要件が認められるものについては，家庭裁判所が「観護措置」の決定を行い，少年鑑別所に送致する（少年法第17条第1項第2号）。

以下に家庭裁判所における手続の流れ，少年鑑別所における収容鑑別の流れ，さらに，保護処分の執行機関としての少年院，保護観察所における処遇について，各機関における心理臨床の紹介を交えて概説する。

1. 家庭裁判所

家庭裁判所は，全国に50カ所の本庁および203カ所の支部があり，非行少年の処分を決める少年事件のほか，家庭内の紛争などの家事事件を取り扱う。家庭裁判所で取り扱うこれらの事件は，法律的な白黒をつけるのではなく，問題の背後にある原因を探り，それぞれの事案に応じた適切妥当な措置を講じ，将来を展望した解決を図ることが重要になる。そのため，家庭裁判所には，家庭裁判所調査官という職種が置かれており，事実関係の調査に際し，心理学，社会学，教育学などの知識や技法を活用している。すなわち，家庭裁判所における心理臨床は，主として家庭裁判所調査官が担っているといえる。なお，本稿においては，家事事件の取り扱いについては割愛し，少年事件の取り扱いについてのみ概説する。

家庭裁判所で少年事件を受理すると，その事件は家庭裁判所に係属することになり，裁判官の調査命令により，家庭裁判所調査官がその事件について調査を進めることになる。

家庭裁判所調査官の調査は，少年の日頃の行動，生活歴，環境などについて，心理学，教育学，社会学などの専門的知識や技法を活用しながら行われ

る。調査の方法はいくつかあり，少年，少年の保護者，少年の学校や職場の関係者などに対する面接のほか，捜査機関が作成した記録や過去の記録を精査したり，関係者などに対して必要な事項を照会したりすることなどにより行われる。少年自身に対しては，心理検査を実施することもある。また，調査は，家庭裁判所の庁舎内で行われるだけではなく，家庭裁判所調査官が少年の自宅や学校などに出向くこともあり，少年が「観護措置」に付され，少年鑑別所に入所している場合には，家庭裁判所調査官が少年鑑別所まで出向いて調査を行う。なお，少年が「観護措置」により少年鑑別所に入所している場合には，調査において，少年鑑別所による収容鑑別の結果を活用することとなっている。

　家庭裁判所調査官は，これらの調査によって得られた情報を集約し，少年の抱える問題や非行の原因について明らかにした上で，その結果を「少年調査票」して取りまとめ，裁判官に提出する。裁判官は，「少年調査票」の内容を踏まえた上で，少年の処分を決定することになる。なお，事件によっては，被害者の声を審判手続に反映させることがあり，家庭裁判所調査官が被害者からの意見を聞く役割を担っている。

　家庭裁判所調査官による調査が終了すると，審判が行われ，少年の処分が決定される。審判において，大多数の少年は，保護処分として，「保護観察」「児童自立支援施設・児童養護施設送致」「少年院送致」のいずれかに付され，それぞれの機関において，指導・教育などを受けることとなる。保護処分以外の決定としては，保護処分に付すことができない，または，その必要がない場合の「不処分」，児童福祉法上の措置が相当と認める場合の「都道府県知事又は児童相談所長送致」，刑事処分が相当と認める場合の「検察官送致」がある。さらに，処分の終局決定を留保し，社会内で少年の行動などを一定期間観察する「試験観察」があり，家庭裁判所調査官は，この間，少年に対して更生のための助言や指導を与えながら，少年が自分の問題を改善しようとしているか否かといった観点で観察を行い，裁判官に報告する。裁判官は，その報告などを踏まえ，最終的な処分を決定する。なお，「試験観察」には，

少年を保護者などのもとに帰すほか，民間篤志家のもとで生活させる場合があり，これを「補導委託」と呼んでいる。いずれにしても，家庭裁判所調査官が一定期間継続的にかかわっていくことになる。

2. 少年鑑別所

少年鑑別所は，全国に52カ所（うち支所が1カ所）あり，主として家庭裁判所から観護措置の決定によって送致された少年を収容するとともに，その心身の状態を科学的方法で調査・診断し，非行の原因を解明して処遇方針を立てるための施設であり，法務省矯正局が所管している。

少年鑑別所は，少年の身柄を確保するという一面のほか，審判を控えた少年を明るく静かな環境に置き，少年が安心して審判を受けられるようにしなければならないとされており，また，職員は，少年に対し，温かい愛情と冷静な科学的態度で接しなければならないとされている。

家庭裁判所に送致・通告され，係属した少年のうち，「観護措置」の決定がなされ，少年鑑別所に送致される少年は，約1割程度である。「観護措置」に付される要件としては，①定まった住所がない，②証拠隠滅のおそれがある，③逃亡のおそれがある，④緊急に保護する必要がある，⑤収容して心身の鑑別をする必要がある，といったことがあげられる。「観護措置」に付されたほとんどの少年は，⑤の要件に該当しており，少年鑑別所において収容鑑別を受けることになる。

ところで，少年鑑別所の職員は，大きく2つの職種に分けられる。1つ目の職種は法務教官であり，少年の入所から退所に至るまでの処遇全般を受けもつとともに，少年の行動観察を担当する。もう1つの職種は鑑別技官であり，少年の鑑別面接，心理検査などを実施するとともに，「鑑別結果通知書」の作成を担当する。両者とも，人間科学の知識を有した専門職員であり，特に，後者については，心理学の専門知識を有し，収容鑑別における心理査定を受けもつことになる。少年鑑別所における収容鑑別は，この鑑別技官による心理査定に，法務教官による行動観察，さらに，健康診断や身体医学的診察・検査の結果（必要に応じて精神科診断）を加え，「鑑別結果通知書」と

してまとめられ，家庭裁判所に提出される。なお，鑑別技官の正式な官名は法務技官であるが，法務技官という官名を有する職員には，心理学の専門職員のほか，矯正施設の医師，刑事施設において刑務作業の指導をする専門職員，法務本省において施設の設計・監理を行う専門職員などもいることから，本章においては，心理学の専門職員である法務技官をあえて鑑別技官と呼ぶことにする。

少年鑑別所における収容鑑別の流れは，図 11.5 のとおりである。

少年が入所すると，最初に，氏名，生年月日などの確認を行い，少年本人であることを確認する。次に，事件についての認否，現在の健康状態，保護者の状況，悩みや心配事の有無など，これから少年を収容し，処遇していく上で必要となる基本的な情報について聴取する（入所時調査）。さらに，居室の使い方，遵守すべき事項，外部交通（面会，通信）の方法など，少年が

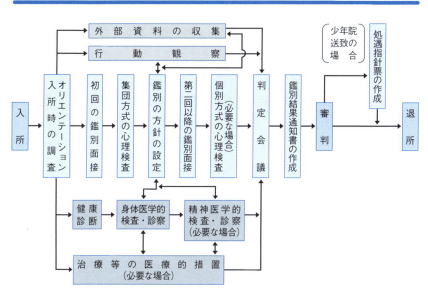

図 11.5　少年鑑別所における収容鑑別の流れ（平成 25 年度版犯罪白書）

11.2　司法領域における心理支援

少年鑑別所で生活するために必要な情報を伝えるとともに，少年の権利・義務についても説明を行う（入所時オリエンテーション）。これらは，主として法務教官が担当する。

　少年鑑別所は，本来，教育・訓練を施す施設ではなく，少年のありのままの姿をとらえることとされているが，少年法の理念に照らすと，発達途上にある少年の心身の発達を助成するような指導をする必要がある。具体的には，所内生活における生活管理，健康管理を始め，日常生活における基本的な行動様式を身に付けさせるしつけ，少年の心情安定を図るための助言，退所後の進路や生活における問題に関する相談などが該当する。こうした生活指導についても，寮（入所少年の居住区域）に勤務する法務教官が中心的な役割を担っている。

　鑑別技官は，担当する少年の入所後できるだけ速やかにインテーク面接（初回の鑑別面接）を実施する。インテーク面接においては，少年の家族歴（家族関係，家庭環境など），生育歴（学歴，職歴を含む），問題行動歴（非行歴を含む），心身の健康状態（疾病の有無，既往歴など），本件非行（今回，家庭裁判所に係属することになった非行）などについて聴取する。その後，集団心理検査（集団式知能検査，法務省式人格目録，法務省式態度検査，法務省式文章完成法等）の結果を踏まえ，少年の非行の機制について見立てを行う（鑑別の方針の設定）。その後，その見立てに沿って2回目以降の鑑別面接を進めるとともに，必要に応じて個別心理検査を実施する。こうした作業過程の中で，見立てを検証し，場合によっては修正し，収容鑑別の結果としてまとめていくことになる。なお，少年鑑別所で実施される個別心理検査にはさまざまな種類があるが，その中でも，ウェクスラー式知能検査，ロールシャッハ・テスト，TATなどが多く使用されており，その他にも，P-Fスタディ，ソンディテストなどの各種投映法，バウムテストなどの描画法，最近では，発達障害のスクリーニングテストなどが使用される。

　こうした鑑別技官の業務と並行して，法務教官は，少年の入所直後から，少年の処遇を行うと同時に，所内生活の各場面（居室内，運動時，面会時，

職員との対応など)における少年の行動観察を行い，これを記録する。行動観察の中には，意図的に一定の課題(日記，課題作文，家族画など)を与え，それに対する少年の反応を観察し，記録することも含まれる。また，少年鑑別所の医師は，少年の健康診断を行い，必要に応じて，身体医学的または精神医学的な検査・診察を行う。

以上の鑑別技官による面接，心理検査，法務教官による行動観察，医師による健康診断・検査・診察の結果に加え，家庭裁判所調査官などから得られた情報を踏まえ，判定会議を実施する。判定会議では，少年の精神状況や身体状況，少年が非行に及んだ問題点を明らかにし，少年を更生させるために必要な処遇について議論した上で，在宅保護(保護観察等)または収容保護(少年院送致等)など，保護の必要性に係る意見を付す。この意見を鑑別判定といい，少年鑑別所の長がこれを決定する。判定会議における決定事項に従い，鑑別技官は鑑別結果通知書をまとめ，家庭裁判所に提出する。鑑別結果通知書は家庭裁判所において審判の資料となるほか，少年院送致になった場合には少年院へ，保護観察所になった場合には保護観察所へ送付され，保護処分における処遇の参考資料となる。

なお，少年院送致決定となった少年は，少年院に送致されるまでの間，少年鑑別所に収容される。その間，鑑別技官は少年と面接し，少年院で実施すべき矯正教育の内容，その他，処遇上必要な情報を処遇指針票に取りまとめる。また，審判時の様子も含め，審判決定後の少年の行動については，行動観察として記録される。これらは，すべて少年院に伝達される。

3. 少年院

少年院は，全国に52カ所(うち分院が2カ所)ある。家庭裁判所で少年院送致決定がなされた少年に対し，社会不適応の原因を除去し，健全な育成を図ることを目的として矯正教育を行う施設であり，法務省矯正局が所管している。

少年院は，少年の年齢や心身の状況により，初等，中等，特別および医療の4種類が設置されており，どの種類の少年院に送致するかは，家庭裁判所

が決定する。初等少年院は，心身に著しい故障のないおおむね12〜16歳未満の者，中等少年院は，心身に著しい故障のないおおむね16〜20歳未満の者，特別少年院は，心身に著しい故障はないが犯罪傾向の進んだおおむね16歳以上23歳未満の者，医療少年院は，心身に著しい故障のあるおおむね12歳以上26歳未満の者を収容するとされている（少年院法第2条）。

　また，非行の進み具合に応じて，一般短期処遇，特修短期処遇，長期処遇の区分があり，うち一般短期処遇と長期処遇には，少年の問題性や教育の必要性などに応じた処遇課程が設けられている。処遇課程の種類や対象者は，表11.3のとおりである。

　各少年院においては，処遇課程や立地条件などによって特色ある矯正教育が展開されており，さらに，在院者個々の問題性や特性に対応するために，個別的処遇計画を作成し，きめ細かい指導を行っている。個別的処遇計画には，矯正教育の目標や方法が盛り込まれており，その目標の達成度や努力の程度により，処遇段階が進む仕組みとなっている。処遇段階は，1級，2級，3級に分けられ，さらに，1級と2級は上と下に分かれている。少年院に入院すると，まず2級下に編入され，1級上まで進級すると仮退院の審査の対象となる。

　ところで，少年院には，おもに法務教官が勤務している。法務教官については，前述のとおり人間科学の知識を有する専門職員であり，矯正教育を実施する上での中心的役割を担っている。いわゆる心理職ではないものの，矯正教育における面接や各種プログラムにおいては，多分に心理臨床の要素が含まれていることから，少年院における心理臨床は，おもに法務教官が担っているといえる。なお，少年鑑別所の鑑別技官も，再鑑別（在院者に対し，矯正教育の進捗状況を確かめるなどの目的で鑑別を行うこと）や，各種プログラムに係る処遇効果の検証などの機会を通じ，矯正教育にかかわっている。また，各種プログラムの実施に際しては，専門家などの外部協力者の援助を受けることもある。

　少年院における矯正教育は，「生活指導」「職業補導」「教科教育」「保健・

表 11.3 少年院の処遇課程（平成 25 年度版犯罪白書）

処遇区分	処遇課程	処遇課程の細分	対象者
一般短期処遇	短期教科教育課程（SE）	—	義務教育課程の履修を必要とする者又は高等学校教育を必要とし，それを受ける意欲が認められる者
一般短期処遇	短期生活訓練課程（SG）	—	社会生活に適応するための能力を向上させ，生活設計を具体化させるための指導を必要とする者
特修短期処遇（O）	—	—	一般短期処遇の対象者に該当する者であって，非行の傾向がより進んでおらず，かつ，開放処遇に適するもの
長期処遇	生活訓練課程	G_1	著しい性格の偏りがあり，反社会的な行動傾向が顕著であるため，治療的な指導及び心身の訓練を特に必要とする者
長期処遇	生活訓練課程	G_2	外国人で，日本人と異なる処遇を必要とする者
長期処遇	生活訓練課程	G_3	非行の重大性等により少年の持つ問題性が極めて複雑・深刻であるため，その矯正と社会復帰を図る上で特別の処遇を必要とする者
長期処遇	職業能力開発過程	V_1	職業能力開発促進法等に定める職業訓練（10 か月以上）の履修を必要とする者
長期処遇	職業能力開発過程	V_2	職業能力開発促進法等に定める職業訓練（10 か月未満）の履修を必要とする者，又は職業上の意識，知識，技能等を高める職業指導を必要とする者
長期処遇	教科教育課程	E_1	義務教育課程の履修を必要とする者のうち，12 歳に達した日以後の最初の 3 月 31 日が終了したもの
長期処遇	教科教育課程	E_2	高等学校教育を必要とし，それを受ける意欲が認められる者
長期処遇	教科教育課程	E_3	義務教育課程の履修を必要とする者のうち，12 歳に達する日以後の最初の 3 月 31 日までの間にあるもの
長期処遇	特殊教育課程	H_1	知的障害者であって専門的医療措置を必要とする心身に著しい故障のないもの及び知的障害者に対する処遇に準じた処遇を必要とする者
長期処遇	特殊教育課程	H_2	情緒的未成熟等により非社会的な形の社会的不適応が著しいため専門的な治療教育を必要とする者
長期処遇	医療措置課程	P_1	身体疾患者
長期処遇	医療措置課程	P_2	肢体不自由等の身体障害のある者
長期処遇	医療措置課程	M_1	精神病者及び精神病の疑いのある者
長期処遇	医療措置課程	M_2	精神病質者及び精神病質の疑いのある者

体育」「特別活動」の5つの領域の指導が行われる。

「生活指導」では，①非行に関わる意識，態度及び行動の問題，②資質，情緒等の問題，③情操の涵養，④基本的生活習慣，遵法的・自立的生活態度及び対人関係，⑤保護環境（家族関係，交友関係等）上の問題，⑥進路選択，生活設計及び社会復帰への心構えに係る指導が行われる。面接，課題作文，日記指導，役割交換書簡法（ロールレタリング），内省などの方法を活用し，個別担任となった法務教官が中心となって指導する。また，自らの非行の重大性や被害者の心情などを認識し，被害者に誠意をもって対応していくことを目的とした「被害者の視点を取り入れた教育」が実施されているほか，在院者の問題性に着目した矯正教育プログラムが順次開発されている。

「職業補導」では，溶接，木工，土木建築，建設機械運転，農業，園芸，事務，介護サービスなどの種目を実施している。技術の習得や資格の取得にとどまらず，勤労に必要な協調性，忍耐力などを身に付けさせることにも重点が置かれている。厚生労働省と連携して実施している総合的就労支援の一環として，就労支援スタッフを非常勤で配置しているほか，ハローワークの職員による職業相談を実施しており，希望者には，求人・雇用情報の提供も行われている。

「教科教育」は，義務教育未修了者に対してはもちろん，高等学校教育を必要とし，それを受ける意欲がある者に対し，学校教育の内容に準じた教科教育を実施している。それ以外の在院者に対しても，必要に応じて，社会生活に必要な基礎学力や進学・復学のための学力を身に付けるための補習教育を行っている。2007（平成19）年度以降，高等学校卒業資格認定試験を少年院において受験できるようになっている。

「保健・体育」では，医師などによる保健衛生や健康管理の指導を実施するほか，さまざまな運動種目に取り組ませる中で，基礎体力の向上を図るとともに，集中力，持久力，協調性，ルール遵守の姿勢などを涵養している。

「特別活動」では，寮内で日直，図書係，給食係，整備係などを通じて，自主性や協調性を涵養しているほか，地域の清掃などの社会奉仕活動や福祉

施設におけるボランティア活動などを行っている。この他，レクリエーションや行事も，「特別活動」に位置づけられる。

以上に述べた矯正教育のほか，少年院では，在院者の保護者に対しても，在院者の問題に適切に対処するための指導・助言を行っている。

4. 保護観察所

保護観察所は，全国の都道府県庁所在地などに50カ所（北海道が4カ所）の本庁が設置されているほか，地方都市に支部や駐在官事務所が設置されており，法務省保護局が所管している。

保護観察とは，罪を犯した成人または非行のある少年が，社会の中でその健全な一員として更生するように，国の責任において，指導監督（面接などにより対象者との接触を保ち，その行状を把握するとともに，対象者が遵守事項を守るよう必要な指示などを行うこと）および補導援助（対象者が自立した生活を送ることができるよう，住居の確保や就労の援助などを行うこと）を行うものである。

保護観察の対象者は，①家庭裁判所で保護観察処分の決定を受けた少年，②少年院仮退院者，③刑事施設の仮釈放者，④刑事裁判で保護観察付執行猶予の判決を受けた者，⑤婦人補導院仮退院者の5つに分類される。ここでは，共通する事項のほかは①および②について説明し，その他については後述することにする。

ところで，保護観察の実施に携わるのは，保護観察官および保護司である。保護観察官とは，心理学，教育学，社会学，その他の更生保護に関する専門知識を有する国家公務員である。一方，保護司とは，地域の事情に通じた民間のボランティアであり，社会的信望，指導に必要な熱意と時間を有しているほか，生活が安定し，健康で活動力があるなどの条件を満たし，保護観察所の長の推薦により，法務大臣から委嘱を受けた人たちである。保護観察は，こうした保護観察官と保護司が協働して，対象者の指導監督および補導援護に当たることになるが，心理学などの知識を有する専門職員は保護観察官である。保護観察官はいわゆる心理職ではないものの，対象者に対する面接や

保護観察所で実施する各種プログラム（成人を対象とした「専門的処遇プログラム」など）においては，多分に心理臨床の要素が含まれていることから，保護観察における心理臨床は，おもに保護観察官が担っているといえる。

　保護観察が開始されると，保護観察官が対象者と面接し，改善更生への動機づけを図るとともに，面接結果や関係書類などに基づき，保護観察の実施計画を策定する。この実施計画に基づき，保護司が定期的に対象者やその家族などと面接し，指導監督・補導援助を行うことになる。保護司による指導・援助の経過は，毎月，保護観察所に報告されており，その結果を踏まえ，保護観察官は対象者と直接面接を行うなど，必要な措置を講じる。

　保護観察対象者には，それぞれ遵守事項が定められ，これを遵守することが義務付けられる。遵守事項には，一般遵守事項と特別遵守事項があり，前者は，すべての対象者が遵守すべき共通の事項であり，後者は，対象者が再犯・再非行に及ぶことなく，健全な生活を送るために遵守すべき個別の事項である。遵守事項に違反があると，保護観察所の長から警告がなされ，それでもなお，遵守事項を違反するようであれば，上記①の対象者については，家庭裁判所に少年院などの施設に送致する決定をするよう申請がなされ，上記②の対象者に対しては，家庭裁判所に少年院に戻して収容する決定をする申請がなされる。

　保護観察においては，対象者の抱える問題性の大きさに応じて，保護観察官の関与の程度や，保護司などとの接触の頻度などを決めている（段階別処遇）。また，対象者の抱える類型的な問題性について，これまでの実務の中で蓄積された指導のノウハウを活用した指導がなされている（類型別処遇）。この類型には，シンナー等乱用，覚せい剤事犯，暴力団関係，暴走族，性犯罪等，精神障害等，中学生，校内暴力，無職等，家庭内暴力といったものがあり，たとえば，無職等の類型に認定された対象者に対し，就労能力向上のためのセミナーを実施したり，覚せい剤事犯の類型に認定された対象者の保護者に対し，講習会を実施したりしている。

　また，凶悪重大な事件を起こした少年に対しては，資質的な問題や家族関

係などの問題が複雑かつ深刻なことが多いことから，保護観察官の関与の程度を大きくするとともに，「しょく罪指導プログラム」（自己の犯罪により被害者を死亡させ，または重大な障害を負わせた対象者に実施するプログラム）を受けさせ，被害者などの意向を踏まえながら誠実に謝罪に努めるよう指導している。

なお，成人を対象とした「専門的処遇プログラム」について，少年に対しても，自発的な意思に基づき，実施することがある（成人の場合，特別遵守事項として義務付けられる）。「専門的処遇プログラム」については，後述することとする。

11.2.3 刑事司法における心理臨床

わが国における罪を犯した成人に対する司法手続の流れは，図11.6のとおりである。主たる根拠法令は刑事訴訟法であり，交通反則金の納付のあった道路交通法違反や微罪処分などを除き，検察官により起訴され，公判手続きにおいて，犯罪の成否，処罰の要否が検討され，刑法や特別法（道路交通法，覚せい剤取締法等）に規定された範囲の処罰を言い渡される。

非行のある少年が健全育成を目的として保護処分に付されるのに対し，罪を犯した成人は自らの責任に応じた刑罰に付されるという意味において，根本的な処遇の理念を異にするが，近年，再犯防止が施策上の重要課題として取り上げられるようになったことを受け，成人に対する処遇も，単に処罰するだけではなく，改善更生が重視されるようになっている。

こうした改善更生に資する処遇に心理臨床のノウハウが少なからず取り入れられている。そこで，刑事施設および保護観察所における処遇を概説するとともに，それぞれ心理臨床の実践について紹介する。

1. 刑事施設

刑事施設は，刑務所，少年刑務所，拘置所に大別される。このうち，刑務所および少年刑務所はおもに受刑者を収容する施設であり，拘置所はおもに未決拘禁者を収容する施設である。未決拘禁者とは，裁判で判決を受ける前

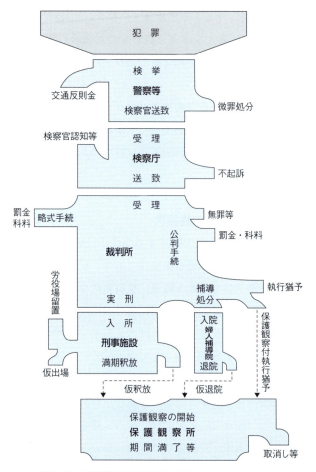

図 11.6　**刑事司法手続の流れ**（平成 25 年度版犯罪白書）

の身分であり，刑が確定している受刑者とは身分を異にする。先に述べた再犯防止や改善更生に向けた処遇を受けるのは，刑事施設の被収容者のうち，刑が確定している受刑者である。

なお，少年刑務所とは，主として「可塑性に期待した矯正処遇を重点的に

行うことが相当と認められる26歳未満の成人」を収容する施設であるが，家庭裁判所で「検察官送致」の決定を受け，成人と同じ司法手続を経て，懲役または禁錮に付された少年も収容する施設である。言い換えれば，少年刑務所に収容されている受刑者の大半は成人であり，「少年を収容する刑務所」というよりも，「若年者を収容する刑務所」という理解のほうが適当といえる。

　受刑者が刑事施設に入所すると，処遇調査に付される。処遇調査とは，医学，心理学，教育学，社会学その他の専門的知識および技術を活用し，受刑者個々の資質および環境に係る調査を行うものである。この処遇調査の結果を踏まえ，受刑者個々の処遇指標を指定するとともに，処遇要領を策定する。処遇指標とは，性別，年齢，疾病の有無，犯罪傾向の進度のほか，矯正処遇の種類や内容によって構成され，これによって刑事施設や矯正処遇の重点が決定される。また，処遇要領とは，矯正処遇の目標，基本的な内容や方法を定めたものであり，矯正処遇は，これに沿って計画的に実施されることになる。なお，この処遇調査の主たる担い手は，調査専門官と呼ばれる心理職である。調査専門官のほとんどは，先に述べた少年鑑別所における鑑別技官を経験しており，心理査定の訓練を積んだ専門家である。

　矯正処遇の種類には，「作業」「改善指導」「教科指導」がある。

　「作業」は，矯正処遇の中心であり，懲役刑に付された受刑者には，法律上，「作業」が義務付けられている（禁錮刑や拘留刑に付された受刑者の場合，希望により「作業」を行うことができる）。言い換えれば，「作業」は刑の執行そのもの（懲役刑）といった意味を有する。「作業」には，刑事施設内の工場で物品の製作などに従事する生産作業，刑事施設内の炊事，清掃，介助，営繕などに従事する自営作業のほか，ボランティア的な労務提供作業であって，社会に貢献していることを実感することにより，改善更生や円滑な社会復帰に資する社会貢献作業がある。また，職業に関する免許・資格の取得や，職業上有用な知識や技能の習得を目的とする職業訓練も，「作業」として位置付けられている。これらの「作業」の指導には，刑務官のほか，

専門的な技術を有する作業技官が当たる。さらに，少年院と同様，厚生労働省と連携して実施している総合的就労支援として，就労支援スタッフを非常勤で配置しているほか，支援対象者に対しては，ハローワークの職員による職業相談，職業紹介などが行われている。

一方，「改善指導」および「教科指導」も矯正処遇の中心をなすが，「作業」と比較すると，改善更生や円滑な社会復帰を目的とした教育的な色合いが強い。「改善指導」および「教科指導」は，入所直後に受刑の意義や心構えや刑事施設における生活の心得などについて指導する「刑執行開始時の指導」，釈放前に実際に社会生活を送る上での必要な指導を行う「釈放前の指導」と合わせ，「矯正指導」と呼ばれる。

「改善指導」とは，「受刑者に対し，犯罪の責任を自覚させ，健康な心身を培わせ，社会生活に適応するのに必要な知識及び生活態度を習得させるために行う指導」(刑事収容施設及び被収容者等の処遇に関する法律第103条)であり，「一般改善指導」と「特別改善指導」がある。「一般改善指導」は，講話，体育，行事，面接，相談助言その他の方法により，①被害者感情を理解させ，罪の意識を培わせること，②規則正しい生活習慣や健全な考え方を付与し，心身の健康の増進を図ること，③生活設計や社会復帰への心構えをもたせ，社会適応に必要なスキルを身に付けさせることなどを目的として行う。一方，「特別改善指導」は，特定の事情を有するため，改善更生および円滑な社会復帰に支障があると認められる受刑者に対し，その事情の改善に資するよう特に配慮して行うものである。「特別改善指導」には，現在，①「薬物依存離脱指導」，②「暴力団離脱指導」，③「性犯罪再犯防止指導」，④「被害者の視点を取り入れた教育」，⑤「交通安全指導」，⑥「就労支援指導」の6つの類型がある(受刑者個々の事情に応じて指導を行うため，いずれの指導も受けない受刑者がいる一方，複数の指導を受ける受刑者もいる)。これらの指導には，標準的なプログラムが用意されており，特に，「薬物依存離脱指導」「性犯罪再犯防止指導」「被害者の視点を取り入れた教育」については，認知行動療法などの視点が取り入れられていることから，教育学や心

理学の専門的知識を有した刑務所職員（法務教官たる教育専門官，心理職たる調査専門官など）のほか，非常勤の臨床心理士などが実施に当たっている。

「教科指導」には，社会生活の基礎となる学力を欠くことにより改善更生および円滑な社会復帰に支障があると認められる者に対して行う「補習教科指導」，学力の向上を図ることが円滑な社会復帰に特に資すると認められる受刑者に対して行う「特別教科指導」がある。これらの「教科指導」の指導には教育専門官が当たるほか，外部の協力者に指導を依頼することもある。

2. 保護観察所

非行のある少年（家庭裁判所で保護観察処分の決定を受けた少年及び少年院仮退院者）に対する保護観察の概要については，11.2.2 の 4. ですでに述べた。ここでは，罪を犯した成人（刑事施設の仮釈放者及び刑事裁判で保護観察付執行猶予の判決を受けた者）に対する保護観察について，非行のある少年に対する保護観察とは異なる部分について概説する。なお，婦人補導院仮退院者に対する保護観察は，ほとんど事例がないので割愛する。

保護観察の流れは，非行のある少年の場合と基本的に同じである。すなわち，最初に保護観察官が対象者と面接し，改善更生への動機づけを図るとともに，面接結果や関係書類などに基づき，保護観察の実施計画を策定する。この実施計画に基づき，保護司が定期的に対象者やその家族などと面接し，指導監督・補導援助を行う。保護司による指導・援助の経過は，毎月，保護観察所に報告されており，その結果を踏まえ，保護観察官は対象者と直接面接を行うなど，必要な措置を講じる。

また，保護観察対象者に一般遵守事項と特別遵守事項が定められることも同様であり，これに違反があると，保護観察所の長から警告がなされ，それでもなお，遵守事項を違反するようであれば，刑事施設仮釈放者については，仮釈放の取消し，保護観察付執行猶予者については，刑の執行猶予の言い渡しの取消しがなされる。

さらに，保護観察対象者の抱える問題性に応じて，保護観察官の関与の程度や保護司などとの接触の頻度などを決めたり，類型的な問題が認められる

対象者に対する指導を実施したりすることも非行のある少年と同様である。なお，この指導の類型には，高齢，問題飲酒，児童虐待，配偶者暴力，ギャンブル依存等，成人ならではの類型が設定されている。

　一方，専門的処遇プログラムは，第一義的には成人の保護観察対象者に向けたものとなっている。このプログラムは，ある種の犯罪傾向を有する対象者に実施されるもので，心理学などの専門的知識に基づき，認知行動療法をベースに開発されたプログラムである。現在，性犯罪者処遇プログラム，覚せい剤事犯者処遇プログラム，暴力防止プログラム，飲酒運転防止プログラムの4種類が実施されている。保護観察官が指導者となり，面接，ワークシート，ロールプレイングなどを用いて，全5回で実施される。刑事施設内で実施されている改善指導ともリンクするような配慮がなされており，刑事施設から改善指導の実施結果を引き継ぎ，一貫性のある指導を実施している。なお，これらのプログラムは，刑事施設仮釈放者および保護観察付執行猶予者のうち，そのプログラムが想定する犯罪傾向や問題性が認められる者を対象とし，受講することが特別遵守事項に定められる。すなわち，受講が義務付けられることになる。ただし，少年を含め，受講を義務付けられていない保護観察対象者に対しても，自発的意思などに基づいて実施されることがある。

　この他，自己の犯罪により被害者を死亡させたり重大な障害を負わせたりした保護観察対象者には，「しょく罪指導プログラム」を受けさせるとともに，被害者の意向を踏まえながら，誠実に慰謝等の措置に努めるよう指導している。このプログラムについても，刑事施設における「被害者の視点を取り入れた教育」の実施状況について情報を引き継ぎ，それを踏まえた指導となるよう配意されている。

11.2.4　おわりに

　司法領域における心理臨床は，裁判所を除くと行政機関が担っていることがほとんどであり，政府の施策が色濃く反映される。たとえば，再犯防止を

目的とした各種プログラムの開発は，政府の施策が少なからず反映されたものである。また，2014（平成26）年1月現在，「少年院法案及び少年鑑別所法案」の成立に向けた諸準備が進められているところであり，これらの法案が成立した場合，少年院や少年鑑別所における処遇内容等の一部が変わることになる（本章で解説した内容も一部変更となることが見込まれる）。

こうした施策上の要請もあって，司法領域における心理臨床においては，近年，他の職域とのコラボレーションがますます重要な意味をもつようになっている。司法領域における心理臨床家は，従来から，法律，医学，教育等の専門家と協働してきたが，対象者の円滑な社会復帰を促進するために，就労支援や福祉の専門家とも協働するようになっており，対象者の特性に応じた支援につなぐことにより，相応の成果を上げつつある。

いずれにせよ，司法領域に従事する心理臨床家は，こうした政府の施策，すなわち，社会からの要請を念頭に置きながら，臨床業務に当たることが求められると同時に，目の前にいる個々の対象者の事情を考慮しながら，改善更生に資する心理査定や処遇を行うことが必要といえる。

臨床心理領域の知識と活用 12

　本章では，臨床心理実践や臨床心理学研究を行ううえで知っておくのが望ましい関連事項について述べる。
　12.1 では，臨床心理学においても近年一定の知識が求められるようになってきている神経心理学について概説し，統合失調症の神経心理学的研究を一例として述べる。12.2 では，職業倫理について具体例をもとに概説し，また関連する法律の概略を述べる。

12.1　神経心理学

12.1.1　神経心理学と臨床心理学

　神経心理学（neuropsychology）は主として脳損傷患者の呈する症状とその脳損傷部位との対応を研究する学問領域であり，臨床心理学とはかなり独立して成立・発展してきた。しかしながら欧米においては，臨床心理学の研究者や実践家の中に神経心理学を専門とし，神経心理士として患者のアセスメントや治療，研究に携わっている人たちがいる。わが国の心理学教育においては，生理心理学などと同様に生物学寄りの基礎系の心理学として扱われていることが多く，大学院などにおける専門的な教育が行われることは多くはない。その一方で，医療現場において用いられる心理検査には神経心理検査が数多く含まれており，その実施や解釈などが求められることや，高次脳機能障害患者に対する臨床心理学的な介入が求められることがあるのが現状である。統合失調症を初めとする精神疾患患者の呈する認知障害（精神医学では「神経認知機能」と呼ばれる）に関心が高まっており，認知面の機能低下に対するリハビリテーションも行われるようになってきていること，高齢

化社会の進行に伴う認知症患者の増加,さらには教育分野における限局性学習症や注意欠如・多動症,自閉スペクトラム症などの発達障害への関心の高まりなどもあることから,医療・福祉・教育などの現場から,神経心理学の臨床実践への応用,精神病理学の神経科学(「脳科学」)的な理解など,臨床心理学や心理臨床実践においても,神経心理学に関する一定の知識が求められるようになってきたといえる。

12.1.2 神経心理学の4つの基本領域

図12.1に神経心理学の4つの領域を図示する。この図は,神経心理学が対象とする研究領域を,サイエンス—プラクティスの軸,神経科学(脳科学)—心理学の軸の2軸の上に表現したものである。この図でみる横軸は,基礎—臨床の軸ととらえてもよいし,理論—実践という軸でとらえてもよい。神経心理学は,臨床心理学に関連する一方で,基礎心理学にも大きく関連している。

脳損傷患者の示す,認知や行動,記憶や注意の障害と,患者の脳損傷部位を対応づけることにより,心理機能と脳部位のはたらきを対応づける研究領域を**臨床神経心理学**という。患者の示す神経心理症状は近年,わが国では高

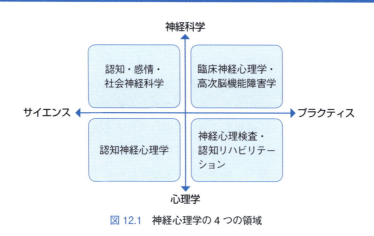

図12.1 神経心理学の4つの領域

次脳機能障害と呼ばれることが多く,臨床神経心理学を高次脳機能障害学と呼ぶこともある。臨床神経心理学は,1861年,ブローカ(Broca, P.)の発表した失語症に関する発表に端を発するとされており,以来150年を超える歴史がある。その研究成果は"*Brain*"などの医学(神経学)雑誌に多く掲載されてきたが,1963年の"*Neuropsychologia*",1964年の"*Cortex*"など専門学術雑誌の創刊などにより,その医学—心理学にまたがる学際的領域が確立されてきた。この他に,臨床的な論文が多く掲載される雑誌としては,"*Journal of Clinical and Experimental Neuropsychology*"(1979-),"*Neuropsychology*"(1987-),"*Journal of the International Neuropsychological Society*"(1995-)などがある。わが国における学会としては,日本神経心理学会,日本高次脳機能障害学会などがあり,それぞれ『神経心理学』(1985-),『高次脳機能研究』(1981-;2002年までは『失語症研究』)がある。

　臨床心理学において,臨床心理学的アセスメントと臨床心理学的な介入があるのと同様に,神経心理学においても特徴的な検査と介入の方法がある。患者の示す個々の神経心理症状を定量的に測定する目的で,数々の**神経心理検査**が開発されてきた。言語,認知,行為,記憶,注意,実行(遂行)機能などの能力をそれぞれ評価する目的で作成されたものであり,これらのいくつかは,知能検査,人格検査,発達検査とならんで医療現場において用いられている。近年,ウェクスラー式知能検査における群指数／指標得点の算出・評価などが行われるようになってきたが,これは神経心理学的な観点により近いものであるといえる。神経心理症状に対する介入としては,**認知リハビリテーション**が行われるようになってきた。患者の呈する神経心理症状に応じて,直接訓練により特定の機能の回復を目指したり,代償的な方法を身につけたり,外的な補助具を使いこなすことにより実現しようとする。専門学術誌として,"*Neuropsychological Rehabilitation*"(1991-)がある。わが国では,認知リハビリテーション研究会があり,『認知リハビリテーション』(1996-)が刊行されている。

　神経心理学は,基礎心理学領域とも密接にかかわっている。**認知神経心理**

学は，主として健常者のパフォーマンスによって得られる認知心理学研究のデータから導かれる理論・モデルを用いて，脳損傷患者においてはいかなる成績低下を引き起こすか，あるいは，脳損傷患者の示す障害パターンを認知心理学的な観点で予測・説明し，理論の妥当性，とりわけ脳神経メカニズムの面からの妥当性を検討することとなる。失認症や失読症・失書症などの領域で多くの成果が上がっている。専門学術誌には "Cognitive Neuropsychology" （1984-）などがある。シミュレーションによって計算論的に説明する試みもなされている。

　1990年代になり，fMRIなどに代表される脳活動測定技術（ニューロイメージング）の開発によって，健常者の課題遂行時の脳活動を測定するなどの認知神経科学的な研究が爆発的に増加した。"Journal of Cognitive Neuroscience"（1989-）や，ニューロイメージングの専門誌である "NeuroImage"（1992-），"Human Brain Mapping"（1993-）などの相次ぐ創刊がこの事情を示している。さらに2000年代後半になり，認知，知的側面にかかわるメカニズムのみならず，感情神経科学，社会神経科学などのように，ヒトの感情にかかわる神経科学メカニズムや，社会的認知，対人関係，集団など社会性，あるいはパーソナリティにかかわる神経科学メカニズムの解明に向けて研究が進められている。"Social Neuroscience"（2006-）や "Social Cognitive and Affective Neuroscience"（2006-）といった雑誌が代表的である。社会心理学，感情心理学，パーソナリティ心理学などとの豊かな研究交流がみられることと同時に，たとえば共感性や愛着など，臨床心理学にかかわるような研究も多くなされるようになってきている。

12.1.3　神経心理症状と神経心理検査

　神経心理症状（高次脳機能障害）は，機能低下のみられる症状ごとにそれぞれ名称があり，またその状態を調べるための神経心理検査がある。ここではそれらの症状と神経心理検査の概略を示すことにするが，脳損傷部位を詳述することはしない（くわしくは，石合（2012）などを参照されたい）。こ

こに取り上げる神経心理検査の多くは，医科診療報酬・保険点数の付与されている臨床心理・神経心理検査であり，「認知機能検査その他の心理検査」（D285）とされている。

1. 言語機能の障害と評価

言語（とりわけ聞く・話すこと）の障害を**失語症**と呼ぶ。読むことの障害は**失読症**，書くことの障害は**失書症**である。失語症にはさまざまなタイプがあるが，話すことに障害の強いタイプは運動性（表出性）失語（代表的にはブローカ失語），聞いて理解することに障害が強いタイプは感覚性（受容性）失語（代表的にはウェルニッケ失語）と呼ばれる。復唱に顕著な障害を呈する伝導性失語もある。

失読症は視覚入力面での障害による末梢性失読と，文字・単語の言語情報処理面に障害を呈する中枢性失読がある。同様に失書症においても運動出力面での障害による末梢性失書と，言語情報処理面に障害を呈する中枢性失書がある。中枢性失読／失書の場合は，単語の属性（使用頻度や不規則性など）によって症状が変動する。

これらの言語機能評価（あわせて計算機能の評価；計算の障害を失計算あるいは計算障害と呼ぶ）は，標準失語症検査，標準失語症検査補助テスト，WAB 失語症検査を用いて評価することができる。

2. 対象認知の障害と評価

視覚，聴覚，触覚など，感覚モダリティごとに対象認知の障害が生じる。これらの対象認知の障害は**失認症**と呼ばれ，それぞれ**視覚性失認，聴覚性失認，触覚性失認**などと呼ばれる。

視覚性失認は，対象のカテゴリーに特異的な症状を呈することがある。物体の認知障害は物体失認と呼ばれ，形態認知の障害である知覚型（統覚型）失認，形態認知は可能だが意味との連合に障害を示す連合型失認がある。対象の認知はできているのに呼称ができない（その対象の名称を言うことができない）症状は視覚性失語という。顔の認知の障害，顔を見ても誰なのかわからない症状は相貌失認と呼ばれる。単語の認知の障害は（読むことができ

ないために）失読とされるが，このうち視覚性の障害に由来しほかの症状を伴わないものを純粋失読と呼ぶ。建物や風景の認知の障害は街並失認とされる。これらの視覚性認知障害の評価には標準高次視知覚検査が用いられる。

空間の認知において，特に空間内の半側にある対象物に気づきにくい症状を**半側空間無視**と呼ぶ。一般的には右半球損傷により，左半側空間を無視する傾向が生じる。これは日本版 BIT 行動性無視検査などによって評価できる。

聴覚性失認は，環境音の認知に障害を呈するものを狭義の聴覚性失認と呼び，言語音を聞いて認知するプロセスの障害を純粋語聾と呼ぶ。

3. 行為・動作の障害と評価

物品を使用したり，身ぶり手ぶりで意図を表現することの障害を**失行症**と呼ぶ。また，絵を描いたり物体を組み立てたりすることの障害を構成失行（構成障害），衣服を着ることの障害を着衣失行（着衣障害）と呼ぶ。これらは，「したいのにできない」症状であるが，逆に「したくないのにしてしまう」症状を呈する場合もあり，前頭葉性行為障害などと呼ばれている。意図していないのに身体の一部が勝手に動いてしまう（「他人の手徴候」），目の前にある道具を使用してしまう（「道具の強迫的使用」），近くの人の動作をまねしてしまう（「模倣行為」），右手でボタンをとめるとすぐに左手でそれを外してしまうなどのように，動作が拮抗する（「拮抗失行」）などが知られている。失行症の評価には，標準高次動作性検査が用いられる。

4. 記憶機能の障害と評価

短期記憶／ワーキングメモリの障害，エピソード記憶の障害，意味記憶の障害，手続き記憶の障害などに分けられる。

短期記憶の障害／ワーキングメモリの障害は，検査場面における記銘・保持・再生によって評価される。再生は，即時再生（すぐに思い出して答える）とともに遅延再生（一定時間をあけた後に思い出して答える）がよく用いられる。これらの能力はウェクスラー記憶検査（WMS-R）によって評価でき，言語性記憶，視覚性記憶，注意／集中力，遅延再生の指標を求めることができる。言語性記憶（記銘力）の検査としては他に三宅式記銘力検査，

視覚性記憶検査には，ベントン視覚記銘検査，Ray-Osterrieth Complex Figure Test（ROCFT）の再生などを用いて評価することも多い。日常生活場面を可能な限り再現し，実生活に記憶障害がどの程度影響があるかを評価するために，リバーミード行動記憶検査も用いられている。

出来事に関する記憶をエピソード記憶と呼ぶ。エピソード記憶の障害は健忘症と呼ばれることがある。脳血管障害や頭部外傷などによる発症以降に起きた出来事の記銘・再生・再認困難は前向性健忘，発症以前の出来事の想起・再生困難を逆向性健忘と呼ばれる。アルツハイマー型認知症においては，エピソード記憶の障害が初期からみられる。

知識にかかわる記憶を意味記憶と呼ぶ。意味記憶が選択的に障害される場合もある。特に，前頭側頭型認知症と呼ばれる認知症の一つに，意味性認知症（semantic dementia）があり，言葉の意味や物品の意味認知に障害を呈する。

自転車に乗ることなど，出来事や知識とは異なり，練習や反復によって上達するような種類の記憶を手続き記憶と呼ぶ。パーキンソン病や小脳疾患などによっては，手続き記憶の障害がみられることがある。

5. 注意機能の障害と評価

容量性（注意容量の低下），転換性（注意をある対象から切り離すことの困難（固着）や，注意の対象があちこちに向いてしまう（転導性の亢進），持続性（注意を一定時間持続すること，つまり集中の困難），配分性（注意を複数の対象に配分し同時に注意を払うことの障害）の注意障害や，ペーシング（動作のペースをコントロールすること）の障害がある。これらは標準注意検査法で評価できる。

6. 遂行機能（実行機能）の障害と評価

目標や計画を立てて，効率よく，行う機能を実行（遂行）機能と呼ぶ。特に前頭前野が関与しているとされる。行動の開始・維持・中止の困難や，保続が生じたり，脱抑制，誤りの修正困難など行動のコントロールに支障をきたしたり，自発性や意欲の低下がみられたり多彩な症状を示す。

評価は遂行機能障害症候群の行動評価（BADS）やWCSTウィスコンシ

ン・カード分類検査を用いて行われる。この他にもストループテストや，1分間にできるかぎり多く動物の名前を答える，「あ」で始まる単語を答える，といった語流暢性課題などもよく用いられる。

7. 情動・意欲の障害と評価

これまで，感情の認知面の障害および表出面の障害に焦点が当てられてきた。たとえば，扁桃体の損傷によって，ネガティブ感情，とりわけ「恐怖」表情や音声の認知の障害がみられること，島（insula）の損傷により「嫌悪」表情の認知の障害が生じることなどが明らかにされてきた。その一方で，情動体験そのものに関する障害については十分に明らかとはいえず，今後さらなる研究が求められる。

情動の評価に関する神経心理学検査はないが，意欲に関しては標準意欲評価法が開発されている。

12.1.4 統合失調症における神経認知機能の障害・低下

1. 統合失調症患者の示す神経認知症状

メショラム-ゲイトリーら（Mesholam-Gately et al., 2009）は，初回エピソード統合失調症患者の神経認知症状（神経心理症状）のメタ分析を行っている。この論文では，43論文2,204名の初回エピソード統合失調症患者の検査結果を，2,775名の，年齢と性別をマッチさせた対照群の結果と比較し，言語性記憶（即時再生），注意（処理速度），非言語性記憶，全般的認知能力（知能），言語機能，視空間性能力，言語性記憶（遅延再生と学習方略），実行（遂行）機能，注意（ワーキングメモリ），社会的認知，注意（ビジランス），運動技能の各側面における効果量が求められた。図12.2はその結果を示している。これらの能力全般にわたって低下がみられること，特に言語性記憶（即時再生）および注意（処理速度）の効果量が大きく，これらの機能がとりわけ低下していることが明らかとなった。慢性期統合失調症患者を対象とする同様の研究を行ったヘインリッチスとザクザニス（Heinrichs & Zakzanis, 1998）と比較すると，これらの神経心理症状は薬物投与などの治

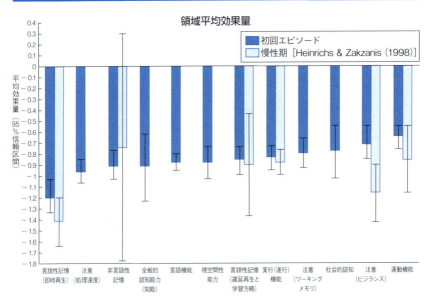

図12.2 初回エピソード統合失調症患者の神経心理症状のメタ分析 (Mesholam-Gately et al., 2009)

療による副作用として生じているのではないことが分かる。

2. 統合失調症患者の活動に神経認知機能状態が及ぼす影響

ボーウィら (Bowie et al., 2008) は，222名の統合失調症患者を対象に，神経心理検査成績と日常生活行動（対人行動，コミュニティ活動，仕事のスキル）の関連について検討した。多種の神経心理検査が行われているが，処理速度，注意／ワーキングメモリ (WM)，言語性記憶，実行（遂行）機能の4因子とされ以後の分析に用いられている。図12.3にその結果を示す。対人行動には，処理速度と実行機能から直接的な，また，注意／WM，処理速度は社会的コンピテンス（社会的技能の評価）を介して影響を与えている。コミュニティ活動には，処理速度から直接，また注意／WMと処理速度は社会的コンピテンスを介して，4因子すべては機能的コンピテンス（日常生活活動機能の評価）を介して影響を及ぼしている。仕事スキルには，処理速度

12.1 神経心理学

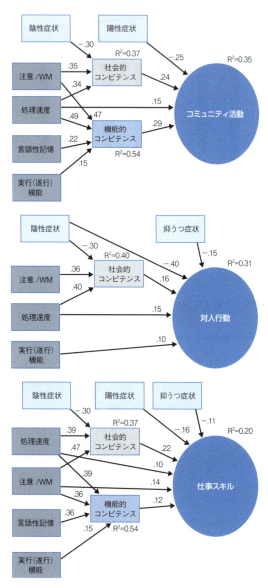

図12.3 統合失調症患者の神経心理検査成績と機能的評価の関連 (Bowie et al., 2008)

および注意／WM から直接，またコミュニティ活動と同様に社会的コンピテンスおよび機能的コンピテンスを介して影響を及ぼしていることが示された。

ここにあげたのは一例であるが，統合失調症患者において神経心理検査における機能低下がみられること，それらによって実生活上の行動を予測することが可能であることが示されている。このようなことが明らかになると，特定の神経心理／神経認知機能の訓練・リハビリテーションを行うことによって，実生活上の行動を改善することが期待できるといえる。

12.2 法と倫理

臨床心理学を学び，臨床実践を行うとき，あるいは臨床心理学についての研究を行うとき，どのようなことに注意すればよいのだろうか。どのようなことを行ってはならないのだろうか，あるいは逆に，行ったほうがよいことはどのようなことなのだろうか。臨床心理学を学ぼうとするときには，このような問題意識は薄いであろうが，実際に臨床や研究を行う際には，さまざまな事柄がからんでくる。本節では，臨床心理学において重要な役割を果たす職業倫理的な事柄と法的な事柄について概説したい。

12.2.1 考えてみよう

たとえば，読者がカウンセラーとして仕事を行っていると仮定しよう。ある日，相談室の電話が鳴り，受話器を取ると，「うちの息子の太郎がそちらでお世話になっているのですが，さっきそちらから帰って来てから，ずっと部屋に閉じこもって出てきません。そちらで何を話したのですか？」という，うわずった調子の女性の声が聞こえてくる。

あるいは，読者が心理学科の 4 年生と仮定する。卒業論文の研究を行うために，大学生を対象とした匿名調査を行い，抑うつを測定する質問紙を配布した。結果を集計してみたところ，高い値の抑うつを示す被調査者が何名かいることが判明する。

これらの状況に対して，読者はどのように対応するだろうか。

臨床心理学の臨床行為も研究も，実践に際してはさまざまな問題を呈してくる。その際の判断の基準として必要なのが，臨床心理学が分野として示すルールである職業倫理と，社会のルールとして規定されている法律である。

12.2.2 職業倫理とは何か

職業倫理というと，難しい理屈や，ああしてはいけない・こうしなくてはいけない，といった「決まり事」のように受け取られがちであるが，筆者は，職業倫理は具体的な知識やスキルであると考える（金沢，2006）。前述のように，臨床や研究の実際の場ではさまざまな問題が生じる。それらの問題を解決するにはどうすればよいか，そうした問題が発生しないようにするにはどのようなことに注意する必要があるのか，そして，よりよい実践を行うにはどうすればよいのか。こうした事柄を教えてくれる知識やスキルの重要なものが職業倫理である。

職業倫理は，後で述べる法律と比べると，行動のルールや規範という点では共通する部分があるが，国会で可決されて施行される法律や地方自治体の議会で決められる条例とは異なり，臨床心理学に携わる専門家の集団が自分たちで定めるルール（行動規範）である。その目的は，自分たちが何を行い，何を行わないようにしているのかを社会に対して示し，社会から信頼を得，社会に対して貢献することである（金沢，2006）。

職業倫理にはさまざまな事柄が含まれるが，それらをまとめて，7つの基本的な原則として示しておきたい（金沢，2006）（表 12.1）。

12.2.3 7原則をもとに考えてみよう

表 12.1 の 7 原則を基にして，先ほどの架空の状況について考えてみよう。なお，7 原則のくわしい内容については，『臨床心理学の倫理をまなぶ』（金沢，2006）を参照されたい。

1. 電話での問合せという状況

表 12.1　職業倫理の 7 原則（Pope, Tabachnick, & Keith-Spiegel（1987）および Redlich & Pope（1980）を基に作成，金沢（1998）を一部改変）

第 1 原則：相手を傷つけない，傷つけるようなおそれのあることをしない
相手を見捨てない。同僚が非倫理的に行動した場合にその同僚の行動を改めさせる，など。

第 2 原則：十分な教育・訓練によって身につけた専門的な行動の範囲内で，相手の健康と福祉に寄与する。
効果について研究の十分な裏付けのある技法を用いる。心理検査の施行方法を順守し，たとえば検査を家に持ち帰って記入させるなどといったマニュアルから逸脱した使用方法を用いない。自分の能力の範囲内で行動し，常に研鑽を怠らない。心理臨床家自身の心身の状態が不十分な時には心理臨床活動を控える。専門技術やその結果として生じたもの（たとえば心理検査の結果）が悪用・誤用されないようにする。自分の専門知識・技術を誇張したり虚偽の宣伝をしたりしない。専門的に認められた資格がない場合，必要とされている知識・技術・能力がない場合，その分野での基準に従わないケアや技術などの場合，などの際には心理臨床活動を行わず，他の専門家にリファーする等の処置をとる，など。

第 3 原則：相手を利己的に利用しない
多重関係を避ける。クライエントと物を売買しない。物々交換や身体的接触を避ける。勧誘しない，など

第 4 原則：一人一人を人間として尊重する
冷たくあしらわない。心理臨床家自身の感情をある程度相手に伝える。相手を欺かない，など。

第 5 原則：秘密を守る
限定つき秘密保持であり，秘密保持には限界がある。本人の承諾なしに専門家がクライエントの秘密を漏らす場合は，明確に差し迫った危険があり相手が特定されている場合，クライエントによる意思表示がある場合，虐待が疑われる場合，そのクライエントのケアなどに直接関わっている専門家等の間で話し合う場合（たとえばクリニック内のケース・カンファレンス），などである。もっとも，いずれの場合も，できるだけクライエントの承諾が得られるように，心理臨床家はまず努力しなければならない。また，記録を机の上に置いたままにしない，待合室などで他の人にクライエントの名前などが聞かれることのないようにする，といった現実的な配慮も忘れないようにする必要がある。なお，他人に知らせることをクライエント本人が許可した場合は，守秘義務違反にはならない。

第 6 原則：インフォームド・コンセントを得，相手の自己決定権を尊重する
十分に説明したうえで本人が合意することのみを行う。相手が拒否することは行わない（強制しない）。記録を本人が見ることができるようにする，など。

第 7 原則：すべての人々を公平に扱い，社会的な正義と公正と平等の精神を具現する
差別や嫌がらせを行わない。経済的理由などの理由でサービスを拒否しない。一人一人に合ったアセスメントや介入などを行う。社会的な問題への介入も行う，など。

先述の電話の状況について考えてみよう。どのように考え，どのように対応すればよいだろうか。

　まず，この状況にはどのような問題が含まれているか，考えてみたい。第一に考えられるのは，第5原則の「秘密を守る」という問題である。クライエントに関する事柄は，クライエント本人の許可を得ているなど，いくつかの例外的な状況でない限り，本人以外に知らせることはできない。単にクライエントとの話の内容を第三者に知らせてはいけないということだけではなく，クライエントが誰であるのか，また，誰某という人がその相談室のクライエントであるかどうかということも，本人の許可があるなどの例外的な条件以外の場合には伝えてはならないのである。この架空状況では，電話の相手が誰であるのか，確認することは難しい。話されている内容が真実であるかどうか，チェックすることも容易ではない。そうなると，この電話に対しては，問合せにはお応えできないという対応をすることになる。

　ここまでは多くの読者も考えることであろう。しかし話はこれだけではない。まず，どのような状況であればクライエントに関する情報や秘密が第三者に伝えられる可能性があるのか，言い換えると，秘密が守られる条件とはどのような場合であり，第三者に伝えられる場合というのはどのような場合なのか，クライエント本人と，早い段階できちんと話し合いを行っておかなくてはならない（第6原則：「インフォームド・コンセントを得，相手の自己決定権を尊重する」）。そうしないと，たとえば，第1回の面接終了後にこのような電話があった場合，カウンセラーは対応について大変とまどってしまうことになる。したがって，カウンセラーは，クライエントとの間に，可能な限り早い段階において，秘密の保持を含めて，インフォームド・コンセントをきちんと行っておく必要があることになる。

　別の視点から，この電話をかけてきた女性について考えてみたい。この女性が，現実に大変困った状況に置かれているとすると，それを放っておくということは適切ではないと思われる（第1原則：「相手を傷つけない，傷つけるようなおそれのあることをしない」）。この点から考えると，相手がどの

ような状況にあり，どのような援助が必要なのかを，できる範囲で把握し，可能な範囲での手立てをとることが求められているといえる（第2原則：「十分な教育・訓練によって身につけた専門的な行動の範囲内で，相手の健康と福祉に寄与する」）。そうなると，相手の話をもう少し聴き，その場で可能なアドバイスがあれば行い，あるいは，他に必要な援助があるのならそちらにつなげていくといった対応が必要であろう。

このように考えると，早い段階で，秘密の保持を含めた細かなインフォームド・コンセントを行っておくこと。電話に対しては，こちらに誰が相談に来ているかを含めて相手に知らせないようにする一方で，相手がどのような状況にあるのか，注意深く話を聴き，必要な援助があれば行う，ということが求められよう。このように，複数の原則を，状況に合わせて柔軟に組み合わせて対応するということがカウンセラーの職業倫理の実践に必要であるだけではなく，カウンセラーとしてのより良い対応につながっていくということができる。

2. 匿名調査において，高い抑うつの値を示す調査協力者がいる状況

研究に関する状況も，先ほどの臨床場面と同様，7つの原則を基にして考えることができる（金沢，2008/2009）。抑うつの点数の高い人たちがいるのにもかかわらず，放っておくことはよろしくないのは当然である（第1原則）。しかし困ったことに，匿名調査（第5原則）であるから相手が誰であるかわからない。このような人たちには，必要なケアが提供されるべきである（第2原則）が，相手がわからないため難しい。また，調査を実施した大学4年生は，まだ専門家としてケアを提供することは能力的にも困難であろう（第2原則）。そうなると，この学生の指導教員が専門家としての判断を行わなくてはならないということになる。

相手が特定できない状況では，調査に回答した可能性のある人たちを対象として，たとえば掲示やホームページ，あるいは学内の電子掲示板などを用いて，当該調査に協力した学生たちの中で，食欲の不振や気分の落ち込みなどを感じている人は，その大学の学生相談室や保健管理センター，あるいは

専門の医療機関などの援助を求めるよう，知らせることが必要となる。しかし，より良い対応としてあげられるのは，調査を行う時点において，複数の援助機関を参加者に事前に知らせておくことである。すなわち，強い抑うつを示す参加者がいる可能性をあらかじめ想定して，その大学の学生相談室や保健管理センター，さらには近隣の医療機関について情報を提供し，それらの機関への相談・受診をあらかじめ勧めておくことが考えられる。卒業論文の指導教員は，学生に対してこのような点に注意した指導を行う必要がある。

さらに，この研究においても，インフォームド・コンセント（第6原則）がどのように行われたのか検討する必要がある。実際，学生の卒業論文の調査などにおいて，研究内容を十分に知らせることなく，授業時間を用いて質問紙を配布し，その場で回答を求めている例があるのではないだろうか。このような状況では，参加者である学生たちが，研究参加について十分に内容を知らされた上で，自分の自由意思で参加諾否を選択することができる状況となっているとは思われない（Sieber & Saks, 1989）。参加を拒否する権利も，途中でドロップアウトする権利も与えられていないのである。インフォームド・コンセントが成立するための基本的な要件としては，十分な情報，意思決定能力，任意性（選択の自由）があげられている（Richards, 2003）。必要な限りにおいての情報提供と，被調査者が回答の諾否を容易に選ぶことができるような実施方法（たとえば，授業時間外や教室外での配布）が必要である。

12.2.4 臨床心理学と法律

筆者は臨床心理士であって法律家ではなく，読者も心理学の学生であり，法学部の学生ではないであろう。しかし，臨床場面でも研究の場でも，私たちが世の中で活動する限り，社会全体のルールである法律や条例がかかわってくる。たとえば，カウンセラーがクライエントの秘密を漏らし，それによってクライエントが何らかの苦痛や被害を被ったとすると，職業倫理的な秘密保持の問題であるだけではなく，クライエントがカウンセラーに対して，

損害賠償を求める民事訴訟を起こすこともある。家族カウンセリングの場において夫婦の問題を扱っていると，子どもの親権を巡った争いが関係してくることもある。また，精神科領域には精神保健福祉法や医療法，学校には学校教育法や学校保健法，福祉領域では児童福祉法や老人福祉法，産業領域には労働安全衛生法など，その職域に関連する法律が定められている場合が多い。もちろん，法律には法律の専門家がいるのであるから，必要なときに法律家の援助を求めることが必要である。一方，私たちも，自分たちにかかわる法律についてそれなりの知識を得ておくことは，問題の発生を未然に防ぐという意味でも大切である。

　ここでは，数ある法律の中でも，臨床心理学に関係する法律として，プライバシーの保護に最も密接にかかわる法律である個人情報保護法を取り上げたい。なお，臨床心理学に関わるさまざまな法律の概論書として『心の専門家が出会う法律――臨床実践のために――［第3版］』（佐藤（監修），2009）が参考になる。

12.2.5　個人情報保護法

　2003（平成15）年5月23日に，「**個人情報保護法**（正式名称：個人情報の保護に関する法律）」が国会で成立し，この法律の基本的な部分については同年5月30日から，それ以外の部分については2005（平成17）年4月1日に施行となった[1]。日本において，プライバシーやプライバシー保護について直接規定している法律はないが，個人情報保護法は，**個人情報**という概念を設定して，プライバシーの保護に関する事柄を定めているという点で画期的な法律といえる。

---

[1] 2005（平成17）年4月1日からは，個人情報保護法の他にも，行政機関の保有する個人情報の保護に関する法律（1988〔昭和63〕年に制定された「行政機関の保有する電子計算機処理に係る個人情報の保護に関する法律」の改正法），独立行政法人等の保有する個人情報の保護に関する法律，情報公開・個人情報保護審査会設置法，および行政機関の保有する個人情報の保護に関する法律等の施行に伴う関係法律の整備等に関する法律が施行され，これら5つの法律をあわせて「個人情報保護関連5法」と呼ばれるが，本章では，これら5つの法律のうち，個人情報保護法について論じる。

個人情報保護法は，少し複雑な構造をもつ法律である。この法律は，個人情報保護法制の基本となる基本法の部分，すなわち，個人情報を扱うすべての者を対象とする原則や理念の部分（1～3章）と，民間部門の個人情報保護を規定する一般法の部分（4～6章）という，基本法と一般法の2層構造となっている。そして，国および独立行政法人の個人情報保護に関する法律（行政機関の保有する個人情報の保護に関する法律，独立行政法人等の保有する個人情報の保護に関する法律）および地方自治体の個人情報保護条例も，基本法部分の傘下におかれることになっている（藤原，2003）。

　この法律の主要な内容については表12.2をご参照いただきたい。この表の右側には「個人情報取扱事業者の義務」として，個人情報取得に当たっての利用目的の明確化・特定化，個人データを本人の同意を得ずに第三者へ提供することの禁止，本人からの求めに応じた開示・訂正・利用停止，個人情報の取り扱いに関する苦情の適切・迅速な処理などが記載されており，これらが本法のおもな内容とされていることが分かる。

　この法律が制定される直接的な契機となったのは，国内でのプライバシー保護への関心の高まりというよりも，海外からのプレッシャーといってよい。日本で個人情報の保護に関する国レベルでの制度化を検討する主な契機となったのは，経済協力開発機構（OECD）が1980（昭和55）年に採択した「プライバシー保護と個人データの国際流通についてのガイドラインに関する理事会勧告」であった（堀部，2003）。つまり，表12.2左側のOECD勧告の原則に対応させて，国内の法整備が行われたというわけである。

　さて，個人情報とは何だろうか。「個人情報保護法」第2条では，個人情報を「生存する個人に関する情報であって，当該情報に含まれる氏名，生年月日その他の記述等により特定の個人を識別することができるもの（他の情報と容易に照合することができ，それにより特定の個人を識別することができることとなるものを含む。）をいう。」と定義しており，さらに同条第2項において，「個人情報を含む情報の集合物」のうち，特定の個人情報を「検索することができるように体系的に構成したもの」を「個人情報データベー

表 12.2　個人情報取扱事業者の義務について（OECD8 原則と個人情報取扱事業者の義務規定の対応）

OECD8 原則	個人情報取扱事業者の義務
●目的明確化の原則 　収集目的を明確にし，データ利用は収集目的に合致するべき ●利用制限の原則 　データ主体の同意がある場合，法律の規定による場合以外は目的以外に利用使用してはならない	●利用目的をできる限り特定しなければならない（第 15 条） ●利用目的の達成に必要な範囲を超えて取り扱ってはならない（第 16 条） ●本人の同意を得ずに第三者に提供してはならない（第 23 条）
●収集制限の原則 　適法・公正な手段により，かつ情報主体に通知又は同意を得て収集されるべき	●偽りその他不正の手段により取得してはならない。（第 17 条）
●データ内容の原則 　利用目的に沿ったもので，かつ，正確，完全，最新であるべき	●正確かつ最新の内容に保つよう努めなければならない。（第 19 条）
●安全保護の原則 　合理的安全保障措置により，紛失・破壊・使用・修正・開示等から保護するべき	●安全管理のために必要な措置を講じなければならない。（第 20 条） ●従業者・委託先に対する必要な監督を行わなければならない。（第 21, 22 条）
●公開の原則 　データ収集の実施方針等を公開し，データの存在，利用目的，管理者等を明示するべき ●個人参加の原則 　自己に関するデータの所在及び内容を確認させ，又は意義申し立てを保証すべき	●取得したときは利用目的を通知又は公表しなければならない。（第 18 条） ●利用目的等を本人の知り得る状態に置かなければならない。（第 24 条） ●本人の求めに応じて保有個人データを開示しなければならない。（第 25 条） ●本人の求めに応じて訂正等を行わなければならない。（第 26 条） ●本人の求めに応じて利用停止等を行わなければならない。（第 27 条）
●責任の原則 　管理者は諸原則実施の責任を有する	●苦情の適切かつ迅速な処理に努めなければならない。（第 31 条）

＊各義務規定には適宜除外事由あり。

http://www.caa.go.jp/seikatsu/kojin/kaisetsu/pdfs/gensoku.pdf（2011 年 10 月 4 日取得）

ス等」と定義している。そうなると，面接によってクライエントから得られる情報は個人情報であり，相談室で保管する相談記録は個人情報データベースなどに相当すると考えられる。したがって，民間部門でのカウンセリングについては，この法律が適用されると考えられる。

　一方，「個人情報の保護に関する法律施行令」第2条では，保有する個人情報データベースの合計が過去6カ月以内に5,000を超えない事業者はこの法律の適用からは除外されることになっている。また，個人情報保護法第50条では，「個人情報取扱事業者」の中でも，報道機関が報道目的で個人情報を扱う場合や，大学などで学術研究の目的で個人情報を扱う場合は，本法から除外されることが明示されている。

　このような除外条項をみると，個人情報保護法には，たくさんの抜け道があるようにみえる。臨床心理学領域に限った場合，少し極端な言い方をすれば，個人カウンセリングルームで，クライエントの人数が過去半年以内において1,000人である場合や，大学で研究目的として臨床的なデータを得る場合には，何をしてもよいということになるのだろうか。あるいは，「生存する個人に関する情報」が個人情報であるのなら，亡くなった人に関する情報はこの法律では保護されないということになってしまい，たとえば，医療機関において，昨日まではクライエントの個人情報は保護されていたのに，亡くなった今日からは保護されない，という事態が生じてしまう。

　実際には，先述の「個人情報保護法」第50条第3項に，報道機関や研究機関などの個人情報取扱事業者は，個人情報保護のために必要な措置を講じ，その内容を「公表するよう努めなければならない。」と規定されている。また，医療・保健，教育，金融など，社会のさまざまな領域において個人情報が扱われていることから，各省庁は個人情報保護に関するガイドラインを制定している。たとえば，厚生労働省の「医療・介護関係事業者における個人情報の適切な取扱いのためのガイドライン」では，保有する個人情報データベースの合計が5,000を超えない事業者はこのガイドラインを遵守する努力を求めており，また，死者に関する個人情報も生存者と同様の保護をするよ

う定めている[2]。

　これらのガイドラインは，各省庁のホームページで容易にみることができ，また，必要に応じて更新・改正されている。したがって臨床心理学の専門家は，法律だけではなく，各省庁が作成するガイドラインもチェックし，遵守することが求められているのである。

12.2.6　臨床心理学の教育に求められること

　臨床心理学の専門家は，臨床場面でも研究場面でも，さまざまな事柄に注意しながら専門的活動を行う必要がある。臨床心理学について学んだ知識やスキルをどのような枠組みの中で用いればよいのか，それを教えてくれるのが職業倫理や法律ということができる。

　法律は社会の秩序の維持のために制定されるルールである。一方職業倫理は，社会からの信頼を得るために，専門職自らが自分たちでつくり，自分たちの間で互いに注意し合い，守りながら，その専門職の目指す理想に近づくために必要な行動規範である（金沢，1998/2006）。この行動規範は，その専門職が社会との間で交わす約束事であり，「**社会的契約**」（Canadian Psychological Association, 2000）なのである。そして，明確な職業倫理をもつことは，その分野が専門職として認められるために必要な要件の一つであるといわれている（Goode, 1960；河上，1995；弥永，1995）。

　しかし，職業倫理も法律も，その実践は必ずしも容易なことではない。本章で論じたように，実際の状況について具体的に考えて行動することができるよう，学んで身につけなくてはならないのである。

　したがって，臨床心理学の教育においては，いわゆる臨床的な知識やスキルにとどまらず，しっかりした職業倫理教育と，関連する法律の概略についての知識を得ることが大切である。そのことが，臨床心理学という分野全体の社会的信用を高めるだけではなく，よりよい専門的行為につながっていくといえよう。

---

[2]　http://www.mhlw.go.jp/topics/bukyoku/seisaku/kojin/　（2011年8月31日取得）

> **コラム** 臨床心理学を学ぶ人たちへのメッセージ

　ここまで読んでいただいて，臨床心理学の理論と実際について，おおよそのところは理解してもらえたかと思う。ただし，臨床心理学は奥の深い学問であり，これだけ学べば十分ということがない。以下に，臨床心理学をより深く学ぶためのポイントを記しておこう。

1. 臨床心理学における科学者－実践家モデル

　臨床心理学教育の代表的なモデルに，**科学者－実践家モデル**（scientist-practitioner model）がある。

　これは，臨床心理学が，人間行動がどのように維持発展されるかについての科学的探究にかかわる「科学性」と，人間の苦悩を生み出す状況を改善し，問題を解決していく臨床実践にかかわる「実践性」とから構成される学問であることを示すものである。すなわち，臨床心理学を学ぶ人は，科学性と実践性を両立させ，統合させていく必要がある。

　本書では，臨床心理学の定義，臨床心理アセスメント，分析・力動論，行動論・認知論，ロジャーズ・人間性，催眠とそこから生まれた療法などのさまざまな心理療法，そして教育・子育て領域，医療領域，産業社会領域などにおける社会的な専門活動，および臨床心理領域の知識と活用などについて解説されている。要するに，臨床心理学の科学性と実践性について，バランスよく学べるよう構成されている。まさに，科学者－実践家モデルに即した内容となっている。

2. 臨床心理学をさらに深く学ぶために

　臨床心理学をさらに深く学ぶためには，どのような姿勢が必要だろうか。

　第1に，多くの書物・論文を読むことである。科学者－実践家モデルにおける科学性，すなわち「心理学研究者としての科学的な態度」を養うためにも，臨床心理学にとどまらず基礎心理学のさまざまな文献にも数多く触れることが大切である。また，古典的な文献は可能な限り原典に当たりながら，著者の轍の後をたどるような気持ちで読んでいきたい。

　第2に，いろいろな先生，先輩，仲間との交流を欠かさないことである。指導によって導かれたり，ともに学んだり，力を合わせたりという人間関係によって，臨床心理学における「実践的な態度」や「科学的な態度」を身につけることが可能となる。

　第3に，特に実践家としての成長のためには，クライエントとのかかわりの中から学ぶことが重要である。

表 12.3　ロンネスタットとスコヴフォルトによる臨床家の 6 期発達モデル
(Rønnestad & Skovholt, 2003 をもとに作成：岩壁, 2013)

各期の特徴
第 1 期　素人援助者期 　心理援助の訓練を受ける前の状態であり，親，子ども，友人，同僚，などの相談相手になったり，アドバイスをする。問題を素早く同定し，強い感情的サポートを与える。アドバイスは自分の過去の傷つき体験などをもとになされる。相談相手の悩みに深入りしたり，過剰に同一視して気持ちの落ち着きを失いがちになる。
第 2 期　初学者期 　専門的な訓練を受けることへの熱意が強いが，自信に乏しく不安が強い。専門的な理論を学ぶと，自分の援助に対する考え方を大きく修正することを余儀なくされる。また，できるだけ簡単ですぐに使える理論やスキルを習得しようと躍起になるが，現実の状況ではそううまくいかず，情報量に圧倒され，学習がうまく進まないことに苦しむ傾向が強い。
第 3 期　上級生期（博士後期課程に当たる） 　一専門家として機能することを目標としているため，間違いを恐れ，完璧主義的になりがちであり，教科書通りにこなすことに注意を向ける。訓練効果を感じる一方で，経験豊富な臨床家を理想として学びたいという気持ちが強い。このため，特定の臨床家，理論モデルに固執し，それに厳格になりすぎることもある。また，臨床家としての自分自身に注意を向け始める。
第 4 期　初心者専門家期（博士課程修了から臨床経験 5 年程度） 　専門家として職に就いた後，訓練において体得したことを何度となく見直す。理論アプローチだけでなく，1 人の個人としての自分が臨床活動に大きく影響していることを認め，臨床家としての自分と統合しようと試みる。1 つの理論モデルに忠実であることよりも，1 人ひとりのクライエントとの最適な治療関係を築くことに注意を向けるようになる。
第 5 期　経験を積んだ専門家期（臨床経験 15 年程度） 　さまざまな現場で数多くのクライエントとの臨床経験を積み，自分の価値観・世界観・パーソナリティと合った臨床家としての自己を発展させる。もう一方で，臨床家としての自分と一個人としての自分の境界も明確に引き，双方の肯定的な側面が相乗的に働く。治療関係の重要性を深く認め，理論や技法を柔軟に使いこなし，単純な答えを求めず，困難な状況に遭遇しても，落ち着いて対処できるようになる。専門的文献だけでなく，自分自身の経験を振り返ることから多くを学ぶ。
第 6 期　熟練した専門家期（臨床経験 20 年から 25 年） 　職業的人生を振り返り，自身の臨床家としての力を現実的に認識し，もう一方で自身の限界も謙虚に受け入れる。自身の職業的発展に満足を感じる一方で，さまざまな理論やモデルの発展と変化を長い間見てきたことから，専門的知識の発展に関して冷めた見方をすることも少なくない。また，自分の人生において体験し，これから起こりうる喪失に対する意識が強まる。

表 12.3 は，ロンネスタットとスコヴフォルト（Rønnestad & Skovholt, 2003）による臨床家の 6 期発達モデルを示している。多くの書物・論文や，先生，先輩，仲間から学ぶほかに，私たちはクライエントからも多くを学ぶことによって，はじめて実践家として成長していくことができるのである。

引用文献

第1章

足立浩平（2006）．多変量データ解析法――心理・教育・社会系のための入門――　ナカニシヤ出版

安香　宏（2008）．犯罪心理学への招待――犯罪・非行を通して人間を考える――　サイエンス社

青木紀久代（2000）．観察法　下山晴彦（編）　臨床心理学の技法　シリーズ・心理学の技法　福村出版　pp.35-41.

Davison, G. C., & Neale, J. M.（1994）. *Abnormal psychology.* 6th ed. John Wiley & Sons.
（デビソン，G. C.・ニール，J. M. 村瀬孝雄（監訳）（1998）．異常心理学　誠信書房）

福島脩美（2008）．総説カウンセリング心理学　金子書房

Garfield, S. L.（1995）. *Psychotherapy : An eclectic and integrative approach.* 2nd ed. John Wiley & Sons.

Gatchel, R. J., Baum, A., & Krantz, D. S.（1989）. *An introduction to health psychology.* 2nd ed. Newbery Award Records.
（ギャッチェル，R. J.・バウム，A.・クランツ，D. S. 本明　寛・間宮　武（監訳）（1992）．健康心理学入門　金子書房）

Gelso, C. J., & Fretz, B. R.（2001）. *Counseling psychology.* 2nd ed. Belmont, CA : Thomson Wadsworth.
（ジェルソー，C. J.・フリッツ，B. R. 清水里美（訳）（2007）．カウンセリング心理学　ブレーン出版）

Greenberg. L. S., Rice, L. N., & Elliott, R.（1997）. *Psychoanalysis, behavior therapy and the relational world.* American Psychological Association.
（グリーンバーグ，L. S. 岩壁　茂（訳）（2006）．感情に働きかける面接技法――心理療法の統合的アプローチ――　誠信書房）

平井洋子（2000）．量的（定量的）研究法　下山晴彦（編）　臨床心理学の技法　シリーズ・心理学の技法　福村出版　pp.66-76.

平木典子（2010）．統合的介入法　臨床心理学をまなぶ4　東京大学出版会

保坂　亨・中澤　潤・大野木裕明（2000）．心理学マニュアル面接法　北大路書房

池田豊應（編）（1995）．臨床投映法入門　ナカニシヤ出版

伊藤義美（2008）．臨床心理学の定義と歴史および研究法　現代臨床心理学　ナカニシヤ出版　pp.1-19.

Jordaan, J. E., Myers, R. A., Layton, W. C., & Morgan, H. H.（1968）. *The counseling psychologist.* Washington, DC : American Psychological Association.

駒込勝利（2002）．軌跡をたどる　林　昭仁・駒込勝利（編）　新版・臨床心理学と人間　三五館　p.40-77.
倉光　修（2000）．動機づけの臨床心理学　日本評論社
Lambert, M. J. (1992). Implications for outcome research for psychotherapy integration. In J. C. Norcross, & M. R. Goldfried (Eds.), *Handbook of psychotherapy integration.* Basic Books.
Lindzey, G. (1959). On the classification of projective techniques. *Psychological Bulletin,* **56**, 158-168.
中澤　潤・大野木裕明・南　博文（1997）．心理学マニュアル観察法　北大路書房
日本健康心理学会（2002）．健康心理学概論　実務教育出版
日本臨床心理士会（2006）．第4回「臨床心理士の動向ならびに意識調査」報告書
Norcross, J. C. (2005). Primer on psychotherapy integration. *Handbook of psychotherapy integration.* Basic Book.
Norcross, J. C., & Newman, C. F. (1992). Psychotherapy integration. In J. C. Norcross & M. R. Goldfried (Eds.), *Handbook of psychotherapy integration.* Basic Book.
能智正博（2000）．質的（定性的）研究法　下山晴彦（編）　臨床心理学の技法　シリーズ・心理学の技法　福村出版　pp.56-65.
小川俊樹（2001）．アセスメント技法研究（1）：投影法　下山晴彦・丹野義彦（編）　臨床心理学研究　講座臨床心理学2　東京大学出版会　pp.143-162.
大塚義孝（2004）．臨床心理学の成立と展開2――臨床心理学の歴史――　大塚義孝（編）　臨床心理学全書第1巻　臨床心理学原論　誠信書房　pp.107-147.
大山泰宏（2006）．臨床心理学の歴史の臨床性　河合俊雄・岩宮恵子（編）　こころの科学　新臨床心理学入門　日本評論社　pp.14-22.
Prevost, C.-M. (1994). *La psychologie clinique.* 3rd ed. Paris : P.U.F.
Reisman, J. M. (1976). *A history of clinical psychology.* Enlarged ed. New York : Irvington Publishers.
　（ライスマン, J. M.　茨木俊夫（訳）（1982）．臨床心理学の歴史　誠信書房）
西條剛央（2007）．ライブ講義・質的研究とは何か　SCQRMベーシック編　新曜社
西條剛央（2008）．ライブ講義・質的研究とは何か　SCQRMアドバンス編　新曜社
斎藤高雅（2011）．臨床心理学の歴史　改訂新版・臨床心理学特論　放送大学教育振興会　pp.29-44.
佐藤郁哉（2008）．質的データ分析法――原理・方法・実践――　新曜社
佐藤忠司（1996）．臨床心理学のあゆみ　田中富士夫（編）　新版臨床心理学概説　北樹出版　pp.17-28.
島井哲志（1997）．健康心理学　培風館
下山晴彦（1997）．臨床心理学研究の理論と実際――スチューデント・アパシー研

究を例として―― 東京大学出版会
下山晴彦（2001）．世界の臨床心理学の歴史と展開　下山晴彦・丹野義彦（編）　講座臨床心理学 1　臨床心理学とは何か　東京大学出版会　pp.27-49.
下山晴彦（2004）．臨床心理学の課題と展望　大塚義孝（編）　臨床心理学全書　第 1 巻　臨床心理学原論　誠信書房　pp.279-308.
Stricker, G., & Cold, J. R. (Eds.). (1993). *Comprehensive handbook of psychotherapy integration.* Plenum Press. p.10.
丹野義彦（2002）．異常心理学の成立に向けて　下山晴彦・丹野義彦（編）　講座臨床心理学 3　異常心理学 I　東京大学出版会　pp.3-20.
The top 10 : The most influential therapist of the past quarter-century. *Psychotherapy Networker*, March/April, 2007.
豊田秀樹・前田忠彦・柳井晴夫（1992）．原因をさぐる統計学――共分散構造分析入門――　講談社ブルーバックス
Trull, T. J., & Phares, E. J. (2001). *Clinical psychology.* 6th ed. Belmont, C.A : Wadsworth.
Wachtel, E. F. (1994). *Treating troubled children and their families.* New York : The Guilford Press.
（ワクテル，E. F.　岩壁　茂・佐々木千恵（訳）（2007）．子どもと家族を援助する――統合的心理療法のアプローチ――　星和書店）
Wachtel, P. L. (1997). *Psychoanalysis, behavior therapy and the relational world.* American Psychological Association.
（ワクテル，P. L.　杉原保史（訳）（2002）．心理療法の統合を求めて――精神分析・行動療法・家族療法――　金剛出版）
Witmer, L. (1907). Clinical psychology. *Psychological Clinic*, **1**, 1-9.
山本和郎（1974）．臨床心理学的診断における行動観察　村上英治（編）　臨床診断心理学研究法 12　東京大学出版会
山本　力・鶴田和美（編著）（2001）．心理臨床家のための「事例研究」の進め方　北大路書房
山根清道（1974）．犯罪心理学　新曜社
吉田富二雄（2001）．信頼性と妥当性　堀　洋道（監修）・吉田富二雄（編）　心理測定尺度集 II――人間と社会のつながりをとらえる〈対人関係・価値観〉――　サイエンス社　pp.436-453.
吉村浩一（1989）．心理学における事例研究法の役割　心理学評論，**32**（2），177-196.

第 2 章

会沢信彦（2002）．面接法（Interview Method）　松原達哉（編）　心理テスト法入門［第 4 版］――基礎知識と技法習得のために――　日本文化科学社　pp.418-419.

藤原勝紀（1990）．面接法　小川捷之・鑪　幹八郎・本明　寛（編）　臨床心理学大系　第13巻　臨床心理学を学ぶ　金子書房　pp.133-144.
石上智美（2006）．面接法　小林朋子・徳田克己・髙見令英（編著）　ヒューマンサービスにかかわる人のための学校臨床心理学［改訂版］　文化書房博文社　pp.134-140.
一般社団法人日本臨床心理士会倫理委員会（編）（2012）．一般社団法人日本臨床心理士会　倫理ガイドライン　一般社団法人日本臨床心理士会
神田橋條治（1997）．対話精神療法の初心者への手引き　花クリニック神田橋研究会
公益社団法人日本心理学会倫理委員会（編）（2011）．公益社団法人日本心理学会倫理規程［第3版］　公益社団法人日本心理学会
向後礼子（2006）．観察法　小林朋子・徳田克己・髙見令英（編著）　ヒューマンサービスにかかわる人のための学校臨床心理学［改訂版］　文化書房博文社　pp.127-133.
桑原知子（2004）．治療対象論──ライフサイクルによる対象──　氏原　寛・亀口憲治・成田善弘・東山紘久・山中康裕（共編）　心理臨床大事典［改訂版］　培風館　pp.760-763.
前川あさ美（1993）．人間関係の発達と心理　橋口英俊（編）　実践教育相談シリーズ④　人間関係についての相談　ぎょうせい　pp.196-218.
松井　豊（1990）．友人関係の機能　斎藤耕二・菊池章夫（編）　社会化の心理学/ハンドブック　川島書店　pp.283-296.
松崎一葉（2007a）．もし部下がうつになったら　ディスカヴァー・トゥエンティワン
松崎一葉（2007b）．会社で心を病むということ　東洋経済新報社
Miller, L.（2000）．An under fives' counselling service and its relation to questions of assessment. In M. Rustin, & E. Quagliata（Eds.）．*Assessment in child psychotherapy*. London : Karnac Books. pp.108-119.
　（ミラー，L.（2007）．5歳児以下のこどもと親のカウンセリングとそのアセスメントの問題との関連　ラスティン，M.・カグリアータ，E.（編）　木部則雄（監訳）　こどものこころのアセスメント　──乳幼児から思春期の精神分析アプローチ──　岩崎学術出版社　pp.128-142.）
村松太郎・鹿島晴雄（2005）．老年精神医学　小此木啓吾・深津千賀子・大野　裕（編）　心の臨床家のための精神医学ハンドブック［改訂版］　創元社　pp.360-365.
村瀬嘉代子（2009）．新訂増補　子どもと大人の心の架け橋──心理療法の原則と過程──　金剛出版
中澤　潤（1997）．人間行動の理解と観察法　中澤　潤・大野木裕明・南　博文（編）　心理学マニュアル　観察法　北大路書房　pp.1-12.
野島一彦（2001）．職業倫理と事例の扱い方　山本　力・鶴田和美（編）　心理臨床

家のための「事例研究」の進め方　北大路書房　pp.30-41.
沢崎達夫（2002）．観察法　松原達哉（編）　心理テスト法入門［第4版］――基礎知識と技法習得のために――　日本文化科学社　pp.420-422.
下仲順子（2005）．高齢者　乾　吉佑・氏原　寛・亀口憲治・成田善弘・東山紘久・山中康裕（編）　心理療法ハンドブック　創元社　pp.412-417.
新村　出（編）（2008）．広辞苑［第6版］　岩波書店
空井健三（2000）．投影法の効用と限界　氏原　寛・成田善弘（編）　臨床心理学2　診断と見立て――心理アセスメント――　培風館　pp.102-109.
Sullivan, H. S.（1953）. *Conceptions of modern psychiatry.* New York : W. W. Norton & Company.
　　（サリヴァン，H. S.（1976）．中井久夫・山口　隆（訳）　現代精神医学の概念　みすず書房）
高木俊一郎（1986）．小児精神医学　同文書院
高橋作太郎（編）（2012）．リーダーズ英和辞典［第3版］　研究社
竹内健児（2009）．心理検査の伝え方と活かし方　竹内健児（編）　事例でわかる心理検査の伝え方・活かし方　金剛出版　pp.7-23.
田中富士夫（1991）．心理アセスメントの基礎理論　安香　宏・田中富士夫・福島　章（編）　臨床心理学大系　第5巻　人格の理解①　金子書房　pp.2-31.
津川律子（2009）．精神科臨床における心理アセスメント入門　金剛出版
氏原　寛（1991）．心理学的アセスメント　河合隼雄（監修）　三好暁光・氏原　寛（編）　臨床心理学　第2巻――アセスメント――　創元社　pp.69-94.

第3章

Benton, A. L.（1963）. *Benton visual retention test.* The Psychological Corporation.
　　（ベントン，A. L. 高橋剛夫（訳）（1985）．ベントン視覚記銘検査　使用手引　三京堂）
Frank, L. K.（1939）. Projective methods for the study of personality. *Journal of Psychology,* **8**, 389-413.
鹿島晴雄・半田貴士・加藤元一郎・本田哲三・佐久間　啓・村松太郎・吉野相英・斎藤寿昭・大江康雄（1986）．注意障害と前頭葉損傷　神経研究の進歩，**30**，847-858.
加藤伸司・下垣　光・小野寺敦志・植田宏樹・老川賢三・池田一彦・小坂敦二・今井幸充・長谷川和夫（1991）．改訂長谷川式簡易知能評価スケール（HDS-R）の作成　老年精神医学雑誌，**2**，1339-1347.
川瀬正裕・松本真理子・丹治光浩（2008）．これからを生きる心理学――「出会い」と「かかわり」のワークブック――　ナカニシヤ出版
沼　初枝（2009）．臨床心理アセスメントの基礎　ナカニシヤ出版
小川俊樹（2008）．概説　今日の投影法をめぐって　小川俊樹（編）　現代のエスプリ別冊　投影法の現在　至文堂

小川俊樹・福森崇貴・角田陽子（2005）．心理臨床の場における心理検査の使用頻度について　日本心理臨床学会第24回発表論文集，**263**．
小川俊樹・岩佐和典・李　貞美・今野仁博・大久保智紗（2011）．心理臨床に必要な心理査定教育に関する研究　第1回日本臨床心理士養成大学院協議会研究助成（B研究助成）研究助成報告書
高橋雅春・高橋依子（1993）．臨床心理学序説　ナカニシヤ出版
津川律子（2009）．精神科臨床における心理アセスメント入門　金剛出版

第4章
【参考文献】
Bion, W. R.（1977）．*Seven servants : Transformations attention and interpretation.* Jason Aronson.
　（ビオン，W. R. 福本　修・平井正三（訳）（2002）．精神分析の方法Ⅱ──〈セブン・サーヴァンツ〉──　法政大学出版局）
Erikson, E. H.（1959）．*Identity and the life cycle : Selected papers on psychological issues.* Monograph. Vol.1. No. 1., NY : International University Press.
　（エリクソン，E. H. 西平　直・中島由恵（訳）（2011）．アイデンティティとライフ・サイクル　誠信書房）
Freud, S.（1900）．*Die Traumdeutung.* Internationaler Psychoanalytischer Verlag.
　（フロイト，S. 高橋義孝（訳）（1968）．フロイト著作集2　夢判断　人文書院）
Freud, S.（1923）．*Das Ich und das Es.* Internationaler Psychoanalytischer Verlag.
　（フロイト，S. 井村恒郎・小此木啓吾（他訳）（1970）．自我とエス　フロイト著作集6　自我論・不安本能論　人文書院）
Freud, S.（1940）．*Abriss der Psychoanalyse.* Internationaler Psychoanalytischer Verlag.
　（フロイト，S. 小此木啓吾（訳）（1983）．精神分析概説　フロイト著作集9　技法／症例篇　人文書院）
ヴェーア，G. 安田一郎（訳）（1996）．C. G. ユング──記録でたどる人と思想──　青土社　p.101.
グリンベルグ，L. 他　高橋哲郎（訳）（1982）．ビオン入門　岩崎学術出版社
Hartmann, E. v.（1869/1989）．*Philosophie des Unbewußten Versuch einer Weltanschauung.* Georg Olms Verlag.
Jung, C. G.（1921/1960）．*Psychologischen Typen.* Rascher Verlag.
　（ユング，C. G. 林　道義（訳）（1986/1987）．心理学的類型ⅠⅡ　人文書院）
Jung, C. G.（1963）．*Memories, dreams, reflections.* Collins and Routledge & Kagan. London : Paul.
　（ヤッフェ，C. G.（編）　河合隼雄・藤縄　昭・出井淑子（訳）（1971/1972）．ユング自伝Ⅰ, Ⅱ──思い出・夢・思想──　みすず書房）
河合隼雄（2009）．ユング心理学入門　岩波現代文庫

Klein, M.（1935/1975）. *A contribution to the psychogenesis of manic-depressive states*. The writings of Melanie Klein. Vol.1. Love, guilt and reparation, and other works. Melanie Klein Trust.
　（クライン，M. 西園昌久・牛島定信（責任編集）（1983）．躁うつ病の心因論に関する寄与　メラニークライン著作集3　愛，罪そして償い　誠信書房）

Klein, M.（1940/1975）. *Mourning and its relation to manic-depressive states*. The writings of Melanie Klein. Vol.1. Love, guilt and reparation, and other works. Melanie Klein Trust.
　（クライン，M. 西園昌久・牛島定信（編訳）（1983）．喪とその躁うつ状態との関係　メラニークライン著作集3　愛，罪そして償い　誠信書房）

Klein, M.（1946）. *Notes on some schizoid mechanisms*. The writings of Melanie Klein. Vol.1. Love, guilt and reparation, and other works. Melanie Klein Trust.
　（クライン，M. 小此木啓吾・岩崎徹也（編訳）（1985）．分裂的機制についての覚書　メラニークライン著作集4　妄想的・分裂的世界　誠信書房）

Klein, M.（1952）. *The origins of transference*. The writings of Melanie Klein. Vol.1. Love, guilt and reparation, and other works. Melanie Klein Trust.
　（クライン，M. 小此木啓吾・岩崎徹也（編訳）（1985）．転移の起源　メラニークライン著作集4　妄想的・分裂的世界　誠信書房）

Laplanche, J. T., & Pontalis, J.-B.（1973）. *La vocabulaire de la psychanalyse*. 4e éd. P.U.F.
　（ラプランシュ，J. T.・ポンタリス，J.-B 村上　仁（監訳）（1977）．精神分析用語辞典　みすず書房）

前田重治（1985）．図説臨床精神分析学　誠信書房

前田重治（1994）．続 図説臨床精神分析学　誠信書房

Nietzsche, F. W.（1917）. *Nietzsche's Werke*. Bd. Ⅳ. *Morgenröthe*. Gedanken über die moralischen Vorurteile, S. 1–372. Alfred Kröner Verlag.
　（ニーチェ，F. W. 茅野良男（訳）（1993）．ニーチェ全集7　曙光　ちくま学芸文庫）

小此木啓吾（編集代表）（2002）．精神分析事典　岩崎学術出版社

氏原　寛・亀口憲治・成田善弘・東山紘久・山中康裕（共編）（2004）．心理臨床大事典［改訂版］　培風館

第6章

Cooper, M.（2008）. *Essential research findings in counselling and psychotherapy*. London : Sage.
　（クーパー，M. 清水幹夫・末武康弘（監訳）（2012）．エビデンスにもとづくカウンセリング効果の研究――クライアントにとって何が最も役に立つのか――　岩崎学術出版社）

Gendlin, E. T.（1961）. Experiencing : A variable in the process of therapeutic

change. *American Journal of Psychotherapy*, **15**, 233-245.
（ジェンドリン，E. T. 村瀬孝雄（訳）(1981)．体験過程と心理療法　ナツメ社　pp.19-38.）

Gendlin, E. T. (1968). The experiential response. In E. Hammer (Ed.), *Use of interpretation in treatment*. New York : Grune & Stratton. pp.208-227.
（ジェンドリン，E. T. 日笠摩子・田村隆一（訳）体験的応答　http://www.focusing.org/jp/expresj.htm）

Gendlin, E. T. (1981). *Focusing*. 2nd ed. New York : Bantam Books.
（ジェンドリン，E. T. 村山正治・都留春夫・村瀬孝雄（訳）(1982)．フォーカシング　福村出版）

Gendlin, E. T. (1996). *Focusing-oriented psychotherapy : A manual of the experiential method*. New York : Guilford Press.
（ジェンドリン，E. T. 村瀬孝雄・池見　陽・日笠摩子（監訳）(1998/1999)．フォーカシング指向心理療法（上）（下）　金剛出版）

Greenberg, L. S., Rice, L. N., & Elliott, R. (1993). *Facilitating emotional change*. New York : Guilford Press.
（グリーンバーグ，L. S.・ライス，L. N.・エリオット，R. 岩壁　茂（訳）(2006)．感情に働きかける面接技法――心理療法の統合的アプローチ――　誠信書房）

Kirschenbaum, H., & Henderson, V. L. (Eds.) (1989). *The Carl Rogers reader*. Boston : Houghton-Mifflin.
（カーシェンバウム，H.・ヘンダーソン，V. L. 伊東　博・村山正治（監訳）ロジャーズ選集（上）（下）――カウンセラーなら一度は読んでおきたい厳選33論文――　誠信書房）

Mearns, D. (1994). *Developing person-centred counseling*. London : Sage.
（メァーンズ，D. 諸富祥彦（監訳）(2000)．パーソンセンタード・カウンセリングの実際――ロジャーズのアプローチの新たな展開――　コスモス・ライブラリー）

Prouty, G. (1994). *Theoretical evolutions in person-centered/experiential therapy : Applications to schizophrenic and retarded psychoses*. Westport, Conn. : Praeger.
（プラウティ，G. 岡村達哉・日笠摩子（訳）(2001)．プリセラピー――パーソン中心／体験過程療法から分裂病と発達障害への挑戦――　日本評論社）

Rogers, C. R. (1942). *Counseling and psychotherapy : Newer concepts in practice*. Boston : Houghton-Mifflin.
（ロジャーズ，C. R. 末武康弘・保坂　亨・諸富祥彦（訳）(2005)．カウンセリングと心理療法――実践のための新しい概念――　ロジャーズ主要著作集第1巻　岩崎学術出版社）

Rogers, C. R. (1951). *Client-centered therapy : Its current practice, implications, and theory*. Boston : Houghton-Mifflin.

（ロジャーズ，C. R. 保坂　亨・諸富祥彦・末武康弘（訳）（2005）．クライアント中心療法　ロジャーズ主要著作集　第2巻　岩崎学術出版社）
Rogers, C. R.（1957）. The necessary and sufficient conditions of therapeutic personality change. *Journal of Consulting and Clinical Psychology*, **21**（2），95-103.
　（ロジャーズ，C. R. 伊東　博・村山正治（監訳）　ロジャーズ選集（上）　誠信書房）
Rogers, C.（1959）. A theory of therapy, personality and interpersonal relationships as developed in the client-centered framework. In S. Koch（Ed.）*Psychology : A study of a science.* Vol.3. Formulations of the person and the social context. New York : McGraw Hill. pp.184-256.
　（ロジャーズ，C. R. 伊東　博（編訳）（1967）．パースナリティ理論　ロジャーズ全集　第8巻　岩崎学術出版社）
Rogers, C. R.（1961）. *On becoming a person.* Boston : Houghton-Mifflin.
　（ロジャーズ，C. R. 諸富祥彦・末武康弘・保坂　亨（2005）．ロジャーズが語る自己実現の道　ロジャーズ主要著作集　第3巻　岩崎学術出版社）
Rogers, C. R., Gendlin, E. T., Kiesler, D. J., & Truax, C. B.（Eds.）（1967）. *The therapeutic relationship and its impact : A study of psychotherapy with schizophrenics.* Adison : University of Wisconsin Press.
　（ロジャーズ，C. R. 伊東　博（編訳）（1972）．サイコセラピィの実践　ロジャズ全集　第21巻　岩崎学術出版社）
Sanders, P.（Ed.）（2004）*The tribes of the person-centred nation : An introduction to schools of therapy related to the person-centred approach.* Ross-on-Wye : PCCS Books.
　（サンダース，P. 近田輝行・三國牧子（監訳）（2007）．パーソンセンタード・アプローチの最前線　コスモス・ライブラリー）
友田不二男（1956/1996）．カウンセリングの技術　誠信書房
Walker, A. M., Rablen, R. A., & Rogers, C. R.（1960）. Development of a scale to measure process changes in psychotherapy, *Journal of Clinical Psychology*, **16**（1），79-85.
　（ウォーカー，A. M. 伊東　博（編訳）（1966）．サイコセラピィの過程　ロジャズ全集　第4巻　岩崎学術出版社）

第7章

de Shazer, S（1985）. *Key to solution in brief therapy.* W. W. Norton & Company.
　（ド・シェーザー，S.・小野直広（訳）（1994）．短期療法　解決の鍵　誠信書房）
Frétigny, R., & Virel, A.（1968）. *L'imagerie mentale.* Mont-Blauc.
　（フレティニ，R.・ヴァレル，A. 渡辺寛美・湯原かの子（訳）（1986）．夢療法

入門　金剛出版）
藤原勝紀（1980）．三角形イメージ体験法におけるイメージ共感現象　催眠学研究, **24**（1），13-19.
藤原勝紀（2001）．三角形イメージ体験法――イメージを大切にする心理臨床　誠信書房
福島　章（1990）．心理療法の歴史と比較研究　小此木啓吾ら（編）　臨床心理学大系　第7巻　心理療法1　金子書房　pp.1-35.
福留留美（2005）．イメージ療法　乾　吉佑ら（編）　心理療法ハンドブック　創元社　pp.113-120.
福留留美（2009）．イメージ療法における工夫　乾　吉佑・宮田敬一（編）　心理療法がうまくいくための工夫　pp.162-174.
Green, J. P., Barabasz, A. F., Barrett, D., & Montgomery, G. H.（2005）. Forging ahead : The 2003 APA division 30 definition of hypnosis. *International Journal of Clinical and Experimental Hypnosis*, **53**, 259-264.
Haley, J.（1963）. *Strategies of psychotherapy*. Grune & Stratton.
（ヘイリー，J. 高石　昇（訳）（1986）．戦略的心理療法――ミルトン・エリクソン心理療法のエッセンス――　黎明書房）
笠井　仁（2000）．ストレスに克つ自律訓練法　講談社
窪田文子（1994）．エリクソン（ゼイク）・モデル　宮田敬一（編）　ブリーフセラピー入門　金剛出版　pp.45-58.
蔵内宏和・前田重治（1960）．現代催眠学　慶応通信
Leuner, H.（1969）. Guided affective imagery（GAI）. *American Journal of Psychotherapy*, **23**（1），4-22.
前田重治（2008）．図説精神分析を学ぶ　誠信書房
松木　繁（2009）．催眠療法における工夫――"治療の場"としてのトランス空間を活かす工夫――　乾　吉佑・宮田敬一（編）　心理療法がうまくいくために工夫　pp.175-186.
松岡洋一・松岡素子（2009）．自律訓練法［改訂版］　日本評論社
宮田敬一（1994）．ブリーフセラピーの発展　宮田敬一（編）　ブリーフセラピー入門　金剛出版　pp.11-25.
水島恵一（1967）．イメージ面接における治療過程　臨床心理学研究，**6**（3）．
水島恵一（1984）．イメージ面接　水島恵一・小川捷之（編）イメージの臨床心理学　誠信書房　pp.21-28.
門前　進（2005）．催眠療法・自律訓練法　乾　吉佑ら（編）　心理療法ハンドブック　創元社　pp.145-151.
中島　央（2008）．エリクソンの催眠に関する一つの推理　臨床心理学，**8**（5），641-645.
成瀬悟策（1959）．催眠面接の技術　誠信書房
成瀬悟策（1968）．催眠面接法　誠信書房

斎藤稔正（2009）．新版 催眠法の実際　創元社
佐々木雄二（1976）．自律訓練法の実際　創元社
Sheikh, A. A.（Ed.）（2002）．*Handbook of therapeutic imagery techniques.* Baywood Publishing Company.
　（シェイク，A. A. 成瀬悟策（監訳）（2003）．イメージ療法ハンドブック　誠信書房）
柴田　出（1999）．イメージ分析療法　藤原勝紀（編）現代のエスプリ387　イメージ療法　至文堂　pp.44-52.
柴田　出・坂上佑子（1976）．ATによるイメージの脱感作療法――その技法と心理力動的な考察――　催眠学研究，**21**（1），1-8.
白木孝二（1994a）．ブリーフセラーの今日的意義　宮田敬一（編）ブリーフセラピー入門　金剛出版　pp.26-41.
白木孝二（1994b）．BFTC・ミルウォーキー・アプローチ　宮田敬一（編）ブリーフセラピー入門　金剛出版　pp.102-117.
田嶌誠一（1983）．"壺"イメージ療法　広島修大論集，**24**（1），71-93.
田嶌誠一（編）（1987）．壺イメージ療法――その生いたちと事例研究――　創元社
高石　昇・大谷　彰（2012）．現代催眠原論　金剛出版
Watzlawick, P., Weakland, J. H., & Fisch, R.（1974）．*Change : Principles of problem formation and problem resolution.* W. W. Norton & Company.
　（ワッラウィック，P.・ウィークランド，J. H.・フィッシュ，R. 長谷川啓三（訳）（1992）．変化の原理――問題の形成と解決――　法政大学出版局）
Weitzenhoffer, A. M.（1953）．*Hypnotism : An objective study in suggestibility.* John Wiley & Sons.
Weitzenhoffer, A. M., & Hilgard, E. R.（1959）．*Stanford Hypnotic Susceptibility Scales, Forms A, & B.* Palo Alto, CA : Consulting Psychologists Press.
Wolberg, L. R.（1948）．*Medical hypnosis.* Vol.1. Grune & Stratton.

第8章
【引用・参考文献】

Barker, P.（1981）．*Basic family therapy.* Blackwell Scientific Publications.
　（バーカー，P. 中村伸一・信国恵子（監訳）甲斐　隆・川並かおる・中村伸一・信国恵子・張田真美（訳）（1993）．家族療法の基礎　金剛出版）
Crossley, M. L.（2000）．*Introducing narrative psychology.* Open University Press.
　（クロスリー，M. L. 角山富雄・田中勝博（監訳）（2009）．ナラティブ心理学セミナー――自己・トラウマ・意味の構築――　金剛出版）
Dusay, J. M.（1977）．*Egograms : How I see and you see me.* Harper & Row.
　（デュセイ，J. M. 池見酉次郎（監修）・新里里春（訳）エゴグラム――ひと目でわかる性格の自己診断――　創元社）
Goulding, M., & Goulding, R.（1979）．*Changing lives through redecision therapy.* New

York：Brunner/Mazel Publishers.
（グールディング，M.・グールディング，R. 深沢道子（訳）(1980)．自己実現への再決断——TA・ゲシュタルト療法入門—— 星和書店）
Klerman, G., & Weissman, M.（2007）．Interpersonal therapy. In J. O. Prochaska, & J. Norcross（Eds.）, *Systems of psychotherapy : A transtheoretical analysis.* Cengage Learning Company.
（クレーマン，G.・ウィスマン，M. 小澤 真（訳）(2010)．対人関係療法 プロチャスカ，J. O.・ノークロス，J. C. 津田 彰・山崎久美子（監訳） 心理療法の諸システム［第6版］——多理論統合的分析—— 金子書房 pp.231-260.）
McNamee, S., & Gergen, K. J.（Eds.）(1992)．*Therapy as social construction.* Sage Publication.
（マクナミー，S.・ガーゲン，K. J.（編） 野口裕司・野村直樹（訳）(1997)．ナラティブ・セラピー—— 社会構成主義の実践 金剛出版）
水島広子（2009）．対人関係療法マスターブック——効果的な治療法の本質—— 金剛出版
中釜洋子・野末武義・布柴靖枝・武藤清子（2008）．家族心理学——家族システムの発達と臨床的援助—— 有斐閣
岡堂哲雄（編）(1999)．家族心理学入門［補訂版］ 培風館
大原健士郎・石川 元（編）(1986)．家族療法の理論と実際Ⅰ 星和書店
Stewart, I., Joines, V.（1987）．*TA today : A new introduction to transactional analysis.* Lifespace Publishing.
（スチュアート，I.・ジョインズ，V. 深沢道子（監訳）(1991)．TA TODAY——最新交流分析入門—— 実務教育出版）
von Bertalanffy, L.（1968）．*General system theory : Foundations, development, applications.* George Braziller.
Watzlawick, P., Bavelas, J. B., & Jackson, D. D.（1967）．*Pragmatics of human communication : A study of interactional patterns, pathologies, and paradoxes.* W. W. Norton & Company.
（ワツラヴィック，P.・バヴェラス，J. B.・ジャクソン，D. D. 山本和郎（監訳）尾川丈一（訳）(1998)．人間コミュニケーションの語用論——相互作用パターン—— 病理とパラドックスの研究 二瓶社）
Weissman, M. M., Markowitz, J. C., & Klerman, G. L.（2000）．*Comprehensive guide to interpersonal psychotherapy.* Basic Books.
（ワイスマン，M. M.・マーコウィッツ，J. C.・クラーマン，G. L. 水島広子（訳）(2009)．対人関係療法総合ガイド 岩崎学術出版社）

第9章
安藤智子（2008）．親子の愛着と親の精神衛生 無藤 隆・安藤智子（編） 子育て

支援の心理学——家庭・園・地域で育てる—— 有斐閣 pp.19-36.
青木省三 (2001). 思春期の心の臨床——面接の基本とすすめ方—— 金剛出版
独立行政法人日本学生支援機構 (2007). 大学における学生相談体制の充実方策について——「総合的な学生支援」と「専門的な学生相談」の「連携・協働」——
早川惠子 (2007). いじめ被害を訴えてきた子どもへの対応 「学校の危機管理」研究会（編）学校の危機管理ハンドブック 追録第11号 ぎょうせい pp.5122-5124.
石隈利紀 (1999). 学校心理学——教師・スクールカウンセラー・保護者のチームによる心理教育的援助サービス—— 誠信書房
柏木惠子 (2002). 家族と子育て——社会と家族の発達心理学の観点から—— 日本家族心理学会（編）家族心理学年報20——子育て臨床の理論と実際—— 金子書房 pp.2-16.
こども未来財団 (2004). 子育てに関する意識調査
国立教育政策研究所 (2013). いじめ追跡調査2010-2012
文部科学省高等教育局 (2000). 大学における学生生活の充実方策について（報告）
文部科学省初等中等教育局 (2013). 平成24年度「児童生徒の問題行動等生徒指導上の諸問題に関する調査」について
森田洋司・清永賢二 (1986). いじめ——教室の病い—— 金子書房
森田洋司・滝 充・秦 政春・星野周弘・若井彌一（編著）(1999). 日本のいじめ——予防・対応に生かすデータ集—— 金子書房
日本学生相談学会 (2013). 学生相談機関ガイドライン
日本学生相談学会50周年記念誌編集委員会 (2010). 学生相談ハンドブック 学苑社
大日向雅美 (1988). 母性の研究——その形成と変容の過程：伝統的母性観への反証—— 川島書房
田上不二夫 (1999). 実践スクール・カウンセリング——学級担任ができる不登校児童・生徒への援助—— 金子書房
田嶌誠一 (2005). 不登校の心理臨床の基本的視点 臨床心理学, **5**, 3-14.
滝川一廣 (2005). 不登校理解の基礎 臨床心理学, **5**, 15-21.
鶴田和美（編）(2001). 学生のための心理相談——大学カウンセラーからのメッセージ—— 培風館
植山起佐子 (2011). 教育領域から臨床心理学の発展に向けて 臨床心理学, **11**, 28-35.
山田昌弘 (2005). 迷走する家族——戦後家族モデルの形成と解体—— 有斐閣
吉田弘道 (2010). 臨床心理士の子育て支援 子育て支援と心理臨床, **1**, 50-55.
全国学生補導厚生研究会連合会40周年記念誌編集委員会編 (1993). 学生部活動のあり方を求めて——SPSを振り返る——

第10章

Akizuki, N., Akechi, T., Nakanishi, T. et al., (2003). Development of a brief screening interview for adjustment disorders and major depression in patients with cancer. *Cancer*, **97**, 2605-2613.

Billings, E. G. (1939). Liaison psychiatry and intern instruction. *J Assoc Am Med Coll*, **14**, 375-385.

Clayton, P. J., Halikas, J. A., & Maurice, W. L. (1972). The depression of widowhood. *Br J Psychiatry*, **120**, 71-77.

土居健郎 (1977). 方法としての面接 臨床家のために 医学書院

堀川直史 (2003). 体の病気と心のケア――身体疾患患者の精神症状のとらえ方―― 文光堂

神田橋條治 (1984). 精神科診断面接のコツ 岩崎学術出版社

厚生労働省 (2004). 心の健康問題により休業した労働者の職場復帰支援の手引き

Lipowski, Z. J. (1971). Consultation-liaison psychiatry in a general hospital. *Compr Psychiatry*, **12**, 461-465.

中井久夫 (2007). こんなとき私はどうしてきたか 医学書院

大西秀樹・西田知未・和田芽衣ほか (2007). 家族ケア 腫瘍内科, **1** (4), 346-350.

Parkes, C. M., Benjamin, B., & Fitzgerald, R. G. (1969). Broken heart : a statistical study of increased mortality among widowers. *Br Med J*, **22** (1), 740-743.

Pitceathly, C., & Maguire, P. (2003). The psychological impact of cancer on patients' partners and other key relatives : A review. *Eur J Cancer*, **39** (11), 1517-1524.

シュナイドマン, E. S. (1980). 死にゆく時 (DEATH of MAN) 誠信書房

Schullz, R., & Breach, S. R. (1999). Caregiving as a risk factor for mortality. The caregiver health effects study. *JAMA*, **282**, 2215-2219.

Sharan, P., Mehta, M., & Chaudhy, V. P. (1999). Psychiatric disorders among parents of children suffering from acute lymphoblastic leukemia. *Pediat Hematol Oncol*, **16** (1), 43-47.

山脇成人 (編) (2009). 新世紀の精神科治療4 リエゾン精神医学とその治療学 中山書店 p.3.

第11章

【引用・参考文献】

CPI研究会 島田 修・中尾 忍・森下高治 (編) (2006). 産業心理臨床入門 ナカニシヤ出版

川上憲人・堤 明純 (監修) 小林由佳・近藤恭子・島津明人・峰山幸子 (編) (2007). 職場におけるメンタルヘルスのスペシャリストBOOK 培風館

厚生労働省 (2006). 労働者の心の健康の保持増進のための指針

厚生労働省 (2012a). 労働者健康状況調査

厚生労働省（2012b）．患者調査
厚生労働省（2012c）．脳・心臓疾患と精神障害の労災補償状況
宮城まり子（2002）．キャリアカウンセリング　駿河台出版社
難波克行（2012）．メンタルヘルス不調者の出社継続率を 91.6％に改善した復職支援プログラムの効果　産業衛生学雑誌，**54**, 276-285.
難波克行・向井　蘭（2013）．現場対応型メンタルヘルス不調者復職支援マニュアル　レクシスネクシス・ジャパン
杉渓一言・中澤次郎・松原達哉・楡木満生（2007）．産業カウンセリング入門［改訂版］　日本文化科学社

第12章

Bowie, C. W., Leung, W. W., Reichenberg, A., McClure, M. M., Patterson, T. L., Heaton, R. K., & Harvey, P. D.（2008）. Predicting schizophrenia patients' real-world behavior with specific neuropsychological and functional capacity measures. *Biological Psychiatry*, **63**, 505-511.
Canadian Psychological Association（2000）. *Canadian code of ethics for psychologists.* 3rd ed. Ottawa, Ontario : Author.
藤原静雄（2003）．逐条個人情報保護法　弘文堂
Goode, W. J.（1960）. Encroachment, charlatanism, and the emerging profession : Psychology, sociology, and medicine. *American Sociological Review*, **25**, 902-914.
Heinrichs, R. W., & Zakzanis, K. K.（1998）. Neurocognitive deficit in schizophrenia : A quantitative review of the evidence. *Neuropsychology*, **12**, 426-445.
堀部政男（2003）．情報公開法・個人情報保護法の提唱と実現　法律時報，**75**（11），60-64.
石合純夫（2012）．高次脳機能障害学［第2版］　医歯薬出版
金沢吉展（1998）．カウンセラー――専門家としての条件――　誠信書房
金沢吉展（2006）．臨床心理学の倫理をまなぶ　東京大学出版会
金沢吉展（2008）．どのように研究すべきか――研究の倫理――　下山晴彦・能智正博（編）　心理学の実践的研究法を学ぶ　新曜社　pp.31-45.
金沢吉展（2009）．実践研究の倫理　臨床心理学，**9**（1），56-60.
河上正二（1995）．「専門家の責任」と契約理論――契約法からの一管見――　法律時報，**67**（2），6-11.
Mesholam-Gately, R. I., Giuliano, A. J., Goff, K. P., Faraone, S. V., & Seidman, L. J.（2009）. Neurocognition in first-episode schizophrenia : A meta-analytic review. *Neuropsychology*, **23**, 315-336.
Pope, K. S., Tabachnick, B. G., & Keith-Spiegel, P.（1987）. Ethics of practice : The beliefs and behaviors of psychologists as therapists. *American Psychologist*, **42**, 993-1006.

Redlich, F., & Pope, K. S.（1980）. Ethics of mental health training. *Journal of Nervous and Mental Disease*, **168**, 709-714.

Richards, D. F.（2003）. The central role of informed consent in ethical treatment and research with children. In W. O'Donohue, & K. Ferguson（Eds.）, *Handbook of professional ethics for psychologists : Issues, questions, and controversies*. pp.377-389. Thousand Oaks, CA : Sage.

佐藤　進（監修）津川律子・元永拓郎（編）（2009）. 心の専門家が出会う法律――臨床実践のために――［第3版］　誠信書房

Sieber, J. E., & Saks, M. J.（1989）. A census of subject pool characteristics and policies. *American Psychologist*, **44**, 1053-1061.

弥永真生（1995）.「専門家の責任」と保険法論の展望　法律時報, **67**（2）, 12-17.

コラム

岩壁　茂（2013）. 臨床家の訓練と成長　岩壁　茂・福島哲夫・伊藤絵美　臨床心理学入門　有斐閣　pp.259-276.

Rønnestad, M. H., & Skovholt, T. M.（2003）. The journey of the counselor and therapist : Research findings and perspectives on professional development. *Journal of Career Development*, **30**, 5-44.

人名索引

ア　行

会沢信彦　38, 40
アイゼンク（Eysenck, H. J.）　31, 109
アッカーマン（Ackerman, N.）　172
アドラー（Adler, A.）　96
アンダーソン（Anderson, H.）　176
安藤智子　210
アンナ・フロイト（Freud, A.）　90

石隈利紀　190, 200, 201
井村恒郎　10

ウィークランド（Weakland, J. H.）　166
ウィットマー（Witmer, L.）　2, 3
ウィニコット（Winnicott, D. W.）　106
ウィリアムソン（Williamson, E. G.）　24
ウェクスラー（Wechsler, D.）　61
植山起佐子　193
ウォルピ（Wolpe, J.）　109
氏原　寛　37
内田勇三郎　9
ウッドワース（Woodworth, R. S.）　6, 58
ヴント（Wundt, W.）　3

エクスナー（Exner, J. E.）　69
エリクソン（Erikson, E.）　93, 165
エリス（Ellis, A.）　111

大谷　彰　161
大槻快尊　10
大西秀樹　235
大日向雅美　208
岡田　強　9
小川俊樹　60, 68

小此木啓吾　10

カ　行

カウフマン夫妻（Kaufman, A. S., & Kaufman, N. L.）　63
笠井　仁　165
鹿島晴雄　53
柏木惠子　208
金沢吉展　288, 291, 297
カラセック（Karasek, R. A.）　52
河合隼雄　10
河上正二　297
神田橋條治　43, 225
カーンバーグ（Kernberg, O.）　103

キム・バーグ（Kim Berg, I.）　166
キャッテル（Cattell, J. M.）　4, 57
清永賢二　196

窪田文子　165
久保良英　10
クライン（Klein, M.）　100
クラーマン（Klerman, G. L.）　184
倉光　修　33
グーリシャン（Goolishian, H.）　176
グリーンバーグ（Greenberg, L.）　149
クレペリン（Kraepelin, E.）　9, 72
クロッパー（Klopfer, B.）　8
グロデック（Groddeck, G.）　89
桑原知子　51

ゴダード（Goddard, H. H.）　28
ゴールトン（Galton, F.）　4, 57

サ　行

坂上佑子　168
佐々木雄二　163
佐治守夫　10
サリヴァン（Sullivan, H. S.）　184
沢崎達夫　41

ジェルソー（Gelso, C. J.）　25
ジェンドリン（Gendlin, E. T.）　146
柴田　出　168
下仲順子　53
下山晴彦　12, 21, 31
シモン（Simon, T.）　58
ジャクソン（Jackson, D.）　171, 176
ジャネ（Janet, P.）　7, 85
シャルコー（Charcot, J. M.）　7, 151
シュナイドマン（Shneidman, E. S.）
　　　235
シュルツ（Schultz, J. H.）　163
白木孝二　166

スキナー（Skinner, B. F.）　20, 109
鈴木治太郎　9
ステルバ（Sterba, R.）　10

空井健三　44

タ　行

高石　昇　161
田上不二夫　194
滝川一廣　192
竹内健児　45
田嶌誠一　168, 194
田中寛一　9
田中富士夫　35
ターマン（Terman, L. M.）　6

津川律子　45, 65
鶴田和美　205

デュセイ（Dusay, J. M.）　178

土居健郎　217, 225
ドゥ・シェイザー（de Shazer, S.）　166

ナ　行

中井久夫　223
中澤　潤　41
中島　央　165
成瀬悟策　168

西園昌久　10
ニーチェ（Nietzsche, F. W.）　84

能智正博　18
野島一彦　54

ハ　行

パヴロフ（Pavlov, I. P.）　20
ハサウェイ（Hathaway, S. R.）　67
早川恵子　198
ハルトマン（Hartmann, E. V.）　84
バーン（Berne, E.）　67, 177

ピアジェ（Piaget, J.）　3
ビオン（Bion, W. R.）　105
ビネー（Binet, A.）　6, 28, 57

平井洋子　18
平木典子　32, 33
ビリングス（Billings, E. G.）　226

フィッシュ（Fisch, R.）　166
フィレンツィ（Ferenczi, S.）　7
フォークト（Vogt, O.）　163
フォン・ベルタランフィ（von
　　　Bertalanffy, L.）　172
福留留美　168
藤原勝紀　40, 168

藤原静雄　294
プラゥティ（Prouty, G.）　149
フランク（Frank, L. K.）　68
プレヴォスト（Prevost, C.-M.）　3
フレティニ（Frétigny, R.）　168
ブロイアー（Breuer, J.）　7
フロイト（Freud, S.）　4，7，20，83，85，152
ブローカ（Broca, P.）　279

ヘイズ（Hayes, S. C.）　131
ベイトソン（Bateson, G.）　172
ヘイリー（Haley, J.）　166
ヘインリッチス（Heinrichs, R. W.）　284
ベック（Beck, A. T.）　111
ベルネーム（Bernheim, H.）　152

ボーウィ（Bowie, C. W.）　285
ボウエン（Bowen, M.）　172
堀川直史　230
ホール（Hall, S.G.）　7

マ　行

前川あさ美　50，51
マダネス（Madanes, C.）　166
マタラゾー（Matarazzo, J. D.）　26
松井　豊　50
松岡洋一　165
松木　繁　163
マッキンレイ（McKinley, J. C.）　67
松崎一葉　52，53
マーラー（Mahler, M. S.）　101

水島広子　184
三宅鉱一　9
宮田敬一　166
ミラー（Miller, L.）　48

村瀬嘉代子　47
村松太郎　53

メァーンズ（Mearns, D.）　150
メショラム-ゲイトリー（Mesholam-Gately, R. I.）　284
メスメル（Mesmer, F. A.）　151

森田洋司　196
門前　進　166

ヤ　行

ヤーキーズ（Yerkes, R. M.）　58
弥永真生　297
山田昌弘　208
山根清道　28
山脇成人　235

ユング（Jung, C. G.）　7，51，90，92

吉田弘道　208

ラ　行

ランバート（Lambert, M.）　31

リエボー（Liebault, A. A.）　152
リッズ（Lidz, T.）　172
リンゼイ（Lindzey, G.）　16

ロイナー（Leuner, H.）　168
ロジャーズ（Rogers, C. R.）　10，20，31，136
ローゼンツァイク（Rosenzweig, S.）　70
ロッティ（Louttit, C. M.）　7
ロールシャッハ（Rorschach, H.）　69
ロンネスタット（Rønnestad, M. H.）　300
ロンブローゾ（Lombroso, C.）　28

ワ　行

ワイスマン（Weissman, M. M.）　184
ワツラウィック（Watzlawick, P.）　166, 176
ワトソン（Watson, J. B.）　109
ワーナー（Warner, M.）　150

事項索引

ア　行
アイデンティティ　50
アクセプタンスとコミットメント
　　（ACT）　130
アセスメント　35
安定化の機能　50

いじめ　196
異常心理学　23
一次的援助サービス　190
1/0 サンプリング法　14
一致　139, 144
一般システム論　172
一般性　47
意味論　176
イメージ療法　168
インフォームド・コンセント　54

ウェクスラー式知能検査　61
内田クレペリン精神作業検査　9, 72
うつ病　53

エクスポージャー　119
エス　88
エディプス・コンプレックス　93
エリクソン催眠　165
エレクトラ・コンプレックス　95
エロス　106
円環的な因果関係　173

横断調査　16
思い込み　125

カ　行
解決志向　201

ガイダンス　24
カウンセリング心理学　24
科学者―実践家モデル　298
学業指導　24
学生生活サイクル　205
学生相談　202
影　51
家族療法　172
過程概念　140
家庭裁判所　258
空の巣症候群　52
観察者間の一致率　14
観察法　12, 41, 57
間接検査　64

記憶障害　75
基本的構え　180
逆転移　106
キャラクター　36
教育・発達　25
強化　114
共感的理解　139
矯正心理学　28
京大 NX 知能検査　61
協同実証主義　125
去勢コンプレックス　94
禁止令　182

刑事施設　269
ゲーム　181
健康心理学　26
検査法　16, 44, 57

交叉交流　179
構成概念　17

321

構成障害　74
構造化　15
　──面接　15, 40
行動科学　109
行動活性化　128
行動描写法　14
行動療法　109
構文論　176
効率性　58
交流分析　67, 177
個人情報保護法　293
コース立方体組み合せテスト　61
子育て不安　207
個別性　47
コミュニケーション理論　176
コミュニティ　200
語用論　176
混合デザイン　16
コンサルテーション　200
　──・リエゾン精神医学　225
コンテイン／コンテイナー　105
コンプレックス　93

サ　行

催眠　151
　──感受性　157
　──性トランス　155
作業検査法　65, 72
査定　35
サブシステム　173
参加観察（参与観察）　12
三項随伴モデル　113
三次的援助サービス　191

自我　88
　──状態　177
　──心理学　93
　──同一性　100
視覚性失認　281

時間見本法　14
自己主張訓練　123
自己理論　137
事象見本法　14
自然観察法　12
実験的観察法　12
失行症　282
失語症　74, 281
失書症　281
質的研究　18
質的データ　18
失読症　281
失認　75
　──症　281
質問紙法　16, 65, 66
自動思考　125
死の欲動　106
社会的契約　297
社会的スキルの学習機能　50
社交的スキル　123
　──訓練　123
弱化　114
自由回答法　16
十分に機能する人間　141
自由連想法　87
受動的回避　119
守秘義務　54
消去　115
証拠に基づく医学　31
小児性欲理論　7
少年院　263
少年鑑別所　260
職業指導　24
職業倫理　288
触覚性失認　281
自律訓練法　163
事例研究　20
人格　36
　──変化の必要十分条件　139

深化法　159
神経心理学　27, 73, 277
神経心理検査　279
神経心理症状　280
人生脚本　183
新版 K 式発達検査　64
信頼性　17, 58
心理検査　57
心理相談室　2
心理療法　7, 30
心理臨床学　11

遂行機能（実行機能）　77
スクールカウンセラー　189
鈴木ビネー検査　9
スタンフォード・ビネー式知能検査　6
ストレス・マネジメント教育　201
ストローク　180
スプラ・システム　173
スプリッティング　104

性格　36
精神測定法　4
精神病理学　23
精神分析　4
生の欲動　106
接触反射　149
折衷的アプローチ　32
説明と同意　54

躁的防衛　105
測定　18

タ　行

体験過程　146
体験的療法　149
対象　100
　　──関係論　106
対人関係療法　183

タイムアウト　116
代理強化　123
妥当性　17, 58
田中式集団知能検査　61
田中ビネー検査　9
タナトス　106

知的機能　77
知能　60
　　──検査　61
着衣失行　74
聴覚性失認　281
超自我　89
直接検査　63
直線的な因果関係　173
治療　25

通告義務　54
津守式乳幼児精神発達検査　64

テストバッテリー　17, 80
転移　106

投影同一化　104
投映（影）法　16, 65
特殊練習　165
ドライバー　183

ナ　行

ナラティブ・セラピー　176

二次的援助サービス　191
日誌法　14
日本心理臨床学会　11
日本臨床心理士会　11
人間性心理療法　135
認知行動療法　111
認知症　53, 77
認知神経科学　280

認知神経心理学　279
認知リハビリテーション　279

能動的回避　118

ハ　行

バウムテスト　71
迫害不安　104
パーソナリティ　36，64
パーソンセンタードセラピー　149
発達検査　63
パネル調査（縦断調査）　16
場面見本法　14
半構造化面接　15，40
犯罪心理学　27
半側空間無視　76，282
反復横断調査　16

被暗示性　157
　──テスト　158
非構造化面接　15
非参加観察　14
非指示的応答　142
ヒステリー研究　7
否認　230
ビネー式知能検査　61
描画法　71
標準練習　164
評定尺度法　14

風景構成法　71
フォーカシング　148
　──指向療法　148
不登校　192
プリセラピー　149
ブリーフセラピー　166
プレゼンス　144

平行交流　179

変数　18
変性意識状態　155
ベントン視覚記銘検査　75

防衛機制　90
法廷心理学　28
保護観察　273
　──所　267
ポストベンション　254

マ　行

マインドフルネス　130

ミラーニューロン　122

無意識　83
無条件の肯定的配慮　139

メスメリズム　151
メタ認知　125
面接法　15，57

妄想分裂ポジション　104
モデリング（観察学習）　122
モデル機能　51
モラトリアム　50

ヤ　行

誘導法　158
夢の作業　87
夢分析　87

良い乳房―悪い乳房　102
抑うつ不安　104
抑うつポジション　104
予備テスト　16
予防　25，201
四層構造　196

ラ　行

来談者中心療法　136
ラケット感情　181
ラポール　39

力動精神医学　8
力動的　7
リビドー　90
裏面交流　179
量的研究　18
量的データ　18
臨床　2
　──神経心理学　278
　──心理学　2
　──心理士　11

レスポンスコスト　116
劣等コンプレックス　96

労働安全衛生法　247
労働者の心の健康の保持増進のための指針　247
ロールシャッハ・テスト　8，69

欧　字

ABCモデル　113
ADAS　77
BADS　77
BDI　80
CES-D　80
CMI　79
DN-CAS認知評価システム　61
GHQ　79
HDS-R　77
HTP　71
IPT　184
K-ABC　61
MMPI（ミネソタ多面人格目録）　67
MMSE　77
P-Fスタディ　70
Rayの複雑図形テスト　75
SCID　15
SCT（文章完成法）　69
SDS　80
SLTA　74
SPTA　74
STAI　80
TEG（東大式エゴグラム）　67
TLPA　74
TMT　76
VPTA　75
WAB失語症検査　74
WCST　77
WMS-R　75
YG（矢田部ギルフォード）性格検査　67

執筆者紹介

【編者略歴】名前のあとの括弧内は執筆担当章を表す。

杉江　征 (9.2)
すぎえ　まさし

1984 年　筑波大学第二学群人間学類卒業
1990 年　筑波大学大学院博士課程心理学研究科単位取得退学
1991 年　上越教育大学学校教育学部助手
1994 年　筑波大学心理学系・保健管理センター助手
現　在　筑波大学人間系教授・スチューデントサポートセンター学生相談室長

主要著書

『発達障害学生の理解と対応について——学生相談からの提言——』（分担執筆）（日本学生相談学会，2015）
『学生の自殺防止のためのガイドライン』（分担執筆）（日本学生相談学会，2014）
『内科患者のメンタルケアアプローチ循環器疾患編』（分担執筆）（新興医学出版社，2013）
『12人のカウンセラーが語る12の物語』（分担執筆）（ミネルヴァ書房，2010）
『学生相談ハンドブック』（分担執筆）（学苑社，2010）
『図で理解する生徒指導・教育相談』（分担執筆）（福村出版，2010）

青木佐奈枝 (10.1)
あおきさなえ

1993 年　筑波大学第二学群人間学類卒業
1995 年　筑波大学大学院修士課程教育研究科教科教育専攻学校教育コース修了
1996 年～北里大学病院勤務
2006 年　大阪大学大学院人間科学研究科臨床教育学博士後期課程修了
　　　　立正大学，東京成徳大学，筑波大学を経て，
現　在　立正大学心理学部教授　博士（人間科学），臨床心理士

主要著書

『投影査定心理学特講』（分担執筆）（放送大学教育振興会，2015）
『わかりやすいMMPI活用ハンドブック——施行から臨床応用まで——』（分担執筆）（金剛出版，2011）
『心理臨床学事典』（分担執筆）（日本心理臨床学会，2011）
『投影法の現在（現在のエスプリ別冊）』（分担執筆）（至文堂，2008）

【執筆者】名前のあとの括弧内は各担当章・節・コラムを表す。

小川俊樹（第 1 章扉文, 1.1, 1.5）　筑波大学名誉教授
おがわとしき

樫村正美（1.2〜1.4, コラム 1.1）　常磐大学人間科学部心理学科准教授
かしむらまさみ

馬場久美子（第 2 章）　常磐大学人間科学部心理学科准教授
ばばくみこ

福森崇貴（第 3 章）　徳島大学大学院社会産業理工学研究部准教授
ふくもりたかき

伊藤宗親（第 4 章）　岐阜大学教育学部教授
いとうむねちか

神村栄一（第 5 章）　新潟大学人文社会科学系教授
かみむらえいいち

末武康弘（第 6 章）　法政大学現代福祉学部臨床心理学科教授
すえたけやすひろ

井上忠典（第 7 章）　東京成徳大学応用心理学部教授
いのうえただのり

小澤　真（第 8 章）　聖徳大学心理・福祉学部心理学科教授
おざわまこと

川﨑直樹（9.1, 9.3）　日本女子大学人間社会学部心理学科教授
かわさきなおき

幸田るみ子（10.2）　立正大学心理学部教授
こうだ

関屋裕希（第 11 章扉文, 11.1）　東京大学大学院医学系研究科デジタルメンタルヘルス講座特任研究員
せきやゆき

小粥展生（11.2）　法務省矯正局少年矯正課企画官
こがゆのぶお

望月　聡（第 12 章扉文, 12.1）　法政大学現代福祉学部臨床心理学科教授
もちづきさとし

金沢吉展（12.2）　明治学院大学心理学部教授
かなざわよしのぶ

沢宮容子（コラム）　筑波大学人間系教授
さわみやようこ

ライブラリ スタンダード心理学＝10
スタンダード臨床心理学

| 2015 年 8 月 10 日Ⓒ | 初 版 発 行 |
| 2023 年 10 月 10 日 | 初版第 8 刷発行 |

編　者	杉江　　征	発行者	森平　敏孝
	青木佐奈枝	印刷者	中澤　　眞
		製本者	松島　克幸

発行所　　株式会社　サイエンス社
〒151-0051　東京都渋谷区千駄ヶ谷 1 丁目 3 番 25 号
営業 TEL　(03) 5474-8500（代）　振替 00170-7-2387
編集 TEL　(03) 5474-8700（代）
FAX　　　(03) 5474-8900

組版　ケイ・アイ・エス
印刷　㈱シナノ　製本　松島製本
《検印省略》

本書の内容を無断で複写複製することは，著作者および出版者の権利を侵害することがありますので，その場合にはあらかじめ小社あて許諾をお求め下さい。

ISBN978-4-7819-1360-5

PRINTED IN JAPAN

サイエンス社のホームページのご案内
http://www.saiensu.co.jp
ご意見・ご要望は
jinbun@saiensu.co.jp　まで．